广东省中小学新一轮“百千万人才培养工程”系列丛书

情致语文，语文情

——语文教学思考

尹军成 著

广东高等教育出版社
Guangdong Higher Education Press
·广州·

图书在版编目（CIP）数据

情致语文，语文情：语文教学思考/尹军成著．—广州：广东高等教育出版社，2020.8

（广东省中小学新一轮“百千万人才培养工程”系列丛书）

ISBN 978－7－5361－6545－8

Ⅰ．①情…　Ⅱ．①尹…　Ⅲ．①中学语文课－教学研究　Ⅳ．①G633.302

中国版本图书馆 CIP 数据核字（2019）第 168160 号

出版发行	广东高等教育出版社 地址：广州市天河区林和西横路 邮政编码：510500　电话：（020）87553335 http://www.gdgjs.com.cn
印　　刷	广州市穗彩印务有限公司
开　　本	787 毫米×1 092 毫米　1/16
印　　张	19.25
字　　数	315 千
版　　次	2020 年 8 月第 1 版
印　　次	2020 年 8 月第 1 次印刷
定　　价	58.00 元

总序

做有文化自觉的现代教育者

中国的中小学校从没有像如今这样呈现出群体性的文化觉醒，也从没有像如今这样流露出普遍性的文化焦虑。

随着教育改革日益进入深水区，中国教育发展的整体态势已经有了很大的改变。在“教育与中国未来30人论坛”上，对于基础教育面临的困境，我着重谈了三个问题：核心素养、课程改革与评价体系。我们高兴地看到，短短几年时间，随着中国学生核心素养体系的提出、新课程改革的深化，以及新的考试招生制度改革逐步落地，这些问题都慢慢有了日渐清晰的答案。

于是新的问题也随之而来，因为这一系列的教育改革意味着，好学生、好学校、好教育的标准变了，尽管分数和升学率仍很重要，但对学校来说仅有分数和升学率已经着实拿不出手了。这时候，无论校长还是教师都强烈感受到一种认同危机，我们如何衡量自我的教育价值，又如何找准自身在教育发展中的定位？

同样让人感到焦虑的还有，仅仅是十多年时间，中国教育面临的外部环境也已经今非昔比。当世界变得日益“平坦化”，当中国教育者日渐频繁地参与到国际教育文化的交流对话中，我们对国际教育有了更为深入、客观的观察与理解，不再用仰视的态度去看待国际教育理念与经验，而是多了一份平视的、冷静的省察视角。这又意味着，中国教育的参照系也发生了变化，“我是谁”“我从哪里来”“要到哪里去”，诸如此类的身份迷茫进一步加剧了。

这样的教育内外环境变化带来的学校文化嬗变的阵痛，既是我们推进中小学教育人才队伍建设的动因，也是我们希望找寻新的学校教育价值观，让学校教育者重新审视自我，得以安身立命的教育命题。

就是在这样的背景下，2012 年 10 月，广东省启动了新一轮的中小学"百千万人才培养工程"。该项目的目的也很明确，就是要在这个"呼唤教育家辈出"的时代，培养出一大批具有较高理论素养和实践能力的，在全省乃至全国处于领军地位并发挥示范作用的名教师、名校长和教育家。为响应这一感召，华南师范大学作为重要参与方之一，责无旁贷地承担了其中的"教育家培养项目""中学名校长培养项目""高中文科类名教师项目"和"高中理科类名教师项目"四个子工程。

呈现在大家面前的这套丛书，既有通过教师职业研究、教育教学思想及学科教学等内容的阐述，从教育家、名校长、名教师的角度介绍了自身的成长经历及在四年培养过程中的点滴感悟，也有由华南师范大学在项目培养期间提炼打造的学习成果专著。这套丛书既是几年来上述四个培养项目的成果显现，也是在高等师范院校引领下，一批优秀中小学名师、名校长对自身教育实践的理念升华和思想凝练；同时又是面对曾经的学校教育定位和身份认同的困惑与迷茫，尝试进行的新时代学校教育文化的重新认识与建构，或者说，是素质教育校本化表达的"广东智慧""广东方案"。

我们看到，经历了从站起来、富起来到强起来的当代中国，越来越重视价值建构、阐释与传播，也展现出越来越强的文化自信。我们的学校教育、我们的校长和教师也应如此。

见微知著，今天的学校教育需要重新进行价值建构与定位，需要更有文化自觉的教育者。也因此，在项目实施过程中，我们明确了以教育思想、办学思想和教学思想为培养主线，通过"五个结合"，即理论研修和行动研究相结合、导师引领与个人研修相结合、脱产学习与岗位研修相结合、国内学习与海外研修相结合、研修提升和示范引领相结合，帮助参加项目的校长和教师学员升华实践，凝练思想。

成效令人欣慰！在项目平台上，一大批校长和教师的文化意识被唤醒，他们认真审视自己的教育实践历程，在反思中努力形成自己对教育教学的个性化理解，进而建构自己的教育理念体系和教育实践模型，形成了具有一定理论基础的、特色鲜明的办学思想和教学思想。从个体而言，他们在项目的催化下实现了精神成长，增进了对教育本质的理解，对所从事的事业有了更深的价值认知，也有了更高的期待。从整个基础教育改革而言，他们用这样的行动为教育研究提供了一个个鲜活的样本，丰富了当代的实践教育学。

同样值得重视的一个价值动向，是校长和教师们在中外教育的对话与比较中，开始渐渐觉醒的教育主体意识和文化自信。在项目培训实践中，我们创造条件让学员走出国门，深入考察美国教育、芬兰教育，重视国际教育交流对话。就在这个过程中，校长和教师们不再是“言必称希腊”，而是以更为理性、平和的态度对待异域经验。他们在发现好的经验与做法时，能够以积极建设的态度“把美好带回家”，但又不是一味“拿来”，更多学会从不同文化背景、不同发展阶段来理解教育差异。尤其难得的是，他们在中外教育比较中重新认识到，中国的学校教育也有其应该坚持的特色，我们既要学人之长、补己之短，又不能丢了自己原有的好东西。

中国的基础教育需要走向国际化，需要强化自身的国际化人才培养功能，但国际化不是否定自我，对外来经验全盘接受，而是要在平等参与国际教育合作、交流中，增进国际理解，倡导求同存异。这就好比茶与咖啡，无所谓优劣，仅关乎趣味。

从这个角度来说，作为项目成果的这套丛书，既是这些校长和教师对个人教育思想观念的梳理提炼，更是中国一线教育工作者对基础教育国际化的真诚思考：什么是国外基础教育的优势？什么是中国基础教育的特点？我们该向人家学习什么？又该坚持和发扬什么？

这同时又是一份珍贵的成长见证。几年来，这些校长和教师不少已成为广东中小学教育的领军人才，还有的已经在全国崭露头角。他们从整体上构成了新时代岭南教育的风格特色，成为一支闪现思想锐气、富有改革精神的“教育新势力”。

正是有感于这样蓬勃的生长态势，两年前，我们打造了被称为“中国教育TED”的品牌活动——“山长讲坛”，让广东的名师、名校长可以有一个广泛传播、分享教育思想和学术风采的现代平台。在“山长讲坛”第一季的首场演讲中，我说，校长应当成为师生的精神领袖，在真善美境界中求得宁静，在精神层面引领师生的发展，通过凝练、传播和践行三个层面，逐步清晰自己的教育思想和办学理念、形成独特的办学主张。

就在前不久，以“粤教育·粤精彩——唱响岭南教育流派”为主题，新一轮广东省中小学（幼儿园）名师、名校（园）长工作室主持人高峰论坛在华南师范大学举行，有70多位岭南名师、名校长登坛演讲，表达他们的教育主张和教育实践。以此为契机，华南师范大学将推进“岭南教育流派名工作室”的发展建设，从教育思想和教育实践两方面打造更具独特风格的“岭南教育”。

提出“岭南教育流派”这一概念，不是简单地“贴标签”“画地盘”，而是有着多重思考。一方面，长期以来，岭南教育深深地打上了广东人一贯的务实勤劳、勇于开拓、行胜于言等鲜明印记，但正所谓“言而不文，行而不远”，我们期待有更多校长和教师通过著书立说，对岭南教育的共性文化特征进行梳理提炼，从而更深更广地参与到中国当代教育文化的共建中。另一方面，粤港澳大湾区的建设也对岭南教育的融合共享发出了时代的呼唤，“独行速，众行远”，校长与教师必须舍却小我，融入大我，学会相互借力，相互成就。我们理想中的岭南教育流派，应该是一个兼容并蓄、互通互鉴的教育文化圈，一个和而不同、美美与共的良性教育生态。

而这套丛书的策划与出版，也是怀着同样的初衷与期待，希望为广东名校长和名教师架设一个展示、分享发展成果的平台，引领和督促他们向着“教育家办学”的方向不断前行。

实事求是地说，作为一项高等师范院校和中小学校长教师共同参与的研修活动创新，项目本身还有许多不完善之处，校长和教师们在丛书中呈现出来的与其说是成果，不如说是一份份项目作业，是他们成长过程中的一个纪念，更是他们走向更高教育境界的基点。也因此，无论是丛书的思想内容和体例结构，都还略显粗糙，有许多的不足。丛书得以结集出版，一方面是鼓励和鞭策，另一方面也是求教于大家，给予批评和指正。倘能激发更多校长和教师对学校文化建设的重视，共同投身于中国特色基础教育的改革发展，则更是善莫大焉。

是为序。

2020年8月

前言：前进是需要反思的

从教多年，一直心存困惑：语文是什么？语文老师的职责是什么？我该以什么样的方式来教语文？记得在毕业10年后的某一个晚上与好友小酌，略有醉意的我们又聊到语文的话题——语文难教！

至今还清晰地记得好友严肃地看着我说："弄清楚了语文，你就能够成为大家了！"时至今日，我还没有弄清楚语文是什么。也正是因为我还没有弄清楚语文，所以我还是我；因为我没有弄清楚语文是什么，所以我还在困惑中追寻。为了弄清楚语文是什么，我一直阅读、追寻、聆听、践行、再阅读。一系列的思考和实践，让我似乎明白了语文的些许东西，但是困惑依然还在。直到看了梁启超、于漪、钱梦龙等大家对语文教学发出的感慨，我似乎看清了语文的些许问题，明白了些许道理——语文尽管宏大，但是语文的课堂教育与教学，始终离不开人性的光辉，如精神、品格、气节、境界和情怀等。

为了对语文有更深刻的认识，我从2000年起购买了众多大家的书籍，停笔一想，脑海中立即就出现了叶圣陶、吕叔湘、张志公、于漪、顾黄初、程红兵、黄厚江、黄玉峰、王栋生（吴非）、余映潮、余党绪和王荣生等人的形象。他们真情书写的文字，理性思考的著作，深入我心。

待本书整理完，再次阅读，发现真的不完美。有人问：如果用两个词来介绍你这本书，你会用哪两个词？想来想去，我觉得用“真实”和“实用”来形容较为恰当。

一、 真实

本书真实地呈现了我的从教经历，记录了我教学的实况，表达了我对教育的思考。本书虽然理论水平不高，体系不是很完整，但是起码说的是自己的话，写的是自己的真实经历，表达的是自己真实的感情和思想。本书从写作到出版，都是以“真实”为重，以“理性”为准。真实的东西也许是不完美的，甚至带有点丑陋，但就是这些真实的情感，往往能够感动人和净化心灵。如本书中学生真实的语言，能够净化我们被世俗日益同化的心；本书中真实的想法和做法，能够看出一个普通教师成长路上的艰辛追求和顽强拼搏。

这个社会不缺华美，但是缺少真实！

二、 实用

实话实说，由于水平有限，我的思维并不是很严谨，一些提法可能还不是很科学，但是我的很多做法还是很实用的。实用体现有二：一是我按照个人对语文、对新课标的理解和思考，创设的语文综合实践活动如“行走大地——用心感受家乡的温情”，开展的“窗外的语文课”很受学生欢迎和喜爱；二是就高考摸索出的一些“技巧”对应试的师生和家长都很实用。从2005年开始，我编写的“尖子生语文知识脉络和答题指导”对历届高三学生成绩的提高也起到了辅助作用。细细回想，能够评上正高级职称和广东省“特支计划”教学名师，在某种程度上，除了我的科研外，还与我语文的高考成绩分不开。也是从2005年开始，我的多名学生进入了广东省前100名。从教20多年，行走在应试教育和素质教育之间，能够有这些成绩，我觉得与摸索出的这套实用的方法是分不开的。

本书是教育实践的成果，在漫长实践的过程中得到了许多亲朋好友、同事、同行和学生的帮助。出版多本专著，很少提及感谢二字，现在想起来颇感惭愧。今天利用成书之际隆重地说一声谢谢！

感谢妻子对我的鼓舞和指引，今天所有的一切都离不开妻子生活上的关照和精神上的指引，我所有成绩的勋功章上有她的一半。

感谢华南师范大学文学院张永璟教授、广东第二师范学院中文系副主任桑志军教授、华南师范大学附中特级教师黄德初老师、佛山市南海区桂城中学特级教师王耀平老师、佛山市第三中学姚巍老师等给予的指导和帮助，他们的学术造诣和文化引领，让我对文化和学术充满了一种敬畏。

感谢我的同事正高级教师李存仁老师、曹泽华老师、李信夫老师、杨金祥老师，是他们的鼓励和宽容让我有了充分的信心和自由的空间。也感谢我的学生们。

感谢广东高等教育出版社对本书出版的支持。

感谢，尽在不言中。

亲爱的读者，本书呈现了一位基础教育工作者的成长经历和教育生活，因水平有限，字里行间表达的情感也许不尽如人意，观点也许有失偏颇，恳请读者批评指正。

尹军成

2019 年 8 月 13 日

目 录

教学主张

教学思考

关注语文

关注自我

附录

教学主张

1　何为"情致"

《现代汉语词典》对"情致"解释较为简单：名词，情趣，兴致。

百度百科对"情致"一词的解释则颇具高度：有一定价值和理性的情趣、情感。

黑格尔对"情致"的解释显得更为翔实、丰富：情致是两个方面的互相渗透，一方面是个体的心情，是具体感性的，是会感动人的；另一方面是价值和理性，可以作为认识。但这两个方面完全结合在一起，不可分离。因此，对那些情致特别微妙深邃的作品，它的情致往往是无法简单地用语言传达出来的。

朱光潜在《情与辞》一文中对"情"和"情致"进行了比较详细的解说："一切艺术都是抒情的，都必表现一种心灵上的感触，显著的如喜、怒、爱、恶、哀、愁等情绪，微妙的如兴奋、颓唐、忧郁、宁静以及种种不易名状的飘来忽去的心境。文学当作一种艺术看，也是如此。不表现任何情致的文字就不算是文学作品。文字有言情、说理、叙事、状物四大功用，在文学的文字中，无论是说理、叙事、状物，都必须流露一种情致，若不然，那就成为枯燥的没有生趣的日常应用文字，如账簿、图表、数理化教科书之类。不过这种界线也很不容易划清，因为人是有情感的动物，而情感是容易为理、事、物所触动的。许多哲学的、史学的，甚至于科学的著作都带有几分文学性，就是因为这个道理。我们不运用言辞则已，一运用言辞，就难免要表现几分主观的心理倾向，至少也要有一种'理智的信念'，这仍是一种心情。"①

---

① 朱光潜. 朱光潜全集：第四卷［M］. 合肥：安徽教育出版社，1988：269－275.

综合以上的文字分析、总结可知："情致"是一种高认知及情境介入的思维活动方式。它与观察、记忆、听闻、阅读、联想（想象）有关，它呈现的具体表现就是审视、考察、琢磨、检验、斟酌、权衡、仔细掂量等。

简单一句概括："情致"思维过程就是阅读、审视、思考、联想、感悟、推理、检验的过程。

"情致"思维是能够打动人心、传递积极意义、充满正能量的一种推理、论证和升华的活动。

我们知道，中学语文教材的选文分文学类（诗歌、散文、小说、戏剧）和非文学类（实用类文章）。从有关人物、资料对"情致"的解读可知，在语文教学中，我们把"情致"置于"文学作品"的环境下进行思考和运用，很大程度上是针对文学作品的阅读、理解、感悟后的一种体验和感受。

2 何为“情致语文”

“情致语文”基于学生个性发展、适应时代发展需要的考虑，以语言文字为核心，以语文学习活动为主要形式，以培养学生审美情趣、必备品格和关键能力［“学科核心素养（语言、思维、审美、文化）”］为目的，以“启迪学生思维、开发学生智力和陶冶学生心灵”为最终目标，通过情感渗透、思维启发、文化浸润和精神引领的根本方式进行知识的传授和能力的培养，力求让学生成为一个人格完善、人性丰富、人品高尚的人。

“情致”思维过程的价值体现就是思想聚焦、情感净化、思维发展、品位提升。“情致”之“情”，涉及“情感”“情趣”“情思”“情愫”“情操”“情怀”等。语文学科的教学，需培养有丰富情感、高雅情趣、理性情思、人文情怀的语文人。对于语文教材的应用、教材外教学材料的选择、语文课堂教学及课外活动的开展，需朝“情”的目标努力。

“情致”之“致”，涉及“兴致盎然”（兴趣）、“格物致知”（探究）、“宁静致远”（情趣、品位）。我个人倾向于“兴致”之“致”。语文课堂教学要求遵循“周密细致”的逻辑而又能够引发“兴致勃勃”的兴趣。

语文人（包括学生）应该对生活、社会、学习、工作等始终有“兴致”，态度是积极的，充满正能量；语文人的生活、学习、工作应该是“兴致盎然”和“情趣”高雅的。

“情致”是一种高认知及情境介入的思维方式，语文教育注重对学生进行“精气神”的培养，只有把人的“精气神”培养好了，我们才有可能培育出“高大上”的人。

一句话概括：情致语文，让教学更具品位；情致阅读，让阅读更有情趣；情致作文，让写作更富有理性。

3 “情致语文”提出的背景

《中国学生发展核心素养》指出：学生发展核心素养，主要指学生应具备的，能够适应终身发展和社会发展需要的必备品格和关键能力，是关于学生知识、技能、情感、态度、价值观等多方面要求的综合表现。主要是学生在学习、理解、运用人文领域知识和技能等方面所形成的基本能力、情感态度和价值取向。

《普通高中语文课程标准（2017 年版）》指出：语文课程应引导学生在真实的语言运用情境中，通过自主的语言实践活动，积累语言经验，把握祖国语言文字的特点和运用规律，加深对祖国语言文字的理解与热爱，培养运用祖国语言文字的能力；同时，发展思辨能力，提升思维品质，培育社会主义核心价值观，培养高尚的审美情趣，积累丰厚的文化底蕴，理解文化多样性。

普通高中语文课程，应使全体学生在义务教育的基础上，进一步提高语文素养，形成良好的思想道德修养和科学人文素养，为终身学习和全面而有个性的发展奠定基础，为传承和发展中华文化、增强民族凝聚力和创造力发挥应有的作用。

1. 基于“立德树人”理念对语文学科提出高要求的思考，“情致语文”关注“人”的精神世界，发挥语文的育人功能

语文是中华儿女的精神家园，语文课程对继承和弘扬中华优秀传统文化、革命文化、社会主义先进文化，培养文化自信，推动文化的创新发展具有不可替代的优势。

语文相较于其他学科，在“立德树人”方面有着不可推卸的责任，文字是思想的载体，语言是思维的体现，“情致语文”关注学生的情感、情趣和思想、思维，同时也关注学生能力与品格。一言以概之，“情致语文”关注人的精神世界，关注人的“精气神”。

因此，语文在培养学生的价值观、人生观、世界观等方面具有其他学科无法替代的作用。同时语文以其独特的审美情趣培养的方式能让学生产生天然的亲切感。也就是说，语文正是以“情”和“理”两种独特的方式感染和培育学生。

顾黄初老先生说：“关于语文教育，我最主要的观点有三个：第一，语文教育是提高我们全民素质的一项奠基性的工程……为什么说语文教育是提高我们全民族素质的一项奠基性工程？我认为第一个原因就是它为人们接受学校教育和社会教育提供一种重要的工具和媒介。第二个原因是它为人们认识世界、了解人生提供了一个色彩斑斓的空间。第三个原因是它为学生提高认识、丰富情感、激发思维提供一个有血有肉的凭借物。语文教育，在教书和育人之间有一个天然的联系。所以有人说，学语文就是学做人，道理就在这里。”①

语文作为知识、信息、思想和情感的载体，在学习过程中必然伴随着知识的扩展、信息的吸收、思想的培育和情感的陶冶，因此语文学科对于提高学生的思想道德素质和科学文化素质也具有不可忽视的重要作用。

“情致”与“语文”相结合，突出了语文的人文性。强调通过对学生语文课内、课外学习的引导，使学生不仅仅成为一个情感丰富、血肉丰满的人，而且还能够客观审视自我、提升自我，能够理性地思考，客观地表达。具体来说，就是能够准确领会他人流露的情感，正确处置自己的情感，拥有正确的、积极乐观的生活态度和健康的心理，拥有高雅的情趣、高贵的品质和非凡的气质。

2. 基于核心素养为本的思考，“情致语文”关注学生的思维品质形成，重视学生思辨能力的培养

教学的意义是同传递、灌输别人观察和推理的结果联系在一起的。教学

---

① 顾黄初. 语文教学与素质教育［M］//顾黄初. 顾黄初语文教育文集外集. 南京：江苏教育出版社，2013.

中，教师与学生达到了最紧密的接触。指导学生的活动、激发学生求知的热情、影响学生的语言习惯、指导学生的观察等，都集中在讲课上。课堂上如何训练学生思维、提升思维品质需要老师思考。

我们知道，思维是与观察、记忆、想象以及关于人和事物的常识有关，因此我们教师要用专门为此目的而设计的特种训练方式，甚至是借助运动器械来训练思维。

如何提升学生的思维品质？教师要解决两个方面的问题。一方面，教师需要研究学生个人的习惯和特点，另一方面研究影响学生个人习惯性自我表达的能力变好或变坏的因素。

教师应当认识到方法不仅包括有意识地设计和运用智力训练，还包括并非有意运用的因素，即学校的氛围和校务之中能对学生的好奇心、反应力及有条理活动产生影响的因素。

“一位教师既研究了个人心理活动，又研究过学校状况对这些心理活动的影响，那么就可以基本上信赖他本人会找到较狭义的适用的教学方法，以期待在阅读、地理、代数等特定科目的教学中达到预想的收效。假如教师不了解学生个人的思维能力以及学校环境对这些思维能力的影响，那么他的教学法即使再好也只能收到眼前的效果，而无助于学生养成深层次的思维习惯。”①

语文教学要引导学生积极参与实践活动，在认识自然、认识社会、认识自我、规划人生过程中训练思维、提升品质。

“情致语文”以“问题驱动——活动设计”的方式引导学生通过阅读与鉴赏、表达与交流、梳理与探究等语文学习活动，在语言建构与运用、思维发展与提升、审美鉴赏与创造、文化传承与理解几个方面都获得进一步的发展，为学生的个性形成、全面和终身发展奠定基础。

3. 基于语文教学“少、慢、差、费”现状的思考，语文教学必须要改变“矮矬穷”的现状，打造品质课题，着力提升学生的语文素养

1978 年，吕叔湘先生在《人民日报》上发表的《语文教学中的两个迫

---

① 杜威．我们如何思维［M］．伍中友，译．北京：新华出版社，2010．

切问题》提到："学生进了中学学10年的母语，效果不好，整个10年是9160个课时，语文占了2749个课时，也就是约1/3的课时，学生花了那么多的时间来学习母语，成绩这样差，岂非怪事？因此要好好研究如何提高语文教学的效率，要在较少的时间里取得较好的成绩。"①

吕叔湘先生在这篇文章里面讲到中学语文教学效果很差，中学毕业生语文水平低，这些大家都知道，但是对于少、慢、差、费的严重程度，恐怕还认识不足。否则，时隔40年，就不会出现下面这种情况：

广东高考评卷情况通报，2018年6月22日，广东高考语文科阅卷组长、华南师范大学文学院院长陈少华权威解读2018年高考语文试卷重点、难点时提到：

从目前考生答卷情况看，……阅读题大多考生的作答有针对性，但一定程度上作答模式化、滥用套语等老问题仍然没有得到很好的解决……阅读教学需要加强各类文体特征的认识以及文体阅读间的联系，进一步强调对阅读中思想内涵和艺术技巧的理解。②

审视我们的教学，我们会有一种无奈甚至是失望：语文教学，面对文辞优美的文章，老师不是用情感来演绎文字而是用试题语言来草率肢解文章，于是乎，学生观看事迹感人的图片不是心潮起伏而是"波澜不兴、宠辱不惊"。

听高中语文教师讲课，对教师教学时所表现出的急功近利的思想和学生上课时所表现的麻木不仁而深感悲哀。

再具体到高三教学，除了对《十年高考试题选编》《高考模拟试题大全》的讲解，除了公布答案、分析解法、总结归纳题型等，与人性有关的东西如美感、和谐、激情、品质、人格，与思维发展有关的如思考、分析、推理、论证等关键字眼都在题海沉浮中消失殆尽。

很多时候，我们的教学关注的就是作者、背景、主题、情节、人物形

---

① 吕叔湘. 语文教学中的两个迫切问题［N］. 人民日报，1978-03-16（3）.

② 广东高考考生答题情况如何？评卷组长有哪些建议？省考试院权威发布！［EB/OL］.（2018-06-16）［2019-08-13］. http://www.sohu.com./a/236092958_670213.

象、艺术手法、语言运用，自主、合作、探究简直就是一句空话，对阅读与鉴赏、表达与交流、梳理与探究的漠视导致了表达力、想象力、思维力、思辨力极度缺失。

面对经济、科技的迅猛发展和社会生活的深刻变化，面对新时代社会主要矛盾的转化及对提高全体国民素质和人才培养质量的新要求，面对我国高中阶段教育基本普及的新形势，我们的教学理念、教学模式亟待改进。

4 “情致语文”的内涵

“情致语文”的“情”，来源于师生对语言的阅读品味，无论是“情尽乎辞”“情溢乎辞”，还是“辞溢乎情”，情与辞、情与语言都是密切相关的。“情致语文”的“情致”，从美学上看，是理性与感性的结合，这对于语文的逻辑思维与形象思维的培养是直接相关的。情致语文的“情致”，本就在黑格尔的美学中出现过，它说明了“客观的现实的活动被情致所推动，这情致是艺术的真正中心，也正是欣赏主体的审美愉快的真正源泉”。“情致语文”来自生活语文的现实美感，这对于培养学生的审美观、提升学生的思维品质、培养学生的思辨能力来说是很实际的、可行的途径。“情致语文”在教育教学上提出通过情感渗透、思维启发、文化浸润、精神引领的方式，培养出具有家国情怀的“文化人”，正是语文文化素养的体现。

“情致语文”重视师生情感熏陶和净化。

语文教育，要在学生心中播撒一片光明。在我们看来，“情致”通过艺术形象与语文课程的人文性相契合，其包含人性深处的理智和传统文化中的理性成分，同时也展现时代的文化品性和个体的自由抉择，其育人的意义在于：一方面，让学生浸染在传统思想文化和人性的母题当中；另一方面，缔造种种现实情境，让学生深切地感知个体的困境和矛盾挣扎，从而塑造其人格。

“情致”与“语文”的结合，展现了它极富诗意的一面，语文的教育教学就该是以培养“读书人”为目标的，而非“考试人”的工具。

语文教育教学应以情感染学生，以情动人，从而达到培养“书卷气”、养成“儒雅风”的目标。

（一）"情致语文"重视语文学习情趣培养

"情趣"指志趣、志向或情调趣味，有时也指情意。语文学习情趣是指通过情感渗透或技术手段激发学生学习的兴趣。

著名的心理学家皮亚杰认为"一切有成效的工作都是以某种兴趣为先决条件"。

我国著名的心理学家林崇德也说："天才的秘密在于强烈的兴趣与爱好。"

"兴趣是最好的老师。"兴趣是一种带有情感色彩的认识倾向，它以认识和探索某种事物需要为基础，是推动人去认识事物、探求事物的一种重要动机，是一个人学习和生活中最活跃的因素。因此，我们在教学实践中要注重"兴趣盎然""妙趣横生"。

情趣有高雅、低俗之分，人的经历、特长、情感、情操、知识和环境不同，就会有不同的情趣。

情趣会随着人自身和环境发生变化而发展或改变。

高雅情趣是健康、科学、文明、向上的情趣，它符合现代科学和文明的要求，也符合社会道德和法律的要求。它体现了一个人对美好生活的追求、乐观的生活态度和健康的心理。

作为教育工作者，应该引导和培育学生的高雅情趣，在语文教学中开展丰富多彩的活动，如为了激发学生兴趣和培养学生核心素养，我践行"知行合一"的教学理念，倡导"读写一体"的活动。我的教学以课程为前导，以课堂为阵地，以讲座为载体，以开展"知行合一"语文（实践）活动为主渠道，极力拓展语文的教学空间，积极构建"窗外的语文课"。

"窗外的语文课"是指采用"顶层设计、主题引领、活动促进、文化搭桥"的方式在区域范围内开展语文综合实践活动课程。它属于区域范围内语文综合实践活动课程之一，目的是促进学生把学过的语文知识消化、吸收并转化为能力。

从 2009 年开始，基于课程建设、教育模式创新、学生能力转化和师生人文素养提升的思考和实践，我和志同道合的同行以培养具有"家园情怀和民族精神的理性学生"的行动研究为主题，成立了"佛山一中民间观察社”，通过构建“窗外的语文课堂”，积极开展“行走家乡——用心感受社会的发展”的活动，以“关心家人”“关注民生”“关注文化”“关注历史”“走进企业”“感悟自然”等内容为主题来开展语文活动。

我主要是以“活动课程”为主线，以“行动研究”的课程建设为目标：

一是设置以阅读岭南诗文为主题的“行吟歌诗”的校本课程。

根据佛山地处岭南腹地的得天独厚的条件，学校以了解“禅文化”和认识“岭南风云人物”为抓手，通过教师的诗文解读、学生的扩展阅读，培育人文基因，努力给学生打上人文底色。

二是设置以观察、调查、走访等活动为主的“行走大地”的校本课程。

佛山市是国家级历史文化名城，是中国最具经济实力和发展活力的城市之一。

通过研究佛山人文历史和自然景观文化，探索基于岭南文化培养高素质现代人的道路。

三是设置以认识佛山一中百年历史为主题的“行思校园”的校本课程。

佛山一中古建筑历史悠久，颇具特色；学校人文底蕴深厚，人才辈出。通过对学校历史的了解和对校友的关注，我们利用语文综合实践活动课程的开展来挖掘历史文化，厚实学生的底蕴。

遗憾的是，我们常规的语文课堂让学生心生厌烦，更无兴趣可言。

（二）“情致语文”关注师生情感体验与抒发

“情致语文”关注学生情感体验与抒发就会牵涉到“情志”和“情智”。

1. “情志”是一种情感的体现，即人的喜、怒、忧、思、悲、惊、恐七种情绪

古人在谈到生命体验时，常用“情志”两个字来表述，所以，“诗言志”“诗缘情”也就成了诗人生命体验的最好注解。

“情”与“志”其实是不可分的。盛世鸿儒、唐朝经学家孔颖达说：“在己为情，情动为志，情志一也。”刘勰在《文心雕龙·明诗》中也有这样的观点：“人禀七情，应物思感，感物吟志，莫非自然。”情感是写作的触发点，是写作的催化剂。阅读和写作就是通过情志的抒发来展现人类无限丰富的心灵空间和生命体验，让人重温自己曾经经历过的、类似的生活体验，并在情感共鸣中感悟自身的生命历程。

“情志”是一种情感的表达，它只是注重情感抒发，凸显“真情表达”，而不一定重视“理性思维”“情感价值”这些要素，而“情致”注重的是一种高雅情趣和理性思维表达。

2. “情智”是一种能力

“情智”（Emotional Intelligence）一词是由美国心理学家皮特萨洛维（Salovey）和约翰梅耶博士（Mayer）在1990年首次提出来的，被誉为现代心理学领域的重大研究成果之一。“情智”是一种能力的体现，它聚焦以下五大类能力：

（1）理解他人感受并从协作出发与他人建立关系的能力。

（2）能识别、理解各种情感、情绪并能非破坏性地表达不同感受的能力。

（3）能有效管理和控制情感、情绪的能力。

（4）能管理变化以及由变化引起的情感、情绪的能力，适应并解决个人及人际关系问题的能力。

（5）产生正面影响和自我激励的能力。

根据以上解读可知，“情志”注重情感的发生、变化和表达，是感性的表达；“情智”注重实践的自我认识、自我规划和自我展示，是理性的思考；而“情致”注重情感内化、思维品质的提升及人格的培养与形成，是一种高认知及情境介入的思维活动方式，具有感性认识、理性思考、客观阐述的特质。

（三）“情致语文”重视学生思维发展和审美提升

语言是一种创造性的精神活动。与思想、情感同时发生，是意识、思维、心灵、情感、人格的形成者。语言的发展能有效地促进人的观察力、想象力、思维力、创造力等能力的发展。

爱因斯坦认为一个人的智力发展和他形成概念的方法，在很大程度上取决于语言。语言是生命之声，语言的活动就是生命的活动，语言促进人的发展的功能显而易见。

语文有实用功能，是人类最重要的交际工具，这是毫无疑问的。但与此同时它还有发展功能和审美功能。幼儿在牙牙学语时，教他说某个字、词和某个简单的句子的同时，就是在促进他思维的发展，培养他观察与认识事物的能力，这是不争的事实。学生学习语文也如是，不过复杂性大大提高。字的识别、词的褒贬、语的应用、句的组合、文的结构无不与思维方式、情感因素、智力发展水平紧密相关，引领与指导学生学习语文，在发挥语文实用功能的同时，也促进了他们思维、情感的发展。

“情致语文”引导学生自觉分析和反思自己的语文实践活动经验，提高语言运用的能力，增强思维的深刻性、敏捷性、灵活性、批判性和独创性。

现代语文教育不仅要求学生掌握语文的使用技能，同时还重视思维、想象力、创造精神、人格塑造的培养，以及智力因素和非智力因素的养成。

学习语文，带领学生辨别使用语言文字时的利弊得失，品味赏析语言文字的淡雅绚烂，既让学生感受语言文字的实用价值，又使他们在潜意识中发展了思维的广度、深度、严密度和开放度，优化了思维品质和思维能力；在阅读、思考、通读、吟唱的过程中，拨动心弦，激昂情感，升腾起对民族文化、民族精神的认同感、归属感。这种以语言文字为中心的认知教育，与情感教育、审美教育、人格教育高度融合，是一种境界，为学生的发展打下了“精神地方底子”。[①]

① 于漪．语文的尊严［M］．太原：山西教育出版社，2014：103－104.

5 “情致语文”内涵解读：以情致焕发生命向上的力量

——与《广东教育》记者的对话

《广东教育》记者（以下简称记）：2019 年初，有学生写文章这样评价您：在尹老师的故事中，“一心只读圣贤书”的我们多了一些人情味，多了一些烟火气，也多了一些联想力、想象力。你如何看待学生对您的这个评价？

尹军成（以下简称尹）：这是 2018 届毕业生翁曦听到我被评为正高级教师后，在一篇文章中提到的话，我觉得还挺符合的。提到翁曦的评价，我还想起了 2012 届毕业生何毓蕾对我的课堂评价：“如果你是一个循规蹈矩，兢兢业业，眼中只有考试、分数、排名的同学，那么，你会在尹老师的班级里迷失方向的。在他的课堂上，你需要期待的不会是‘下一次期中考的语音语调范围’，不会是‘写景类的古诗词赏析步骤一二三’，不会是‘怎样的作文三段式模板最容易得高分’。他的语文课更像是‘百家讲坛’。你获得更多的是评析性的言论和启发式的提问。尹老师从来不是一个立志让自己手中产品个个达标的生产工人。”

细细回顾和审视自己的教育教学成长轨迹后发现，从走上讲台到今天，我一直坚持关注学生内心世界的需求和精神成长的需要，一直把学生当“读书人”来培养而不是当“考试人”来对待。因此，基于学生可持续发展的思考，我在教育教学上不仅重视“术”的传授，更重视“道”的传承，引导学生在学习生活中领悟并成长为一个人格完善、人性丰富、人品高尚的人。

记：有什么样的教育教学观念，必然有什么样的教育教学实践与追求。

作为一个语文教师，你在语文教学中如何做到“既重视‘术’的传授，又更重视‘道’的传承”？

尹：这就要提到我所倡导的“情致语文”教学研究与实践了。“情致语文”是我在语文教育领域的理念追求，其内涵是就强调“术道结合，文道统一”。

现代语文教育不仅要求学生掌握语文的使用技能，更重视学生思维、想象力、创造精神、人格塑造的培养，以及智力因素和非智力因素的养成。“情致语文”关注学生的发展和提升，关注课堂的情趣和品位，关注课堂思想和价值，关注教学模式构建和理念传播与输送，注重对学生进行“深度阅读、理性思考、感性表达”的培养。其基本的做法是以情感渗透、文化浸润、思维启迪、精神引领和行动指导为根本，培养学生在语言、文化、审美和思维等方面的核心素养，启迪学生思维、开发学生智力和净化学生心灵。

记：具体说来，“情致语文”是基于什么样的背景提出的？

尹：“情致”是一种高认知及情境介入的思维方式，“情致语文”提倡语文教育要注重对学生进行“精气神”的培养，只有把人的“精气神”培养好了，才有可能培育出“高大上”的人。

“情致语文”提出的背景主要基于三方面的思考：一是基于“立德树人”理念对语文学科提出育人要求的思考，“情致语文”关注人的精神世界，发挥语文的育人功能；二是基于核心素养培育目标的思考，“情致语文”关注学生的思维品质形成，重视学生思辨能力的培养；三是基于语文教学“少、慢、差、费”现状的思考，“情致语文”注重打造品质课堂，着力提升学生的语文素养。

我举个高三教学的例子，许多地方除了对《5 年高考 3 年模拟》《十年高考试题选编》《高考模拟试题大全》等资料的讲解和公布答案、分析解法、总结归纳题型外，与人性有关的东西如美感、和谐、激情、品质、人格等，与思维发展有关的东西如思考、分析、推理、论证等，都在题海沉浮中消失殆尽。就拿语文教学来说，我们常常关注的就是作者、背景、主题、情节、人物形象、艺术手法、语言运用等方面，而自主、合作、探究就像是一句空话。对阅读与鉴赏、表达与交流、梳理与探究的漠视，导致了表达力、想象力、思维、思辨极度缺失。

基于此，我强调“情致语文”要基于学生个性发展特点，以语言文字为核心，以语文学习活动为主要形式，以培养学生正确价值观念、必备品格和关键能力为目的，通过情感渗透、思维启发、文化浸润和精神引领的根本方式进行知识的传授和能力的培养，力求让学生成为一个人格完善、人性丰富、人品高尚的人。

记：倡导情致语文，让您的工作室与其他工作室有什么样的不同之处吗？

尹：我的工作室与省内其他名教师工作室一样，都致力于成为教育教学的改革创新基地，为教师们搭建实实在在的成长平台与展示舞台。由于倡导“情致语文”教学，我的工作室理念更聚焦，特色更鲜明。目前，我的工作室正致力于“情致语文”的研究，以“情致阅读”和“情致作文”为研究基础着力构建“情致语文”课程体系。

记：您的工作室的价值追求与影响力是什么？

尹：让教育给生命以向上的力量，让教育回归自然的状态。这是我工作室的价值追求，也可以说是“情致语文”的价值追求。如今，我已逐渐构建了以“以人为本，提升素养，服务教育”为目标的工作室组织文化，建立了一个结构合理、运转灵活的工作室组织结构，确立了工作室成员之间的沟通方式、工作规范及权利责任范畴，形成了“具有人性、人品、人情的语文人”的培训文化和学习体系。

作为教师专业成长的“精神家园”，工作室本着“人本、情怀、创新、共赢”的核心价值观，以“思想引领、活动促进、文化搭桥”为宗旨，以促进教师发展为核心，以思维启发、文化浸润和精神引领为先导，以集中研训和网络研修为交流载体，给教师专业成长以向上的力量，引领学员做一个温暖人心的教育工作者，力求让教师更具教育情怀，让学生更具个性。

自 2016 年工作室成立至今，我们已与华南师范大学、广东第二师范学院、佛山市禅城区教育局、清远市连山壮族瑶族自治县教育局、清远佛冈县佛冈中学等单位合作培训多批学员，效果显著。同时，还开设了“情致轩军成工作室”博客和公众号。因此，除了官方渠道，省内外也有很多教师通过关注公众号并留言或微信联系申请加入工作室。随着“情致语文”实践活动的开展，影响也日益扩大，并在省内外建立了实验基地学校。

记：在您的教育经历中，有哪些值得珍视的例子能与我们分享一下？

尹：教育的核心是从生命深处唤醒沉睡的自我意识，唤醒人的创造力、生命感和价值感。唤醒灵魂的教育才是成功的教育。我的学生区芷晴曾写信对我说："我记得看了两节课都没看完的《霸王别姬》；我记得一次次课前精彩的演讲；我记得您为我们读您写的文章；我记得我们那一次诗歌朗诵会，有诗，也有情；我还记得我们在课堂上的'爆发式'讨论，简直就是一场没有硝烟的战争。这些是只属于高二（6）班的回忆。所以，不用跟我们说'对不起'，有遗憾的不完美不是更值得纪念吗？我想我们之间有的，更多的应该是感谢。"我从教超过25年，最近5年，学生开始陆陆续续与我取得联系。他们带着怀旧和感恩的来信、来访促使我开始思考教育的意义：我凭什么赢得学生的尊重？

回顾与学生朝夕相处的日子以及与学生、家长的交流，我让学生感动的无非是一些小事：随口叫得出学生的名字、把手中的水果送给与我打招呼的学生、为流泪的学生送上一张纸巾，以及一个鼓励的眼神、一次会心的微笑、一个关心的动作、一行激励的话语、一件小小的礼物、一堂激动人心的课、一篇激情朗诵文章等小事。

细细审视和思考这些小事的背后，我想其意义就是教育要给学生生命以向上的力量。

让教育给生命以向上的力量，让我收获着同行的共鸣与互勉。一次讲座后，广州市第八十六中学教师姚春霞曾发信息对我说："'我希望以我的成长经历和教育方式给生命以向上的力量'，您的寄语深深地、深深地震撼着我的心灵！"每次出去讲座，收获颇多，一是对个人讲座的反思，二是被老师的留言感动。说到教师的留言，我还想起肇庆市封开县江口中学教师伍福健曾发过两条这样的短信给我："……我还在继续搜索《毕飞宇和他的王家庄》的文档，找到了并编辑好后就立刻发给您，请您指点，谢谢！""……昨天夜里我已下单把书买了，谢谢您推介好书给我，我一定会像那饥饿的人扑在面包上一样，认真拜读。我最近在认真阅读陈日亮老师的《我即语文》《如是我读》两书，也认真重看了余华的《活着》、路遥的《人生》，获益良多。谢谢尹老师，谢谢您让我成为一个再度热爱读书的人。"

［本文选自2019年第6期《广东教育（综合版）》，有删改］

6 “情致语文”课堂教学的解读

“情致语文”关注学生的发展和提升，关注课堂的情趣和品位，关注教学模式构建和理念传播，重视思维、想象力、创造精神、人格塑造的培养，重视智力因素和非智力因素的养成。

“情致语文”课堂教学实践的核心任务是促进每个学生得到最大限度的发展，其根本途径是通过转变教师的教学模式、教育理念来转变学生的学习方式，为学生搭建一个自主、合作、探究、交往的学习平台。

一、“‘情致语文’课堂教学的实践研究”关注

（1）课堂定位：课堂价值、品位以及教育教学的模式构建和理念传播与输送。

（2）课堂目标：关注学生的情趣和情感，注重学生理性情趣情感的培养。

二、 情致阅读

1. “情致阅读”的解读

以“品读”为基础，以“品文悟情”“品文明理”“品文识人”为主线，用“主题阅读”“深度阅读”“群文阅读”的方式来引导学生进行沙龙式研讨和探究式阅读。

2. 情致阅读的操作模式

（1）品语言：感受，感知。

（2）悟情感：感动，感慨。

（3）赏景物：观景物，明事理。

（4）读人物：知人论事，感受冷暖。

三、 情致作文

1.“情致作文”的解读

以“感性认识、理性思考、真情表达”为核心，通过情志的抒发来展现个人无限丰富的心灵空间和生命体验。学生把这种体验书写出来能够给人以美的享受、情的感染、智的启发。

2.“情致作文”的操作模式

（1）写作的思路：感性认识，理性思考，真情表达。

（2）写作的模式：抒发真情实感，传递正能量。

为了更好地帮助学生解决读写过程中缺少“人文的气息”和“文化的味道”等问题，作文教学中，坚持按以下的模式给学生提供一个学习的范本并引导学生朝着正确的方向发展：①教学思路：素材提供—教师导读—学生悟读—学生写作；②实战训练方式：题目展示（作文训练题目系列化：根据教学实践注重系统性和科学性）—写作导写（写作指导具体化：注重情感注入和技巧提升）—素材集锦（素材选择人文化：注重人物精神和人文思想）—学生写作（写作表达理性化：注重情感抒发和思维提升）—佳作展示（优秀作文展示思想化：注重情致与情趣）。

四、 “情致语文” 课堂教学的解读

1.“情致语文”课堂教学育人价值取向圆形模型（见图1）

“情致”是一种高认知及情境介入的思维方式，语文教育注重对学生“精气神”的培养，只有把人的“精气神”培养好了，才有可能培育出“高大上”（有情怀与情操）的人。

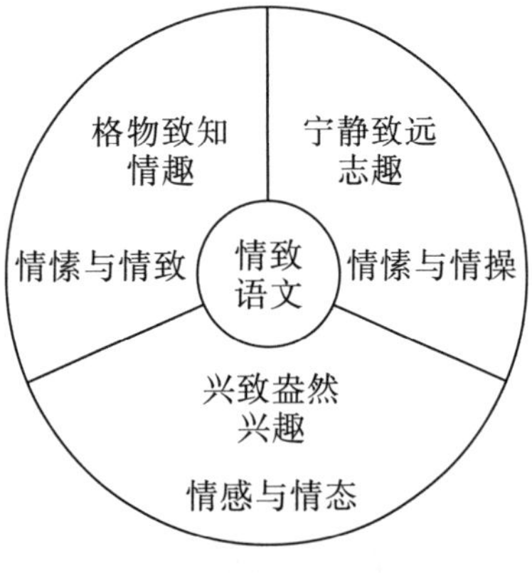

图1 “情致语文”课堂教学育人价值取向圆形模型

“情致”之“致”，涉及“兴致盎然”

（兴趣）、“格物致知”（探究）、“宁静致远”（情趣/品位）。语文课堂教学要求遵循“周密细致”的逻辑、重视“宁静致远”的培养，同时能引发“兴致勃勃”的兴趣。

“语文人”（包括学生）应该对生活、社会、学习、工作等保持一种“兴致”，态度是积极的，充满正能量；“语文人”的生活、学习、工作应该“兴致盎然”又“情趣”高雅的。

2. “情致语文”课堂教学三叶草模型（见图2）

（1）兴趣。提升兴趣让我们持续发现新的事物，给生命注入学习的动力和快乐的体验

（2）能力。强化能力让我们固化自己的努力，得以掌控学习和工作，培养能力，取得成绩。

（3）价值观。固化价值观让我们产生定见，抗拒各种诱惑，聚焦热爱的领域，获得宁静与满足。

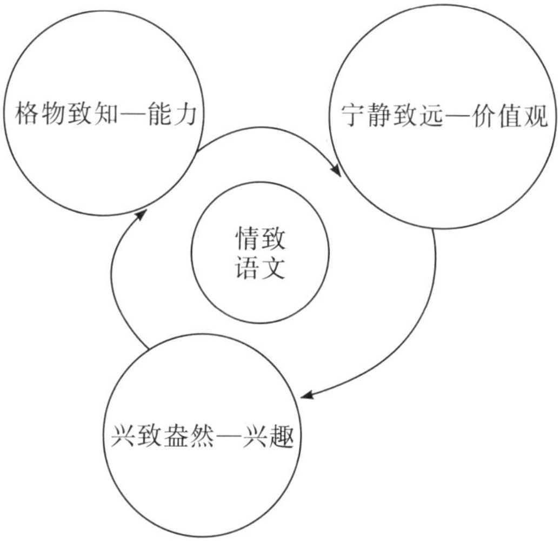

图2 “情致语文”课堂教学三叶草模型

兴趣产生了快乐，努力产生了能力，而价值观则帮我们发现热爱的领域。兴趣、能力与价值观是三种最重要的管理生命的能力。当你拥有强大的兴趣、能力和价值观，你就会很容易地发现自己热爱的领域，在里面努力投入地学习；而如果你缺失了这些能力，即使你有幸能找到热爱的领域，你也无力把握。过好人生是一种能力，而非天赋。当你开始掌握正确的学习方法，每个人都有无限的可能。

激发兴趣、提升自我的能力和打磨自己的价值观，通过自我价值的实现，在学习和现实的生活中，收获快乐、提升能力、厚实底蕴、净化思想、成就幸福和快乐的人生。

3. “情致语文”课堂教学四度模型（见图3）

（1）教学高度。教育的至高境界，不是简单地传授一种知识，而是通过知识，给学生熏染一种人生情怀，一种面对世界的人生气度。

（2）教学深度。基于学生可持续发展的思考，在教育教学上既重视“术”的传授，更重视“道”的传承，通过情感渗透、思维启发、文化浸润和精神引领的根本方式进行知识的传授和能力的培养，力求让学生成为一个人格完善、人性丰富、人品高尚的人。

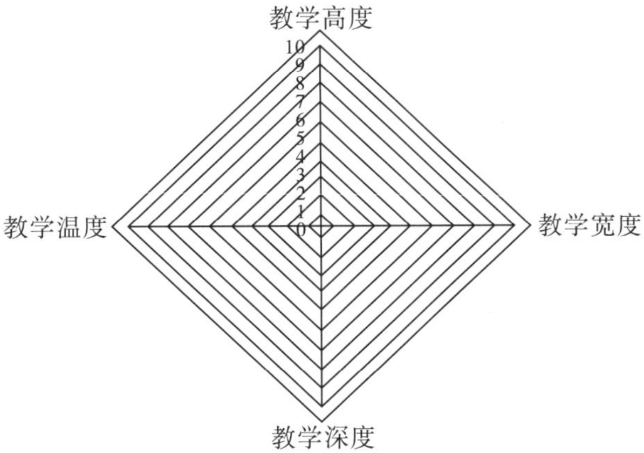

图3　“情致语文”课堂教学四度模型

（3）教学温度。关注学生内心世界的需求和精神成长的需要，把学生当“读书人”来培养而不是当“考试人”来对待。

（4）教学宽度。为学生点亮一盏灯，用光明照亮学生的心灵；为学生开启一扇窗，引导学生领略窗外世界的风景；为学生搭建一个舞台，让青春靓丽的身姿尽情展示。

北京教育界有一传标志性的人物——已经去世的名师孙维刚，他把数学上成“人学”，丰富学生了人文内涵，潜移默化学生的品性，教学效率与质量明显提高。听过孙维刚讲课的老师都赞叹：他的课你没法学，他不按课本讲，古今中外，史、地、生、化、音、体、美，甚至文学、天文都融入数学教学中。有人问孙维刚怎么教数学？他转身在黑板上奋笔疾书：“八方联系，浑然一体，漫江碧透，鱼翔浅底。”

4.“情致语文”课堂教学稳定的价值观系统的形成过程（见图4）

价值观的修炼在于“情致”思维过程，它的价值体现就是思想聚焦、情感净化、思维发展、品位提升。学习过程中，发现自我的需求，理解需求，并在实际学习中体验、检验和践行自我的选择，形成人生的定见，并且修炼出在任何情况下都能够获取人生价值的能力。

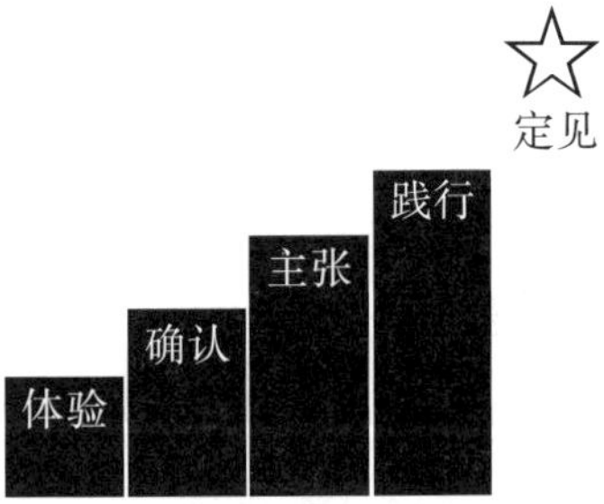

图4　“情致语文”课堂教学稳定的价值观系统的形成过程示意图

7 《荷塘月色》：微妙地宣泄情感[①]

一、 教学思考

朱自清的《荷塘月色》是经典名篇，关于这篇文章的教学设计可以说是日新月异，教学方式推陈出新。可是，我们必须要承认一个现实，在今天这个快餐文化盛行的时代，很多不谙世事的学生，除了能够感受到文字之纯美外，其他的内容如情感之缥缈、思绪之纷杂、思想之空灵、灵魂之安定等等这些他们是无法感受到和体悟出的。因此，如果我们只限于对文字的认识和阅读，而不去结合学生的思想、阅历以及文字后的故事进行补充，我们是无法达到让学生喜欢、理解、感悟和表达的目的的，即学生无法读出朱自清的那份细腻、敏感，那些真挚、别样的情感和灵魂净化后的那种恬淡和感悟，无法体会到那种坚定和执着，无法品味到文字背后的韵味。

为了让学生品味到文字背后的韵味，我们很有必要教给学生一种阅读的方法，而不是单纯地告诉学生文字的美。

鉴于此，教学中，以“方法提示—品味鉴赏—感悟表达”为主线，以“品味鉴赏—师生互动”为重点，以“感悟表达”为终极目标，采用“授之以渔”的方式引导学生参与教学并设计教学。

① 本课于 2014 年 9 月 25 日执教于广东省深圳市第二高级中学。

二、 课堂思路

1. 问题探讨（5～8 分钟）

（1）《我很重要》，你们老师是怎么上的？

（2）学习散文《背影》，你们老师是怎么解读的？

（3）学习《荷塘月色》，你觉得我们要学习什么？该怎么学习？

2. 教师展示（10～15 分钟）

（1）《我很重要》，我是这样上的。

（2）《荷塘月色》，要学习什么？展示学习目标，展示学习方法。

3. 学生实践（10 分钟）

学生感受："我的心态""我看到的景物""我描绘的景物"。

三、 教学目标

（1）通过欣赏、品味美的语言，感悟作者渗透于字里行间的"微妙感情"。

（2）通过品味语言，学习作者写景抒情的表达方式（写作手法）。

四、 教学重点

（1）粤教版单元教学重点：把握作品的细节，感受语言魅力。怎样把握作品细节，如何感受语言魅力？

（2）人教版"单元说明"明确了本单元的学习要求：揣摩人物言行心理，体察人物个性情操；体会作者在描写叙述中的情感。

五、 课时安排

（1）第一课时。感受"我"的心态，体味"我"的心思："我"为什么不宁静，"我"是怎样变得宁静的。

（2）第二课时。品味美的语言，感受美的意境：精彩语段 4 ~ 5 段的赏析，学习作者运用语言的技巧。

六、 教学方式

（1）第一课时：粗读—感受语言—读出“我”的心态，明白“我”的感情。

（2）第二课时：精读—品味语言—文字之美并明白“我”是如何用文字把感情呈现出来的。

（3）第三课时：诵读—品味语言，感悟情感，联想自我，写写“我”的感情。

七、 教学内容及过程

（一） 导入（5 ~ 10 分钟）

今天我们来上经典名篇朱自清的《荷塘月色》。在上《荷塘月色》之前，我们先来回顾一下我们在上《我很重要》一文时，老师是怎么上的。

（学生谈论）

听完同学们说的，我想问问，你们觉得课文应该怎么上？今天我们一起来谈论一下《荷塘月色》应该上什么？你学《荷塘月色》应该学什么？通过什么方式来学才是最有效的？

（学生讨论）

好了，刚才听到同学们说的，我们总结一下学习方法……

下面老师来讲讲《我很重要》的学习方法，再来讲《荷塘月色》的学习内容和学习方法。

（展示《我很重要》的学习方法和《荷塘月色》的学习方法和学习内容。）

（二）课堂主体和主题

1. **展示教学重点**

（1）粤教版单元教学重点：把握作品的细节，体会语言魅力。怎样把握作品细节，如何体会语言魅力？

（2）人教版“单元说明”明确了本单元的学习要求：揣摩人物言行心理，体察人物个性情操；体会作者在描写叙述中的情感。

2. **展示课题**

《荷塘月色》：微妙地宣泄内心的情感（思绪）——如何体会“微妙”？

3. **方法传授**

（写人叙事、写景抒情）散文阅读：品味—感悟—表达。

（1）品人。

①品生活中的“我”（作者）。

②品文本中的“我”（作品人物形象）。

（2）依据。

①郁达夫在论及现代散文时说：“作者处处不忘自我，也处处不忘自然与社会。……一粒沙里见世界，半瓣花上说人情，就是现代散文的特征之一。”

②冯骥才《大度读人》：“读别人，其实也是在读自己，读真、读善、读美的同时，也读道貌岸然背后的伪善，也读美丽背后的丑恶，也读微笑背后的狡诈……读人，最重要的是读懂怎么样做人。读人，是为了要做一个真正的人。”

（3）品生活中的“我”（作者）：读朱自清，我们读到这三件事就可以看到他作为一个“人”是怎样用血肉和文字书写出一个大写的人的。

①对待自己：名字——自律、严谨，正因如此，才有气节的体现，但得夕阳无限好。

②对待亲人：如《背影》一文，一个对亲人都不好的人，你还祈求他对他人好？

③对待国家。

（4）品物：一切景语皆情语——月色、月光、月景；荷花、荷叶、荷香。

（5）品语言：有文采的句子：简洁、精炼、深刻、优美。有哲理的句子：美的享受、情的感染、智的启发。

（6）品意境。

八、读出文字背后的情感：《荷塘月色》教学实录（节选）

师：作为散文，我们应该欣赏什么？语言、情感、景物描写，抑或是其他？下面大家就《荷塘月色》一文的预习做一个交流，用两堂课的时间，交流的方式是自由发言，我希望尽可能地听到每一位同学的发言。

何颖桢：文章塑造的意境很美。荷塘和月色，写出了月色中的荷塘之美。如“薄薄的青雾”“牛乳中洗过一样”“笼着轻纱”，既写出了月光流泻的皎洁，又渲染了空灵、梦幻的感觉，不知是荷塘为月色带来了诗意，还是月色使荷塘成了仙境？

怀着一颗宁静无纷扰的心沉浸于荷塘之中，如梦似幻。在深夜无人的荷塘中独处，才会感到“超出了平常的自己，到了另一个世界里”；独对荷花，才会感到身心的自由，暂且放下尘世的桎梏，融入自然之境，与荷塘共眠。

张壹惠：作者描写月光下的荷塘，静谧、安详、柔美、和谐，更有朦朦胧胧犹如梦境般如梦似幻的感觉，给人视觉、嗅觉和听觉融为一体的美妙感受。在月光下，无边的夜掩盖住白天的一切繁华喧嚣、俗世的一切烦恼羁绊，留下的只是天地间一派月华如水，清明澄澈。

第二处场景描写是“采莲一幕——采莲是江南的旧俗……那是一个热闹的季节，也是一个风流的季节”。作者由月下荷塘联想到江南采莲旧俗，引用《采莲赋》和《西洲曲》，并联想古代采莲时的盛景，少女们无忧无虑的嬉戏。勾起怀古思乡之情，有了淡淡的感伤。江南好，如画江南，江南如梦，能不忆江南？

林千惠：“叶子和花仿佛在牛乳中洗过一样”，这让我想起了莫泊桑的《月光》，其中也把牛乳和月光糅合在一起。牛乳，就是牛奶，不说牛奶而说牛乳，别有一番滋味。我没见过只有月光的夜晚，这让我感觉荷塘月色美得不食人间烟火。

师：听到千惠同学的发言，我想说的是，解读文章很多时候可以“以文解文”“以句释句”，这样可能对感悟文章字句的和作者的情感有一定的帮助，也可以起到举一反三和触类旁通的作用。

温黎铭：《荷塘月色》让我最有感触的是对夜晚荷塘的描写，很容易让人联想到作者当时亲眼看到的画面，十分优美恬静。正如他所写：“什么都可以想，什么都可以不想，便觉得是个自由人。”一人独处，享受着无边的荷香月色，心里的烦躁都放下，任由思绪放飞在那荷塘、那大自然中。我虽没亲身经历，读这篇文章却能感受到作者淡淡的心境。

师：一篇优秀的文章既能够让作者在笔尖流淌的情感得到释怀、心灵得到慰藉，也能够让读者在字里行间找到一种寄托和解脱。读到这些优美的文字后，看到作者的情感由“不宁静”变得恬淡，让我们再次明白，写作是提升思想、净化灵魂的一种享受。

著名心理学家张怡筠曾说：“心里不开心，动笔写下来，是个漂亮的疏通方法。因为‘写’这个动作，本身具有觉察及统整思绪的功用。‘写’，能将情绪能量从虚无的‘下意识’，提升到‘意识’的层次，也就是说，由原先感觉‘我心中波涛汹涌’到‘我知道怎么回事了’，焦虑下降，也就启动情绪疗愈。”同学们不仅要读还要写点东西。

叶胤桐：文章对荷叶和月光的描写，都运用了比喻的修辞手法，叶子的姿态，白荷的袅娜、羞涩、明亮，月光的柔和、静谧、朦胧，都具体地表达了出来。月色迷蒙，缕缕清香，给人一种身临其境之感。如歌的清香，光和影的旋律幻化成梵婀玲上奏着的名曲，更添一丝静谧与安宁。

“但热闹是他们的，我什么也没有”一句则写出了作者对蛙声连绵、蝉声点点的喜爱及自己孤身一人的一丝落寞，回应了上文“我爱热闹，也爱冷静”这一矛盾的性格，抒发了作者抛开世俗红尘之后的自由、洒脱。不被人世繁华所羁绊，实属人生一大追求。

李健俊：文章第 3 自然段让我很有同感。当脱身于喧闹的环境中而置身于幽静的环境时总有一种独处的快乐，当又置身于自然中时，心中便有豪迈之情，并享受着其中的自由感。当然，我们也不排斥热闹，只是人有两面，在朋友前展出热情之一面，独处静居时又展出冷静思索的一面来。这两面并不矛盾，只是独处时有种自由的毫无拘束的观景之感。

第 4 自然段是联想着描写的，层层相扣，用比喻的手法和点睛的字眼描绘出微风荷塘图；第 5 自然段增添一种朦胧之美，“月光”“青雾”“轻纱”“淡淡的云”“斑驳”“稀疏”“并不均匀”等词句都为荷塘增添了一种若隐若现的朦胧感，而作者也表明喜欢这种“小睡”的感觉，正是一种置身梦境与现实中间的感觉。同时，“光与影有着和谐的旋律”，梦境和现实更多了一种过渡得恰到好处的美。

第 6 自然段如突然抬头一般，从荷塘转向塘边树木，虽然有点朦胧，但多少有点将作者拉回了现实，展现出了一种朦胧之感.

朱珈琪：因为月亮，所以喜欢荷塘月色。碧圆自洁，向浅洲远埔，亭亭清绝。匹练飞光，倒泻半湖明月。一枝红艳露凝香，借问汉宫谁得似？可怜飞燕且依新妆。借问人唤取，红巾翠袖，来揾我英雄泪。执手相看，千里烟波，凤箫声动，一夜鱼龙舞。想当年，香囊暗解，罗袖清分，看舞榭歌台。众里寻他千百度，蓦然回首——谁共我醉，一轮明月。

文章我最爱标题，色、香、味俱全，例牌又招牌，好菜。每每想起《射雕英雄传》中黄蓉用荷瓣煮汤，很好喝。朱自清把月光也煮进去了，更香甜。四个字勾勒一派温和。

师：有文化的功底和文学的韵味，如果我们每个同学在阅读之余都能有点“吟诗作赋”的雅兴，这不更能够增添语文的乐趣？

罗晓枫：文章描写荷叶间点点白花的场景，让我遐想连篇。作者将“荷香”比作歌声，让我感受到的不仅是感官上的陶醉，更是心灵的舒畅。文中后部分插入对采莲一事的介绍，体现了淡淡的惆怅。原来“心里颇不宁静”“无福消受”是作者对江南故土的思念与牵挂。

师：我想问的是，“心里颇不宁静”“无福消受”仅仅是作者对江南故土的思念与牵挂？

许文扬：文章妙处在于对荷塘月景的描写，但独写景则意蕴不够深远，所以文章必定有它的内涵。从第 7 段中作者的思索，我感觉到的似乎是作者对少年的怀感或对爱情的怀想。但又不像如此。或许作者寓情于景，从景物中写出些情感来：是对自由的向往？还是对观赏美景的喜悦？我依然认为作者写此文必有意图，单纯为了记事也未尝不可。

欧诗琪：整文最大优点就是其营造的安静、深沉思考的气氛令读者有身临其境之感。写月下荷塘之美，而后“我”又想到了“采莲”，“我”应该是惦念江南了吧！而且引用的诗句也能体现采莲的欢乐，但我总觉得这与整篇文章的调子不那么搭，本来宁静地思考着，怎么会无端想到采莲呢？作者写这个又是为了什么？

江志锋：疑问：开头“这几天心里颇不宁静是”为何？

师：刚才听到同学们的发言，觉得大家都读进去了，在享受的同时也提出了疑问，这是好事，学贵质疑。就同学们的疑问，我做两个解析，听完解析后，你们可能会有更深的了解。

第一个问题：“这几天心里颇不宁静”，为什么心里不宁静？

“这几天心里颇不宁静”，看到这样的字眼，你会问：为什么不宁静？是因为家庭琐事还是个人情感抑或有其他的原因？我们带着这样的疑问，顺着作者的思路往下读，我们发现作者不是因为家庭琐事——从文中作者的描写我们可以知道——作者家庭和睦。你看“妻在屋里拍着闰儿，迷迷糊糊地哼着眠歌”“我悄悄地披了大衫，带上门出去”，从这里我们可以看出作者家庭不仅和睦而且更具温馨之情，而作者也是为不影响妻儿的休息悄无声息地离开。

作者既然不是为家庭琐事而烦恼，那他是为什么而不宁静？在这里，我们就必须要明白两个问题：一是王国维说的——一切景语皆情；二是作者所写之字、所书之情必有有所指。更何况，作为一个知识分子，特别是一个具有良知的知识分子，他思考的问题不仅仅是个人和家庭的事情，他是站在民族和国家的立场上来思考问题并审视这个社会，从而引发了“先天之忧而忧，后天下之乐而乐”的感慨。我们再看看文章的写作时间，我们发现，本文写于“一九二七年七月”，这个时间，这个时代，总会让我们想起一些东西——那就是风云变幻的时代，正如鲁迅所言：“梦里依稀慈母泪，城头变幻大王旗”。自 1917 年开始，严重的民族危机，犹如倾天黑云，笼罩着中国大地。朱自清虽然时时漫步于遐想的天地里，但他绝没有忘却现实的惨状。

……

天气闷热，心里更闷热，无处可走的时候，只有自己寻求一种解脱和寄托。因此，就有了《荷塘月色》这篇文章。

第二个问题：作者为什么会想到江南和采莲的事情？

朱自清在扬州生活了 13 年，在那里度过了他的童年和少年时期。这期间，曾因父亲到江西九江做盐务官，他去过江西一年。对古城这段生活，他的感受是微妙而复杂的，大概是过于单调了吧，所以他后来曾说，他的儿时记忆只剩下“薄薄的影”，“像被大水洗了一般，寂寞到可惊程度”！它如“沙漠般展伸着”，没有“依恋回翔的余地”。但是，“青灯有味是儿时”，在漫长而曲折的人生旅途上，儿时毕竟是首发的“驿站”，那里的一切都是“有味”的。

在“忆之路”上，愈走得远，愈是有味；因苦味渐已蒸散而甜味却还留着的缘故。最近的地方是“儿时”，在那里只有一味极淡极淡的甜；所以许多人都惦记着那里。这“忆之路”是颇长的，也是世界上一条大路。童年毕竟对一个人的个性形成和品格的确立，都有着莫大的影响。

……

同学们，你们可能对我的解说和分析有点惊讶，为了对《荷塘月色》有更深入的了解，为了把问题说得更为清晰明了，我查阅了相关的资料，其中就有华东师大教授陈孝先生撰写的《朱自清传》，大家课后可以去图书馆查阅。书里对朱自清的成长及思想发展做了比较全面的介绍。看完这本书，你们会对《荷塘月色》一文有深刻认识。

8 《我与地坛》：荒芜的地坛绽放出美丽的花朵

一、 学习目的

通过引导，学生对文字的阅读能做出自己的分析判断，能从不同角度进行阐发、质疑和评价；感受形象，品味语言，能领悟作品的丰富内涵，体会其艺术表现力，有自己的情感体验，受到感染和启迪，从而达到提高思想认识、文化品位和审美能力的目的。

二、 学习重点及难点

如何引导学生感悟文章主旨，升华思想情感？

三、 学习设想

（1）教学方法：课前的理解：指导学生进行网上搜索阅读。
（2）课时安排：两课时（100 分钟）。

四、 整体感知， 揣摩语言

（一） 课前提示

（1）课前的理解：网上搜索、阅读了解史铁生的基本情况和他的部分作

品及自己所了解的身残志坚者的典型事迹。（提示：百度搜索）

（2）认真研读语文和语文读本中的《我与地坛》，请画出你认为最优美、最感人的句子。感悟情感，领会主旨，并阐述你选择的理由。

（3）经过认真阅读，你的灵魂可能已经在作者营造的情感氛围中得到了洗礼。仁者见仁，智者见智。你可以借助文字来表达自己的情感。

（二）教学实况（略）

（三）话题展示（略）

（四）语文教学实践

学生学了《我与地坛》并阅读了我提供的有关激情励志资料《轮椅上的科学大师》《上帝咬过的苹果》《挑战极限的谢坤山》等文章，他们热情高涨、激动万分，在我的“怂恿”之下更是“蠢蠢欲动”、跃跃欲试，他们借助文字、书信来表达他们对勇士的敬意与谢意！他们的行为似乎有点“幼稚”，但也许就是这种“幼稚”能净化他们的思想，丰富他们的情感。而在学生的感染下，我也情不自禁地加入他们的“幼稚”行列。

尹军成给史铁生的一封信

尊敬的史先生：

您好！我是广东省佛山市南海第一中学的一位普通语文教师。悟读您大作中字里行间流露的真情实感，我和孩子们发现了健康的精神和活动。您的文字为我们架设了一座通向天堂的大桥。您深邃的思想丰富了我们的情感，您朴实的语言激发了我们思想。我们感觉到我们灵魂的存在。感谢您把我们带到了一个更高的境界！

您的精神和才华敲击我们的心灵，您不仅用语言和思想，还用行动诠释了生命的意义！您的行动使我们变得优秀和伟大！身处这个时代，我们不仅需要口头训导，更需要良好的榜样！您就是我们的榜样。因为您的出现让我们感到生活的乐趣和意义，您的精神产生了深远的影响！您活生生地留在了我们的脑海中！

正如有人说，我和学生的行为有点幼稚，但我真的希望我们的幼稚能得到您的理解！我们知道您很忙，也很累，但请您相信，您的片言只语对我们来说都是一种理解、支持、鼓励！我和学生希望我们的“非分”要求和问题在您的关心下能得到圆满解决！在此，我代表我的学生对您表示衷心的感谢和祝福：身体健康！

此致

敬礼

佛山市南海区第一中学　尹军成

2003 年 5 月 20 日

于漪老师说过：“在培养学生理解和运用语言文字能力的同时，要时刻不忘以美好的事物、高尚的情操熏陶感染学生，在他们的心灵深处撒下美好的种子。语文教学是以语言文字能力的培养为核心，有机地融合德育和美育，三位一体，课就立体化了。立体化多功能，就是对人多方面培养，教学效率教学质量能明显提高。”① 遵从这一思想，我在教《我与地坛》时，设计了一些学习活动，收到了很好的教学效果。例如，课前建议学生网上搜索并阅读史铁生生平和他的其他作品，并且收集自己所了解的身残志坚者的典型事迹，目的是让学生开阔视野，为深入解读文本做必要的思想情感铺垫；在课堂教学中，我又适时插入一组激情励志的课外读物《轮椅上的科学大师》《上帝咬过的苹果》《挑战极限的谢坤山》让学生做拓展阅读，结合霍金、谢坤山的感人事迹再次震撼了学生的心灵，使他们的思想情感又一次净化与升华；而最新颖大胆、给学生激励最大的一个创意，则是学完《我与地坛》之后，我鼓励学生与史铁生直接对话。当时，他们热情高涨，渴望倾吐，加之在进行“圆桌会议”式的自由讨论中对一些问题争执不下，于是，我因势利导，“怂恿”他们写出读后感，并直接向作者写信进行交流、求教。这样，便有了下面这些真诚而不免幼稚的学生去信（限于篇幅，仅选登 2 篇）与极其珍贵的史铁生的复信。

---

① 张定远. 于漪同志从教 50 周年有感［J］. 中学语文教学参考，2001（12）：5－6.

学生给史铁生的信（1）

敬爱的史铁生先生：

您好！感谢您在工作之余看我们写给您的这封信。您知道吗？在写这封信之前，我们为如何称呼您讨论了很久。叫叔叔，显得您太“年轻”了（这里的年轻，不是指年龄小，而是指我们把您叫“小”了）；叫您爷爷吧，又显得您太老。冥思苦想了很久，我们最终决定以“先生”来称呼您，希望您别见怪。

前些日子，语文老师组织我们阅读、感悟您的《我与地坛》，激动之余，我们决定给您写这封信，以表敬意！

实话实说，初次读《我与地坛》，因我们阅历浅薄，我们并不觉得怎么样。但在老师的引导下，慢慢品味，味道全出来了。感谢您为我们提供了丰富的精神营养。在此，我们借助语文老师的语言来表达对您的敬意与谢意：“史铁生先生的文字为我们架设了一座通向天堂的大桥。”“史铁生先生的精神和才华敲击我们的心灵，史铁生先生不仅用语言和思想，还用行动诠释了生命的意义！史铁生先生的行动使我们变得优秀和伟大！身处这个时代，我们不仅需要口头训导，更需要良好的榜样！史铁生先生就是我们的榜样。因为您的出现让我们感到生活的乐趣和意义，的精神产生了深远的影响！他活生生地留在了我们的脑海中！”

语文老师在我们读完《我与地坛》这篇文章后，还在教学的过程中给我们讲了您的事迹以及一些身残志坚的人和他们的故事，您和所有身残志坚的勇士用情感和精神铸造的丰碑使我们震撼！我们因震撼而感动！

尊敬的史先生，我们在学习的过程中，围绕着人生价值和课文内容有关问题进行讨论。其中一个是“《我与地坛》这篇文章的题目能不能改成《母亲·我·地坛》《追忆地坛》或者《地坛带给我的感悟》”。大家各抒己见，争论不休，有的同学说能改，有的同学说不能改，意见始终不能达成一致。史先生，您能否就《我与地坛》这个题目谈谈您的看法？

谢谢！

另外，因我们对您的崇拜，希望能得到您亲手书写的文字，以示您对我们的鼓励，我想，我们盼望的心情绝不亚于您与刘易斯健将交往的激动。敬请理解，谢谢！

祝

身体健康

佛山市南海区第一中学　高一（5）班、高一（6）班全体同学敬上

李玉勤（执笔）

2003 年 5 月 14 日

学生给史铁生的信（2）

敬爱的史先生：

当您收到这封“来历不明”的信时，不知道您是怎样的心情呢？像您这样的一位大作家肯定也收了不少来自全国各地的信。写信前，一直有这种忧虑：信能否准确无误地转到您的手中呢？成功的概率又是多少呢？希望真的好像很渺茫。如果我告诉大家我要写信给史铁生，别人还会笑话我呢：“大作家又怎会抽时间来理你这些鸡毛蒜皮呢？”但是自信心告诉我：“走别人不走的路就是成功。”

读懂了人生的您，看透了“死是一件不必急于求成的事，死是一个必然会降临的节日”。现实的风雨编织的栅栏羁绊不了您前进的脚步。您踩着您的风火轮奔跑于自己人生的轨道。您用尚存的双手为自己撑起了一方晴天，为自己营造了无限遐想的绿地，让心弦在平静坦然的灵魂中弹奏出震撼的旋律，用平实的文字震撼每一位读者的心灵。危峰上，您是挺拔的苍松，任风雨洗涤生命的本色；悬崖上，您是一道雄壮的飞瀑，纵情奔放您的激情。您微笑着去唱生活的歌谣，微笑着弹奏从容的弦乐；微笑着去面对挫折，去战胜忧伤；微笑着在平静中看红尘飞舞，在孤寂中品味世事沉浮。

看腻了“粉黛朱颜”，回过头来细细品读您的《我与地坛》，心就犹如一片流浪的白云，自在、坦然。您对“母亲”的描写，更是使我陷入沉思。母亲历来是文人墨客的焦点，读了席慕蓉的散文集，我明白了“每个母亲原来都是一个美丽的仙女，都有一件可以让她飞翔的羽衣，可是当决定做母亲的时候，就把羽衣锁进了箱，那箱子就不再开启”。看了您的文章才发现原来母亲的羽衣并没有锁进箱子，她把羽衣披在了儿女的身上，正如您的母亲

一样，一辈子为儿女操劳、担忧，盼儿女飞翔，但是天下间的母亲命运都极为相似，她们来此世上只为儿女担忧，却极少分享儿女的一点点快乐。此时此刻，母亲的伟大形象变得更加清晰，文中所表现的那种情真意切更是打动人心。母亲的恩泽是儿女头顶的太阳。

您让我懂得了，人在漫长的一生中，对待各种不同的事情，都可以凭借观念的转变而造成不同的感受。有了开朗的想法，原先觉得困难担忧的事，都会变得轻松自如。

以上的文笔，或许有点幼稚，也请您原谅。一个身处沿海城市女孩的来信。

祝

工作顺利

高一（6）班　罗肖仪

2003年5月14日

史铁生给我和学生的信

尹军成老师并高一（5）、（6）班全体同学：

来信收到，迟复为歉。体弱，眼花，用惯了电脑，恕我就不手写作答。

第一个问题：称呼。我想，同学们讨论的结果十分准确：先生。我先于你们出生，此事千真万确、铁案如山。但抢先出生并不意味着优势（何况这事也由不得我），后生可畏才是一定。

第二个问题：《我与地坛》一文的标题，可不可以改？其实，取怎样一个标题，完全是出于作者的习惯、喜好，甚至有时是出于偶然，但是木已成舟，改就多余。就比如我的名字，没几个人说好，但改来改去我担心别人就不知道这是谁了。不过各位完全可以据己所好，给它改个天花乱坠；甚至内容也可以改，只不过要注明改编，或其实沧海桑田那已经是你们自己的作品了。取题的原则，在我，一是明确，二是简单，三是平和。我不喜欢太刚猛，太豪华。内容也是这样，要像跟哥们儿说话，不要像站在台上念诗、念贺词或者悼词。诗意，要从意境或氛围中渗透出来，不是某些词句的标榜。——这不是结论，只是我自己的看法，仍可探讨。

不过，当然了，要看你写的是什么，如果是轰轰烈烈的事，或许就要有另外一种标题。我刚刚又发了一篇《想念地坛》，开篇第一句话是："想念地坛，主要是想念它的安静。"最后一句话是："我已不在地坛，地坛在我。"是呀，地坛的安静使人安静，离开它多年，一经想起，便油然地安静下来。所以，我——与——地坛，轻轻地念，就够了。

说句题外话：命运无常，安静，或者说镇静，可能是人最要学会的东西。你们离高考也就几百天了，要镇静地准备好镇静。高考真是一件无奈的折磨。今年，我的朋友中（当然是他们的儿女）又有"惨遭不测"者，本来上清华、北大绰绰有余，不知怎么一下就考砸了。那样的打击，我信不比我当年（残了双腿时）的小。怎么办？镇静！一百年的事怎么可以让十几年来决定呢？当你们走到40岁、50岁……90岁，回头看它，不过区区小事。但若失去镇静，就怕会酿成千古恨。我完全没有想到，有一天，我对我的病竟有些感恩之情——我怕否则，浮躁、愚蛮如我者大概就会白活。

祝你们快乐，又镇静！

史铁生

2003年6月24日

（五）教学后记

看到学生课堂上表现出的活跃和课后实践的积极性（为史铁生先生写信），我感到教学成功的喜悦和欣慰。再次读到学生与史铁生先生饱含激情的文字，我的灵魂得到了净化。我的眼前又浮现出学生在学完《我与地坛》及收到史铁生先生来信时的欣喜和记在日记中的激动之语。

师生互动，给我带来喜悦的同时也让我陷入了冷静的思考。如何在互动的过程中体现和诠释教育及语文教学的真正内涵？

张定远先生说："教育不仅是一种知识的独特培养，而且也是一种相当人化的特殊凝聚。"教育的核心是从生命深处唤醒沉睡的自我意识，唤醒人的创造力、生命力和价值感。唤醒灵魂的教育才是成功的教育。本课教学通过积累与拓展、借鉴和引用翔实可靠的材料，既可达到培养学生综合能力的目的，又可以丰富学生的经历，开阔学生的视野，升华学生的情感，净化学生的思想。而这种拓展文字营造的情感犹如一泓清泉滋润着学生干涸的心田，又如一束光芒照亮学生前进的方向，更如一支号角激发学生奋进的激情！何乐而不为？

五、《我与地坛》教学实录（节选）

师：预习时，经过大家的思考，我想大家应该有了一个清晰而明确的思路，今天的“圆桌会议”现在开始。大家畅所欲言，各抒己见。

陈丽君：我喜欢“但是太阳，他每时每刻都是夕阳也都是旭日。当他熄灭着走下山去收尽苍凉残照之际，正是他在另一面燃烧着爬上山巅布散烈烈朝晖之时。那一天，我也将沉静着走下山去，扶着我的拐杖”。

因为在这段里，作者点出太阳既是夕阳也是旭日，说“我”扶着拐杖走下山去的时候“势必会跑上来一个欢蹦的孩子，抱着他的玩具”。其实，这些都是作者对生命思考的感悟，作者一方面对生命的结束表示理解的叹息，另一方面也对生命的开始充满希望。

关燕菲：我喜欢“我真想告诫所有长大了的男孩子，千万不要跟母亲来这套倔强，羞涩就更不必，我已经懂了可我已经来不及了”。

我觉得很真实，人就是这样，拥有的时候不好好珍惜，失去的时候才深深叹息。如果我们真的能把作者的告诫记在心上并回味、感悟，那么，将来就少一种东西让自己后悔。因此，我在这篇文章的字里行间见到了一个悔恨而又无奈的儿子与母亲之间流淌的一种深沉的爱！

师：英雄所见略同。暂停一下，我有个建议，既然大家对此话题感悟如此之深，我想请全部男生和全部女生分别扮演“母亲”的角色用富有感情的语言朗读一下，我也朗读给大家听听。（朗读略）

师：刚才，大家已经在作者饱含激情的文字中经历了灵魂的洗礼。记住作者的告诫，我们会更加成熟。

尤芬芬：我喜欢“一个人，出生了，这就不再是一个可以辩论的问题，而只是上帝交给他的一个事实；上帝在交给我们这件事实的时候，已经顺便保证了它的结果，所以死是一件不必急于求成的事，死是一个必然会降临的节日”。

我觉得说得很真实而且很有道理，这句话阐述了作者对生与死的思考，富有哲理性，既是作者的思考，也是读者应该思考的问题。这种思考恰恰体现出作者对生活开始持乐观态度了。

刘志潮：我喜欢“这样想过之后我安心多了，眼前的一切不再那么可怕……去默坐，去呆想，去推开耳边的嘈杂理一理纷乱的思绪，去窥看自己的心魂”。

我觉得后面这句也是作者深入思考生命的开始。作者悟出了生命的真谛，重新在生活中站起来，笑对人生。

罗韵思：我和大家有点不同，我喜欢“它等待我出生，然后又等待我活到最狂妄的年龄上忽地残废了双腿。四百多年里，它一面剥蚀了古殿檐头浮夸的琉璃，淡褪了门壁上炫耀的朱红，坍圮了一段段高墙又散落了玉砌雕栏，祭坛四周的老柏树愈见苍幽，到处的野草荒藤也都茂盛得自在坦荡”。

因为我觉得作者通过对周围事物的描写来抒发自己在灰暗日子中不可避免的抑郁心情：低落、沮丧。

严敏芬：我觉得这个景物的描写，也流露出作者思想转变的过程：由小生灵想到“我”的生命！如“蜂儿如一朵小雾稳稳地停在半空；蚂蚁摇头晃脑捋着触须，猛然间想透了什么，转身疾行而去；瓢虫爬得不耐烦了，累了祈祷一回便支开翅膀，忽悠一下升空了；树干上留着一只蝉蜕，寂寞如一间空屋；露水在草叶上滚动，聚集，压弯了草叶轰然坠地摔开万道金光”。

区颖欣：关于景物描写，我认为以下句子也很好：“譬如祭坛石门中的落日，寂静的光辉平铺的一刻，地上的每一个坎坷都被映照得灿烂……味道甚至是难于记忆的，只有你又闻到它你才能记起它的全部情感和意蕴。所以我常常要到那园子里去。”

师：仁者见仁，智者见智。刚才大家畅所欲言，精彩纷呈，大家通过对文章的悟读，见到了母爱的感悟、生命的思考。当然，还有语文读本体现出“对人生的看法”。因为他描写细腻、优美，修辞手法的运用恰到好处，它的描写体现出作者思想转变后的乐观开朗情绪逐渐萌芽。

我们通过对语言的理解和思想的感悟实现了情感的升华，从而达到对文章主题的认识。经过这次认真而深刻的体验，我们应该知道，要想对文章的主旨和作者的情感有所认识，必须要直接与文本进行对话。今天，在理解、体验、感悟的基础上，我们一起来讨论昨天在预习时，很多同学提出的这个问题：文章题目能否改为《母亲·地坛·我》《追忆地坛》《地坛赋予我的思考》等。

我想对这个问题大家肯定有不同看法，那么今天我就以“保守（题）派”和“改革（题）派”称呼，就这个问题进行讨论。我相信大家在刚才发言的基础上，一定能更加踊跃地阐述自己的见解。

（“保守派”发言实录）

叶伟凌：我认为不能改。因为本文是作者在地坛沉思引发出的思考、感悟，对母亲的思念等，都是在地坛中发生的，与地坛有密切的联系。同时，地坛陪伴作者15年，人生15年的波澜壮阔包括对母爱的理解和对人生的深刻思考，都是在地坛中演绎的。

邹丽萍：我也认为不能改。全文都是围绕地坛来写的，在地坛沉思引出对母爱的思考，在地坛观望悟出了人生真谛，这些都是地坛给予的。可以说，作者与地坛已融为一体了。

梁巨坤：我认为不能改。因为母亲只是“我”生命中的一个“穿插”，作者在此真正要反映的是“我”在地坛时感悟到的，是在讲述“我”在地坛中的所见所闻所感，而对母亲和母爱的阐发只是其中一部分。因此，我想如果改了就有一种喧宾夺主之嫌。

……

师：好，刚才“保守派”“义正词严”地拒绝了我代“改革派”传递的意见，那么下面请“改革派”发言。

（“改革派”发言实录）

冯翠霞：我认为可以改。因为原来的题目只点明我跟地坛的亲密联系，但是综观全局，文章谈到母爱之时的伤感令人动容。所以，我觉得改为《地坛·我·母亲》会更好。因为，它把三者都联系起来，情感浑然一体。

曾强：我认为题目可以改成《地坛·我·母亲》。因为作者对生活的领悟中，母爱占了很重要的地位，母亲倾注所有的爱在作者身上。她知道儿子需要独处、冷静，重新审视生命、思考生命，她默默地为儿子担心，期待儿子找到一条自己的生活之路。是母亲让作者认识到在困境中任何抱怨、逃避都是毫无作用，这只能给关心爱护自己的母亲又带来痛苦，只有勇敢坚强地面对生活，才可能找到一条自己的生活道路。因此，与其说是地坛让作者重拾生命，倒不如说是作者的母亲。母爱唤醒了“我”沉睡失落的生命。

黄婉莹：我认为能改。因为文章之中多处提到母亲，对母亲的描写去和母亲的精神品质的刻画都注入了较多的情感。因此我认为题目《我与地坛》不够完整，改为《地坛·母亲·我》更准确，也更全面。

整篇文章都注满了作者的思想情感，对母亲的那种爱以及作者自己不能理解的那种苦，文章语言亲切动人，能够清晰地感受到作者那份感情所在。

……

师：俗话说，听君一席话，胜读十年书。听了大家的发言，我对《我与地坛》有了更深一层的了解。至于题目能否改，我认为，还是不改好。当然，希望不要影响大家的思维。一部优秀的作品字里行间营造的情感氛围应该能给读者留下丰富思考和想象的空间，而读者在畅游这空间时都能得到心灵上的满足，本文就是这样一篇优秀的文章。这是对文学作品的欣赏，仁者见仁，智者见智。我们要有“我爱我师，但我更爱真理”的勇气。至于为何赞成不改，“保守者”发言已说出了我想说的话。

六、 教学拓展

上《我与地坛》时，我对余映潮老师提的“主问题”式的教学理念还未了解，后来看到余映潮老师的“主问题”式提法，我开始认真审视《我与地坛》一文的课堂教学，我觉得我很好地利用了“主问题”式的教法，课堂才取得了良好的效果。

第一，进行课堂教学“主问题”的设计研究，用少量具有牵引力的“主问题”来代替数量众多的“碎问”。

第二，进行无提问式阅读教学研究，力求在一定篇目的阅读教学中基本上没有提问，基本上不进行提问。

（1）“主问题”是一种可以引动整体性阅读的教学问题，课堂上常见的“是”或“不是”之类的简单回答在它面前无能为力。

（2）“主问题”对课文内容和教学过程都有着内在的牵引力，每一个问题都能结构起课堂上一个教学活动“板块”。

（3）以“主问题”来带动整篇课文阅读教学的方式，让学生在课堂上活跃起来，让他们充分体会到语文学习中的求索感、创造感、成功感，语文与人的教育、语文与人的气质培养于是有了一片美丽的良田沃土。

（4）进行“主问题”式的阅读教学，比教师已经习惯了的讲习教学要难得多；但从学生活动的角度看，这样的课要好得多，美得多，有价值得多。

9 《变形记》：被异化的人类

一、 学情分析

（一）关于《变形记》的作品分析

《变形记》创作于1912年，发表于1915年，是卡夫卡的短篇小说代表作之一，是卡氏艺术上的最高成就，被认为是20世纪最伟大的小说作品之一。

《变形记》分成三部分，用一、二、三标明。故事讲的是主人公格里高尔，一天早上醒来发现自己变成了一只巨大的甲虫的故事。“人变成动物”的故事显得神秘、离奇、怪异、荒诞、悖谬。

故事引人深思，一个善良、忠厚、勤劳的人竟然变成一只甲虫，这是令人心痛又遗憾的事情。阅读文章的时候，我们会感受到这只巨大的甲虫就像一个压向（砸向）世人心灵的陨石，这颗巨大的陨石砸碎了世人的心，也拷问着社会和世俗的灵魂！

结合百度百科的内容，卡夫卡写这部小说是在第一次世界大战期间，1914—1918年的第一次世界大战使许多资本主义国家经济萧条、社会动荡，人民生活在水深火热之中。黑暗的现实、痛苦的生活使得人们对资本主义社会失去信心，一方面寻求出路，锐意改革；一方面又陷于孤独、颓废、绝望之中。19世纪末至20世纪初，一些思想敏锐的艺术家认为世界是混乱的、荒诞的，他们著书立说，批判资本主义的人际关系和摧残人性的社会制度。第一次世界大战至第二次世界大战之间，现代主义文学应运而生。现代主义文学作品反映了资本主义社会的黑暗、人和人之间关系的冷酷、人对社会的绝望。艺术上强调使用极度夸张以至怪诞离奇的表现手法，描绘扭曲的人性，表现人的本能和无意识的主观感受，开掘个人的直觉、本能、无意识、梦幻、变态心理以至半疯狂、疯狂的言行、心理。现代主义的优秀文学作品探索人的心灵，为揭示人的内心世界提供了新的艺术手法。

小说批判了战争给人们生活带来的困苦和伤害，社会变得动荡不安，人们和平、安静的生活也无法得到保障，以至于对资本主义社会失去了信心。人们的思想开始变得颓废，对自己的理想和未来也感到了无比的绝望。同时，在此期间也产生了许多艺术和文学作品，反映了资本主义社会的种种黑暗、人与人之间的冷酷以及人对社会未来幻想的破灭和绝望。这些作品探索了人的心灵和思想，揭示了当时人们的内心世界。

这部小说文字通俗易懂，情节变化有致，再加上文字具有趣味性和可读性，学生是可以接受的。

为什么说卡夫卡的这部《变形记》具有可读性？因为它能够引起不同年龄阶段的兴趣，那充满怪诞、荒谬的变形能够激发人的兴趣和思考，主要体现在：

（1）人怎么会变成动物？——可能吗？——怀疑！

（2）好人怎么没有好报？——不是说好人有好报吗？——深思！

（3）变成动物后的人怎么活？结果怎么样？——困惑、追索！

带着这些问题阅读，读者的兴趣就会被激发，思想就会被激活。

从某种程度上来说，卡夫卡的作品似乎可以满足学生些许的窥探欲和探究兴趣。节选符合学生的口味。据笔者调查了解，《盗墓笔记》《异人傲世录》《诛仙》等玄幻、怪异的小说让学生沉浸其中，不能够自拔。在多元的社会、多样的文化中，个性张扬、性情多变的学生喜欢追求悬疑、怪异、玄幻、悖谬的作品，这无可厚非，但要引导有方。

话说回来，虽然学生能够读得津津有味，说得头头是道，但是学生读后要想理解文字背后的主题思想和情感变化是有难度的，因此要引导学生读出文字背后的情感。

指导学生看文章的时候，我们应该引导他们注意字里行间包含的情感、人物言谈举止流露出处的悲哀，关注文字背后的思想。要想让学生的阅读不局限于浅层，有深度体验，我们必须要做“知人论世（事）”这一环节，引导学生关注写作的时代背景和作者的情感经历以及同时代人和后人对他的评价和探讨。

深圳明德实验学校校长程红兵说：“现行的语文课程多是文选式教学，缺乏时代轴线，可以说是没有‘骨架’；而历史则恰恰相反，教学更多的是中国历史的沿革，说得极端一点是没有‘血肉’。思想品德课程教学出发点很好，但孤立的思想品质教育容易导致空洞的说理，最终流于形式。”基于这样的想法，程红兵将破解之道聚焦到“大文科”的整合设计上。

就这样，明德的语文老师、历史老师开始搭伴开课了：语文课的《石壕吏》与历史课的“安史之乱”合二为一。要理解《石壕吏》，必须要搞清楚安史之乱；要理解安史之乱，《石壕吏》是一个形象化的解读。

语文课的《木兰诗》与历史课的“府兵制”是一种文史互证。为什么木兰家中无丁还是要出人上战场？为什么上战场还要自己买武器装备？这就是北朝开始实行的府兵制所规定的。要读懂《木兰诗》，必须了解府兵制；要知道府兵制，《木兰诗》就是最形象的说明。

“我想，以历史为线索，选择在中国历史上产生过重大影响的、适合孩子们阅读的作品作为我们的教材，建构明德自己的文科综合课程不失为一个好方法。”程红兵提出的“中国文化原典阅读”对我们的教学是有启发的。

知人论世是对历史的梳理、对情感的一种认识、对作者人生的一种了解。

鉴于此，我们的教学不是告诉学生文章写了什么故事，而是要告诉学生故事背后表达了什么，字里行间包含了什么——这才我们需要解决的问题和学习的重点。

（二）文本的分析（节选文本的分析）

粤教版的《变形记》是节选小说第一部分的 1 ~15 自然段，主要是说主人公格里高尔醒来后发现自己变成甲虫后的各种想法以及在房间里尝试起来的一系列动作和思想（心理）活动。在格里高尔变成甲虫后的这一系列过程中，选文还写了家人的表现及公司秘书主任来家催促的情况。

节选的部分不能够完全呈现小说的主题，但是卡夫卡在字里行间和人物言谈举止之中透露了家人对主人公格里高尔的态度。选文透露了主人公的身份、地位和角色，还流露了主人公身处困境时内心的想法。这些文字就是我们打开小说主题的一把钥匙——观看家人的态度，细听家人和公司秘书的对话，细看主角的反应，深思主角的语言，我们发现，主人公的困境——生活的境地、内心的痛苦、家人的期盼、个人的焦虑等，就会一一出现于我们眼前，于是理解主角的情感这一难题就会迎刃而解了。

（三）学生学情的分析

学生阅历浅、积累少、情感浮，如何引导学生理解文章主题还需要精心设计和灵活变化。

俗话说，外行看热闹，内行看门道。对于阅历肤浅、思想贫乏、情感单一的学生来说，读卡夫卡的《变形记》不难，但是理解《变形记》所要表达的思想是有难度的：因为这个怪异、荒诞的故事与中国传统的鬼怪故事《聊斋志异》的“异变”有点不同——《聊斋志异》中宣扬的是扬善除恶、安良除暴、除恶务本、为民除害，信奉“圆满（完满）”；而《变形记》中透露的是欺善怕恶、助纣为虐、倒行逆施、抑善助恶，流露的是“悲哀（伤感、痛心）”。

学生看到的是肤浅的表面，无法理解思想的深邃。作为教师，一是要借助熟知的事物如《聊斋志异》等文学作品来引导学生认识作者笔下所描绘的怪异、荒诞、悖谬、反转和出乎意料的世界；二是要重视对文本的品读和人物形象的认识，借助语言的功能来了解文本的思想。

朱自清先生曾说过：“没有受过相当的要问讲习的训练或是没有受过相当的咬文嚼字的工夫的人，是不能了解大意的，至少了解不够正确。”阅读教学的重点就是培养学生对语言的移情审美能力。《语文课程标准》要求：“在通读课文的基础上，理清思路，理解主要内容，品味和推敲重要词句在语言环境中的意义和作用。”语文课就应该在浓浓的语文味中，在满怀诗意的情境中，在丰富的语言想象中，让学生通过品读语言文字，去享受语言的魅力。

二、 单元教学目标

本单元着重引导学生通过引人入胜的故事情节和栩栩如生的人物形象，体会课文的深刻思想，学习观察社会的方法；同时，学习作者表现社会、刻画人物的手段，欣赏课文中个性化的语言。通过引导学生阅读、理解、感悟和探讨课文，使他们能够掌握课文的主题思想，学会鉴赏小说的情节安排、人物塑造和环境场面的描写。此外，还要培养学生的鉴赏能力，通过学生的鉴赏品位，抓住学生在鉴赏过程中表现出来的个性化的思想火花，鼓励和引导学生将自己的鉴赏成功说出来、写下来。

本单元的教学强调整体感知、领悟课文通过人物形象表现出来的深刻内涵，强调多种表现手段与文章主旨的内在联系。①

三、 课文教学目标

1. 教会学生欣赏小说的方法——品味语言（方法指引）

品味语言要做到：

（1）仔细揣摩作者描绘环境、叙述故事、说明事物、刻画人物、发表议论、抒发感情等的叙述语言是如何构成和谐完美的整体的。

（2）充分体会作者叙述语言的客观性、含蓄性、形象性和生动性。

（3）认真品味作品中人物语言的个性化以及个性化语言是如何揭示人物性格特征的。

（4）学会正确审视作家的艺术语言，正确评价作家运用自己的艺术语言所形成的独特鲜明的语言风格。

2. 引导学生理解文章的意思并掌握作者写作的主题和目的

3. 提高学生的鉴赏能力并掌握小说写作的方法

---

① 广东基础教育课程资源研究开发中心语文教材编写组．普通高中课程标准实验教科书语文（必修4）教师教学用书［M］．广州：广东教育出版社，2004：70.

四、课时教学目标

（1）第一课时：学法指导、文意理解、主题认识。
（2）第二课时：文本解读、主题理解、写法渗透。

五、教学重点和难点

引导学生认识作者笔下所描绘的怪异、荒诞、悖谬、反转和出乎意料的世界。

六、教学方法

1. 悟读式

通过阅读来疏通文意，并从内容、写法和写作目的等方面进行思考。
（1）文章写了什么（文本理解：文意疏通，内容理解）？
（2）为什么要这样写（写法探究：文本认识，主题理解）？
（3）写这些文字的目的是什么（主题：主题认识，思想升华）？

2. 探究式

在阅读文章前，我们可以借助资讯发达的网络来了解。
（1）作者及作者所处的时代（作者到“现场”：知人论世）。
（2）时代对文章的解读（他人的看法：了解多元解读，拓宽思考的维度）。
（3）“我”的看法（个人理解，认识生活）。

七、第一课时：品语言、识人物、明主题

（一）教学目标

学法指导、文意理解、主题认识

（二）教学内容及过程

1. 学法指导：我们怎样读懂一篇课文（一部作品）

著名语言学家吕叔湘指出："语文的使用是一种技能、一种习惯，只有通过正确的模仿和反复的实践才能养成。"学生按照教师的实践，在活动和学习的过程中掌握学习的方法。

教学的范例和模板目的是让教学开展得实效，教学活动开展之前首先给学生提供一个学习的"范本"，学生可以在学习"范本"的基础上有所创新。

美国当代心理学家和教育家布鲁纳认为，一个教学的理论应包括几个主要的方面：①事先为学习者安排学习的最佳经验；②为学生的最佳理解提供一种知识结构等。

布鲁纳还认为，所谓学习的最佳经验就是把教师要教的知识转变成学生主动探求的东西，并且按照学生自己选择的方法去学习他们想要得到的东西，使学生既获得知识，又掌握获得知识的方法。

（1）文本细读的方法（针对课文也就是节选部分的阅读方法提示，PPT显示略）。

①仔细揣摩作者描绘环境、叙述故事、说明事物、刻画人物、发表议论、抒发感情等的叙述语言是如何构成和谐完美的整体的。

②充分体会作者叙述语言的客观性、含蓄性、形象性、生动性。

③认真品味作品中人物语言的个性化以及个性化语言是如何揭示人物性格特征的。

④学会正确审视作家的艺术语言，正确评价作家运用自己的艺术语言所形成的独特鲜明的语言风格。

（2）作品深读的方法（针对一部作品的阅读方法提示）。

①知人论世，心中有数：追寻作者成长的足迹，拓宽我们思考的维度。

②品味语言，丰富思想：摘录精彩的语言，让我们对生活有一个全面客观的认识。

③走进人物的心灵，认识人性的美丑——小说人物形象个性解读：以公允的眼光审视这个世界，用理性的思想来表达自己的内心。

④掌握文本思想，升华思想情感——文本主题认识。

⑤体味文字的内涵，拓展视野的外延——对文本与生活的思考。

2. **文本细读（师生互动环节：感知——谈论——引导）**

（1）学生讨论：你读到了什么？你是怎么读的？下面我们采用“圆桌会议”来探讨本文。（文意理解，了解学生的预习和阅读情况，从而了解学生的思想并采取正确的教学方法来把握课文的教学和课堂教学的动态，讨论内容略）

（2）教师解读（传授方法，提高学生的分析阅读能力并达到提升学生鉴赏水平的目的，解读内容略）。

八、拓展作业

1. **推荐作品阅读一：《卡夫卡口述》，作者古斯塔夫·雅诺施**

推荐理由：1920年卡夫卡结识了他的一个同事的儿子——17岁的青年古斯塔夫·雅诺施。雅诺施后来成为一个小有名气的音乐家和作家。他以青年人的敏感察觉到卡夫卡是一个不寻常的作家和思想家，他主动和卡夫卡接近，留心记下他的一系列谈话内容，像爱克曼整理歌德谈话那样整理成书。后经M.勃罗德的鉴定，证实这些谈话内容是真实可信的，从而成为卡夫卡著作的重要组成部分，常被研究者引用。

读完这本书，你可以了解卡夫卡的思想，并且能够从作者与卡夫卡的对话中领悟到卡夫卡那种深邃的思想，从而能够客观全面地看待卡夫卡的人生。

2. **推荐作品阅读二：《卡夫卡的眼睛》，作者曾艳兵**

推荐理由：这本这书以平实的语言再现了卡夫卡的人生。书中所引用的材料翔实，分析客观全面，以立体的方式呈现了卡夫卡的形象、精神和思想。作者以客观、公允的方式对卡夫卡的形象做了一个全面的分析，读来让人有一种耳目一新的感觉。

九、《变形记》课堂实录（节选）

（一）学生讨论

师：大家读到了什么？是怎么读的？下面我们采用“圆桌会议”的形式

来探讨本文。

卢璇：文章写了一位职员早上醒来发现自己变成甲虫的故事，变成甲虫的主人公依然想艰难地爬起来。

师：我想问，主人公叫什么名字？能否点出来？

卢璇：格里高尔·萨姆沙。

师：我们解读一篇文章的时候，一定要把我们看到的，想到的，都清晰具体地表达出来，方能表现你的认真和细致，也能够体现你的严谨。

卢璇：读这篇文章的时候，我发现了文章用很多夸张的手法，也发现文章中有很多主人公心理活动的描写。因此，我读的时候，尽量去找他心理活动的描写。

师：那么能不能够找一找那些夸张的地方和描写心理活动的地方？要告诉我们在第几页第几段。

卢璇：书本的第 60 页的第 4 段的第 3 行："从床上可以看到闹钟明明是拨到四点钟的；显然它已经响过了。是的，不过在那震耳欲聋的响声里，难道真的能安宁地睡着吗？"

师：还有没有？

卢璇：没有了。

师：好，下一位。

林诗欣：我读到了人变成了甲虫的故事，我还读到了家人对格里高尔的冷漠、上司的凶恶，即使身处这样的环境，格里高尔仍然对亲人充满了关心和牵挂。

熊欣来：我还想说说我的感想：通读全篇，我只看到无尽的悲哀。明明是痛苦，却软弱得无力反抗，明明有自由的想飞的梦，却被压在柜子底下，无从实现；明明是一个善良的人，却被环境潜移默化地改变——异变成虫子。我感到当时的人因利益、生活的困苦而改变了人性，也看到人与人之间的冷漠、人际关系的混乱给人带来的痛苦。

冼图：《变形记》中用极度夸张以及怪谈离奇的表现手法，让我感觉到主人公格里高尔戏剧性的悲惨命运。同时，文字带有厚重的情感，深深地撞击着读者的内心。描写格里高尔的父母、妹妹、秘书主任的冷酷无情，更反衬了格里高尔命运的悲剧，暗示了格里高尔最后悲凉地死去的结局，表现了人性的丑陋，讽刺了当时黑暗的社会，引发了人们深刻地思考，甚至有痛彻心扉的感觉。

吴怡萍：卡夫卡在《变形记》中所描述的社会是畸形的，充斥着人性的丑陋和虚伪，赤裸裸的金钱关系暴露无遗。小说最后写到格里高尔被家人抛弃后死去更说明了不仅社会畸形，恋人的思想也畸形。为何格里高尔会变成一只甲虫却还保持着人心？这一问题不难解答，因为除了他以外，所有人都空有人的皮囊，内心丑陋连虫都不如，而格里高尔虽然是虫形，但内心仍留着人性的光辉，与其他人形成鲜明对比。我想卡夫卡大概也是想表这个意思吧，一种“众人皆醉我独醒”的境界。

师：说得好，看到了文字背后的东西，看到了文字背后的人性，也说出了自己的感想，大家有还何感想？

潘楚风：自从大略的通读《变形记》以后，我心中涌起的是一股悲伤与愤慨。曾经格里高尔支撑着这个家庭，可当他变成甲虫，处境逆转，家人们却百般不愿。最让人不满的还是妹妹，原本以血脉联系的情谊，不知何时变成了单纯的怜悯，最后连一点点善意都不复存在。可她也不想想，格里高尔养家糊口时，没有工作能力的她不也就像一只宠物、一只甲虫一般吗？她那廉价的怜悯，不正是在这个扭曲的家庭关系中积累的傲慢而衍生出来的吗？

最近读了太宰治的《人间失格》，我突然在想太宰治和卡夫卡是否都看到了相似的“恶”呢？与《人间失格》相比，《变形记》显得荒诞而滑稽，不同的瞳孔里，映出截然不同的世界，也让读者有着截然不同的感受。

师：说得好，能够采用纵横对比的方式进行思考，看到人性的真善美、假丑恶。做到了歌德和冯骥才所言，值得称赞。

另外，我想补充一点，《人间失格》是日本著名小说家太宰治最具影响力的小说作品，发表于 1984 年，是一部自传体的小说，纤细的自传体中透露出极致的颓废，毁灭式的绝笔之作。太宰治巧妙地将自己的人生与思想，隐藏于主角叶藏的人生遭遇中，借由叶藏的独白，可窥探太宰治的内心世界——“充满了可耻的一生”。

丘霖：看完《变形记》，我想到了儿时看过的一部动画——《马丁的早晨》。动画讲述了马丁每天早晨都会变成不同的东西，他可能因此帮助伙伴，抑或是受人嘲笑，但总有几个人支持他，喜欢他。与马丁一比较发现，格里高尔便浑身上下透露着孤独了。

由人变成甲虫，本还怀着对亲人的责任、爱和一点希望。可面对的却是亲人的厌弃。这使他如何不孤独，如何不恐惧？而这孤独、恐惧，还有一丝对社会的陌生，便通向着、联系着卡夫卡的内心。何时才能使这块坚冰融化呢？

凌艺：第一次读这篇小说，我对他的印象是有点异想天开的，但后来慢慢回想，尤其是到了描写格里高尔想他受到的种种不公的待遇和他生活的艰辛这些心理活动处，我顿时感到有点心酸。我现在很难体会到格里高尔的感受，但从他的那些想法可以看出，他为了这个家付出了一切，忍气吞声，却得不到他人的同情。他没有知己的朋友，只有一些泛泛之交，可见他是很孤独的（他虽然有家人，但从我对着整部小说的了解，家人们也并不友善地待他）。随着我对《变形记》的了解逐渐增加，我开始明白，这部小说是对资本主义社会的抨击和对人性的赞美，同时也是作者的一个影子。这似乎会让人开始评判资本主义，但我觉得小说还是以歌颂人的美好品德为主，尽管小说最后格里高尔死了，但他的优秀品质值得我们学习；至于他的家人，则和他形成了强烈的对比，反衬格里高尔的优秀。小说虽然语言很平实，没有华丽的辞藻，但是能够让读者读起来有真实感，即使它写的是一件很荒诞的事。

陈嘉利：说到对比，我认为文章的对比很明显，如通过爱与憎的对比：格里高尔变形后对亲人的关怀、体贴和他父母、妹妹对他的厌恶、冷漠、无情形成鲜明的对比；变与不变的对比：格里高尔虫形人心与他亲人的人形虫心，形成了鲜明对比。表达了作者对生活的理解和评析，反映了资本主义的黑暗，对人性的摧残，以及人与人之间关系的冷酷和扭曲的人性，希望以此敲响世人的警钟。

师：你是怎么知道抨击的就是资本主义时代的冷酷？难道现实就没有吗？

陈嘉利：我查过资料，名著就是抨击过去一些不公平的东西。

师：能够查阅资料是好事，如果没有资料可查怎么办？这就是我要告诉你们的细读方法了。当然，我们可以知道，卡夫卡身处的国度和时代确实是第一次资本主义工业革命的时代。也知道社会的残酷、情感的淡薄、人心的冷漠。不需要去按套路猜，从文章的描写就可以知道了这些。

李晓航：选文通过细节描写、心理描写成功塑造出一个备受剥削的可怜人形象，也写出了主角对公司不近人情的不满。用第三人称来写，语言客观而冷静，通过语言、心理描写塑造出主角与家人的形象。

我的疑问：①卡夫卡为什么把格里高尔变成难看的甲虫？有什么更深的含义？②文中两次出现的画是否有特殊含义？

师：这个问题提得好，俗话说，学贵有疑。就这个疑问，大家可以畅所欲言。

钟璇：甲虫，弱小，因为弱小，才能够体现文章的主题。

张文萱：不仅仅是弱小，还有行动缓慢。文章不是写格里高尔行动艰难缓慢吗？关于画，我觉得是有寓意的。格里高尔喜欢这幅画，也许是对美的一种向往，一种追求，一种寄托。你看画中人是个贵妇人，是雍容华贵的。

……

师：关于甲虫，我先简单陈述，稍后进行深入解读。这是小说情节的要求，因为书中描述的是格里高尔变成了甲虫而被社会抛弃，所以格里高尔所变的动物一定要符合他的本来性格。他是个善良软弱并为家庭着想的人，他所变的东西也要是弱者，但是由于他最后要被家庭抛弃，他身上要有他家人无法忍受的东西。因此，作者把他定义为一只弱小且让人厌恶的昆虫。

关于画，我赞同文萱的解读，我还想说一句，画中的人物是雍容华贵，而生活中的“我”是丧魂落魄。当生活无法让“我”享受到幸福的时候，我就寄托于精神的愉悦追求。也许还有更多的解读，希望同学们课后继续讨论。到时可以把你的想法告知我们。听了大家的讨论，我对大家的解读深刻、观点鲜明，表示敬佩，也说明了大家能够看到文字背后的情感。下面我就把我的赏析和解读告知大家，我呈现的是一种方法，我的解读是建立在我的认知上的，如有不同意见，我们可以课后讨论。

（二）老师解读

（1）一天早晨，格里高尔·萨姆沙从不安地睡梦中醒来，发现自己躺在床上变成了一只巨大的甲虫。

解读：甲虫，多以动、植物为食，但也有以腐败物质为食者。后翅退化，不能飞了，如步行虫。巨大的甲壳下包着毫无伤害的躯体，也映衬了当时社会人们的一种生活状态。巨大的甲壳却无法保护自己的躯体，更加谈不上保护高贵的灵魂；有翅膀却无法飞翔，哪里还谈得上翱翔天宇；有长腿，却无法疾步如飞，更加不要说跨越人生的障碍了！

貌似强大，看似貌美，可是面对生活掀起的狂风暴雨，一切原形毕露，一切悄无声息地消失……人生最悲哀之处就是梦醒后发现自己无路可走。人变成虫，是基因突变？还是妖魔化的变化？想想看，身边有人变成虫子，你会怎么样？我们曾经看过有关人变成动物的故事或书籍吗？触目惊心，毛骨悚然之感——怪异、荒诞、悖谬和出乎意料

（2）“我出了什么事啦？”

解读：我从哪里来？我到哪里去？我走向何方？问了多少人？这不是问问题，这是思考，是审视。“我”不相信这是事实，不相信眼前的真相，一个连自己变成什么样东西都不知道的人，是可悲的、麻木的、精神空虚的。

（3）萨姆沙是个（填空）________的旅行推销员……

解读：交代身份、角色、职业。地位低下、卑微，卑贱，长年累月地奔波，疲于奔命地应付，低声下气地求人，坑蒙拐骗地隐瞒，虚与委蛇地应付，逢场作戏地玩弄。人生的艰难，角色的尴尬，心情的落寞，生活的无奈，内心的窝囊，跃然纸上。

（4）如果不是为了父母亲而总是谨小慎微，我早就辞职不干了，我早就会跑到老板面前，把肚子里的气出个痛快……只要等我攒够了钱还清了父母欠他的债——也许还得五六年——可是我一定能做到……不过这将是最不愉快的事，而且也显得很可疑，因为他服务五年以来没有害过一次病。老板一定会亲自带了医药顾问一起来，一定会责怪他的父母怎么养出这样懒惰的儿子。

解读：“我”是一个具有孝心、体贴父母、爱护家人的人。为了家人的幸福，“我”可以忍气吞声，可以感受屈辱，可以忘乎所以地工作。个性温和、性格懦弱、勤劳踏实、忠实憨厚、关心父母、爱护家人、地位低下、身份卑微的善良之人得不到认同、关心和爱护，得不到温情和理解，更加谈不上得到尊重和重用了。当一个社会、一个家庭或是一个集体、团队无法让一个善良者释放自我感情的时候，这就是一个压制人性、扭曲性格的监狱，甚

至是毁灭人性的地狱。当我们无法与社会抗争的时候，我们选择屈服，可是这种屈服表现出的不是沉默寡言、洁身自好，而是随波逐流、同流合污、助纣为虐。

（5）格里高尔的眼睛接着又朝窗口望去，天空很阴暗——可以听到雨点敲打在窗槛上的声音——他的心情也变得忧郁了。“要是再睡一会儿，把这一切晦气事统统忘掉那该多好。”

解读：阴暗、忧郁、晦气，写虚也写实，道出了内心的悲哀、孤独、寂寞、无奈和无助。

（6）尽管处境非常困难，想到这一层，他却禁不住透出一丝微笑。

解读：虽然变成了甲虫，有惊讶的心情却没有惊慌失措、痛不欲生的感觉，可以看出他的麻木，但是还不足以让人感受到悲痛欲绝。从这里可以看出他的心态，在某种时候，也许这正是抛却烦恼、忘记痛苦、逃避现实、躲避灾难的最佳时刻；现在虽然变成了甲虫，但是这种单调、无聊的重复动作不正是一种自娱自乐的游戏吗？人生有些时候在自我封闭的世界里寻找到一种快乐——不正是让干涸的心灵得到滋润，让单调的生活重获乐趣，让无奈无聊的心情得以释放吗？

师：萨姆沙是个________的旅行推销员，请大家填空。

贝为佳：格里高尔·萨姆沙是孝敬父母、有责任感、稳重、会权衡利弊、忠厚老实、脚踏实地、有梦想与追求、争取独立与自由、与妹妹感情深厚的善良人（旅行推销员）。

师：说得好，老师是这样填写的：萨姆沙是个性情温和、性格懦弱、内心敏感、勤劳踏实、忠实憨厚、关心父母、爱护家人、地位低下、身份卑微、内心孤独的旅行推销员……

今天我们完成了第一个环节——教会你们读书。学习了怎么解读文本和深度理解作品，并且进行了演示。我传授的是学习的方法，我希望你们能够读出你们的思想和文化。

10 《鸿门宴》：文本、文章、文言、文学、文化

一、 学情思考

《鸿门宴》教学，基于经典的考虑，我从三个方面做了思考：

（1）《鸿门宴》是一篇古文，古文的知识需要传授。如果一味地传授古文知识，学生会因为单调、枯燥的古文知识，缺少学习的兴趣，而兴趣的缺失会影响对文章的鉴赏。为了缓解这个矛盾，我采用了两种方式：

①传授一种方法，提供一种模式，让学生动起来。在上文言文课之前，我把高考的文言考点罗列出来（包括文化常识、通假字、古今异义、一词多义、词类活用、文言句式、偏义复词、经典句子和理解文章主旨等），让学生按照这种模式边预习边整理边思考。

②在课堂解读的时候，我择其精要（包括重点知识重点解析、重点文段重点解读、重点人物重点分析），以穿插的方式来完成教学任务。

（2）《鸿门宴》作为一篇经典，我尝试着以“文本—文章—文言—文学—文化”的方式进行教学，即《史记·项羽本纪》（文本：大）—《鸿门宴》（文章：小）—事件（文言和文学：故事性强）—历史（文化：人性、人情和人文）。鉴于这个思考，我重点落在故事呈现（激趣）、故事分析（激情，人物认识）、主题认识（思考）、观点呈现（思辨，思想输出）等环节。学生在这些环节的推动下，渐入佳境，畅所欲言，学习表现让人有眼前一亮的感觉。

为了把《鸿门宴》上好，我认真阅读了《史记·高祖本纪》《史记·项

羽本纪》，并节选了部分文字提供给学生阅读。这样做的目的有二：一是拓展学生的视野，让学生有全局观，学生只有有了全面的认识，才有客观的评价；二是丰富学生的情感，学生对人性有了深刻的认识，才有独到的见解。

二、课文解读（节选）

（一）文化常识之认识作者篇（目的：追寻作者足迹，激发学生激情）

1. 资料展示

司马迁（约前145—前90），西汉著名史学家、文学家、思想家。字子长，夏阳（现任陕西省韩城南）人。其父司马谈是汉朝太史令（掌管起草文书、兼管国家典籍、天文、历法的官职）。司马迁生于龙门，年十岁诵古文，二十岁外出考察，足迹遍及南北。初任朗中，元封三年（前108年）继父职，任太史令，得以博览皇珍藏的大量图书和文献。太初元年（前104年），与唐都、落下闳等进行历法改革，共订太初历。在《史记》草创未就之时，因替投降匈奴的李陵辩护，下狱受腐刑。出狱后任中书令（掌管皇家机要文件），发奋读书，在公元前91年前后完成《史记》。

2. 老师解读

司马迁在经受肉体与精神上的双重打击后，依然忍辱负重完成了《史记》，用实际行动为自己悲惨的一生画上了一个圆满的句号。他在著书立说中得到了些许安慰，在忍辱负重中思想得到了净化和升华。苦难使他成为一个有智慧的人。因此，他的眼光更加敏锐，见解更加深刻，思想更富同情。

北京师范大学韩北琦教授在《史记选注集评》中说："五十六年的一生，是司马迁历尽千辛万苦、受尽种种灾难和侮辱的一生，也是司马迁艰苦奋斗、百折不挠使自己生命放光华的一生。它悲惨，但是光荣、壮烈，因而激励着千百万后人为争取人类更加美好的社会而不屈奋斗。"[①]在导入新课之前，我们或多或少都会对作品和作者及写作背景做些许的介绍、评价，目的是希望学生能了解背景，感悟情感，达到思想净化和提升。

---

① 韩兆琦．史记选注集评［M］．桂林：广西师范大学出版社，1995.

司马迁在天汉三年下蚕室，受腐刑。这是对他极大的摧残和侮辱。他想到了死，但又想到著述还没有完成，不应轻易一死。

司马迁在《报任安书》中写道："西伯拘而演《周易》，仲尼厄而作《春秋》，屈原放逐，乃赋《离骚》，左丘失明，厥有《国语》孙子膑脚，《兵法》修列；不韦迁蜀，世传《吕览》；韩非囚秦，《说难》《孤愤》；《诗》三百篇，大抵圣贤发愤之所为作也。此人皆意有所郁结，不得通其道，故述往事，思来者。"他终于从先圣先贤的遭遇中看到突围的希望，于是"就极刑而无愠色"，决心"隐忍苟活"以完成著书立说的宏愿。

苏轼在《晁错论》中曾说："古之立大事者，不唯有超世之才，亦唯有坚忍不拔之志。"司马迁正是如此。为了问心无愧，司马迁在与世隔绝的环境中，温驯地忍受一切不公正的遭遇。这种勇气要高于在炮火连天、杀声震天的战场上所表现出来的勇气。

生活，如果只有晴空丽日，没有阴雨笼罩；只有幸福，没有悲哀；只有欢乐，没有痛苦，那这样的生活根本就不是生活——至少不是人的生活。雪莱说："最为不幸的人被苦难抚育成了诗人，他们把从苦难中学到的东西用诗歌教给别人。"司马迁何尝不是诗人？

（二）课文解读之人物篇（目的：走进人物的心灵，认识人性的美丑）

本文主要塑造项羽的形象，集中表现了他自矜功伐的性格。司马迁是把项羽当作悲剧英雄来描写的，他曾这样评论道："自矜功伐、奋其私智而不师古，谓霸王之业，欲以力征经营天下，五年卒亡其国。"本文虽只是写出人物的一个侧面，却未尝不能窥一斑而知全豹。

学生会因人生阅历浅、知识水平低、历史知识少而对人物缺少一种理性的认识和思考。为了让学生对历史人物有全面而深刻的认识，我从《史记·项羽本纪》中精心选取了能表现项羽个性的文字并用标题概括项羽的一生历程，清晰明了而又趣味横生引人入胜。

所选文字既具古文性、趣味性又具艺术性、欣赏性，学生通过对材料的阅读、赏析和思考，再经老师指点、引导，他们能以成人的眼光、成熟的思想，用现代观念审视作品的内容和思想倾向。从而能对阅读材料作出自己的分析判断，并能从不同角度进行阐发、评价和质疑。课堂会出现百花齐放、百家争鸣的局面，如我的学生就以《悲美英雄》为题对项羽的个性才能作了精辟的论述：

做英雄就非得有所牺牲，甚至冷酷到底。而项羽对刘邦的“不忍”却是一种善良的情感，封王侯、重情义，不想因此而穷途末路，难道这也是他的错吗？（《悲美英雄》）

我想面对学生喷涌而出的情感、简洁的语言、深刻的思想、精辟的论述，足以震撼我们日渐麻木的心。

（三）关于主题（目的：理解文章主旨，升华个人情感）

研读《鸿门宴》时，我们明白，与暴躁、率真得有些迂腐的项羽相比，刘邦是一个圆滑世故、诡计多端的人，这从他对项羽称呼的变化就可见出，。不过我想，圆滑世故、诡计多端也是做君主的必备条件，与其骂他奸诈，还不如称他机智。刘邦的这种性格从他趁机逃出鸿门宴至险回军营，并诛杀曹无伤这一系列的事可见一斑。事实也验证刘邦曾说的“吾宁斗智”之狡猾心态，当然情有可原。再看一下项羽在鸿门宴的表现，优柔寡断，当断不断，反受其乱，他的谋士一句“君王为人不忍”就把他那种姑息优柔的性格刻画得淋漓尽致了。

本文正是通过宴会前后的描写，生动地揭示了项羽的悲剧性格，正是这种性格为四面楚歌垓下自刎的结局埋下了悲剧的种子，正是这个过程让我们认识到人性的虚伪与脆弱。

11 《喜看稻菽千重浪》：感受那份执着

一、教学目标

1. 知识目标

学习并掌握通讯对人物细节描写的方法（学习并掌握快速筛选信息、概括大意的方法）。

2. 能力目标

准确把握人物通讯的写作特点并掌握通讯的写作技巧。

3. 情感目标

了解本文的通讯人物——袁隆平的性格特点和高尚的品格，并学习他在科学上的执着精神。

二、教学重点、难点

（1）如何掌握人物通讯的写法。

（2）如何进行情感渗透。

三、教学重点和难点设计说明

本单元设置的目的是让学生了解并掌握新闻（消息与通讯）的读写知识。

通过阅读新闻，使学生进一步了解新闻的基本特征——用事实说话，及时报道最新发生的有价值的事实。

通过教学，一是让学生能够掌握新闻要素和课文内容；二是从题材上抓住人物、事件的典型意义，培养学生“中华民族直的脊梁”的感情，勇于开拓、不断进取的优秀品质，逐步形成积极的人生态度、正确的世界观和价值观。因此，在教学过程中，方法的传授和情感的渗透就成为教学的重点和难点。为了更好地完成教学任务，达到预期目标，我觉得很有必要在课前预习、课堂技巧和情境设置三个方面下功夫。

四、学情分析

针对学生视野狭窄、思想浅薄、阅读耐心不够的特点，我觉得很有必要补充学生感兴趣的资料或引进学生感兴趣的话题，以激发学生的学习兴趣，引导学生关注具有思想深度的问题。为了高效利用课堂时间、拓宽学生的视野，我精心选取并修改了 2007 年 6 月 10 日 22 点 15 分播出的中央电视台新闻频道《面对面》中《专访袁隆平：谁将养活中国》的访谈来丰富学生的思想，净化学生的情感。

五、课时安排

2 课时。

六、教学形式

课前预习、自主阅读、自主探讨。

七、第一课时：学生自主探究，教师设问引导

（一）教与学方式

学生自主学习，激发学生思考问题的兴趣，培养学生关注文本的阅读习惯。

（二）问题设计，学生思考

（1）大家在预习的基础上，请思考两个小问题：课文内的四个小标题是否能够调换？课文的小标题分别体现了袁隆平的什么精神？

（2）课文写了哪几件事？分别体现了作为一名科学家的袁隆平哪些方面的品质？

（3）请同学们在阅读文章时画（圈）出能够体现袁隆平精神品质的词语或句子并分析。

（4）如何解读文本？文本解读方法提示。怎样走近（进）人物？主要从以下几个方面入手，以本文为例：

走“近”袁隆平身边和走“进”袁隆平心里世界的时候，我们应该从他的言谈举止开始：①倾听（揣摩）语言：感悟他朴素的语言和别人对他的评价（赞誉）之词句；②了解人物的故事（事迹）：划出叙述或描写人物故事（事迹）的重要语句；③品味表现人物思想品质和精神风貌的关键词语。

八、第二课时：文本研读，学生探讨

1. 导入：生活举例，引入文本

前段时间，追星一族的典型杨丽娟被媒体炒得沸沸扬扬，我们对杨丽娟极端行为感到痛心的时候也深感忧虑：一个社会如果盛行追逐娱乐之星，青年人皆以“学得好不如唱得好”为价值取向，还能有出息、有长进吗？

我们和我们的社会需要什么样的方式来追星和造星？《中国青年报》的《追星当追袁隆平》给予了我们明确的答复。

《中国青年报》报道了在湖南长沙的隆平科技园里热烈的一幕：在热烈的氛围中，大批学生来到了会场，当他们看到袁院士时，不时发出惊喜的叫声，纷纷围到袁院士的周边，拿出相机、手机给袁院士照相，有的同学偷偷与袁院士合影留念。一位湖南农业大学的女生因人群走动，两三次没有照好，连续跟随了近五分钟才得偿所愿。

同学们兴高采烈、七嘴八舌地道出了他们的心声：“作为农大的学生，袁院士一直是我们的偶像!”　“要当就当科技追星族，要追就追袁隆平。”……

是的，中国可以没有一百个“快男”“超女”，却不能没有一个袁隆平、邓稼先！我从不追星，但我会追袁隆平这样的星，追就要去追许许多多为我们国家发展辛勤工作而又淡泊名利的“袁隆平”星。只有我们的后代都崇拜这样的伟大之星，中华民族的伟大复兴才有希望。袁隆平给了我们一个仰视的理由！今天，让我们近距离走近袁隆平先生，认识并了解一个科学家是如何成就伟大的，为了让伟大的科学深入人心，看作者是怎样塑造科学家袁隆平这一伟大人物形象的？我们学习本文，主要从语言、思想和通讯的写法三个方面来学习。

2. **文章研讨，文本解读（回顾）**

（1）标题解析（先认识主人公袁隆平再理解题目所包含的含义，PPT 展示略）。

（2）文本解读之方法指导：怎样走近（进）人物的心灵？主要从以下几个方面入手，以本文为例：

走“近”袁隆平身边和走“进”袁隆平心里世界的时候，我们应该从他的言谈举止开始：①倾听（揣摩）语言：感悟他朴素的语言和别人对他的评价（赞誉）之词句；②了解人物的故事（事迹）：划出叙述或描写人物故事（事迹）的重要语句；③品味表现人物思想品质和精神风貌的关键词语。

（3）文本研读，学生探讨（师生互动，教学主体，PPT 展示略）。

（4）写法欣赏，教师指导。《喜看稻菽千重浪》这篇通讯，综合运用了叙述、描写、抒情等多种表达方式，依次从工作态度和方法、学术品格、道德操守、理想志向四个方面刻画出了“杂交水稻之父”袁隆平的光辉形象，感人至深。文章叙述具体、描写生动、语言简洁，尤其在人物刻画方面更是独具匠心，充分地显示出了作者深厚的写作功底。（PPT 展示略）

（5）文本拓展，思想升华。为了拓宽学生思维、感悟精神，我顺着前面的“袁隆平精神”引进中央电视台新闻频道《面对面》中《专访袁隆平：谁将养活中国》中的能够体现“袁隆平精神”的精彩语录，丰富课堂内容，升华课堂情感。目的是引导学生关注主流媒体有关国计民生的大事，关注科

学家，从而净化学生的思想。（PPT 展示略）

3．课外作业：实战演练（PPT 展示略）

九、 教学反思

这是 2009 年 10 月我校进行示范性高中评估的一堂推荐课，由于事关重大，我数易教案，总觉得不尽如人意，思考再三，我决定按“常规操作”“展示真我风采”。于是我就按自己的思想设计了这篇教案，后来，在课堂实践的过程中，自我感觉不错。开始，我因紧张而出现了语速加快的情况，随着课堂的深入和情绪的调控，我开始变得镇定和冷静，一堂课下来，我的学生说，如果我的这堂课能像昔日一样潇洒自如、谈笑风生的话，一定是精彩纷呈的。事后，专家反馈与教师评价时，他们一致表示，除了因为紧张造成的语速加快外，这堂课是成功的。我也就课堂教学从以下几个方面进行了反思：

（1）教学设计和课堂教学为长文短教和新闻通讯的教学进行了一次尝试和探讨，提供了一个范例。据我的调查及与教师交谈可知，很多学校的教师认为，新闻通讯往往因为内容浅显易懂或写作模式套路明显或考试不重要而忽略不教了，即使教也是蜻蜓点水式的说教或走马观花式的浏览！教师的行为直接影响了学生的热情，因此，编者（专家）精选的文章就在教师的自我安慰中而失去了它原有的滋味。其实，我认为，一篇文章的选入自有它被选取的理由。只要我们能够深入地理解，我们就会发现厚积薄发的真谛。可惜的是，我们的教师忘记了“问渠那得清如许，为有源头活水来”的告诫。众所周知，我们教师课堂的解说和拓展、学生的理解和思考、师生的互动和感悟都是思想的碰撞和升华。可惜，我们因为急功近利或是浅尝辄止而让精华浪费了。

（2）智慧语言是点燃激情的火花，文本拓展是情感升华的基础。我们有的教师，经常是就文解文，或是画地为牢，或是肢解课文，还美其名曰“重视基础”“重视文本”。其实，这是因为教师缺少积累表现出的底气不足和故步自封的表现。而文本的拓展是对教师的一种考验，因为它关系到一个教师阅读的素养及思考的深度。我们知道，学习语文不一定要博古通今、博闻强志，但是博采众长还是要的，只有博采众长才能够博学多才、厚积薄发、旁征博引。可惜，我们的教师因生活烦琐或是职业习惯而变得简单。言之无物，行而不远，结果是教师语言苍白无力、情感单调无味，学生昏昏欲睡，我们忽视了要言不烦、言简意赅。

（3）学法的指导有利于学生的发展，授之与鱼不如授之与渔。遗憾的是，很多时候，我们只是一味地注重知识的传授和灌输，而忽视了方法的指导。方法比知识更重要。法国十七世纪杰出的数学家、哲学家和科学方法论者笛卡尔说："最有价值的知识是关于方法的知识。"掌握科学的学习方法，是学生形成学习能力的重要环节。我在开始的时候，在阅读本文以及这类文章的时候，给学生以学法的指导，给学生提供了一种方法和一个学习的模板，这无形之中给初学者指明了一个方向。当然，我们说文本的解读可以是仁者见仁，智者见智，但是，我认为学生的解读应该先是建立在对方法的掌握和情感积累的基础上的，否则就成了空中楼阁。于是，我在上课时就给学生一个学法的提示——如何走进（近）袁隆平。课堂实践证明，这个方法为我的教学争取了时间，也为学生的学习指明了方向。

（4）要在有限的时间教完一篇篇幅较长的文章，需要的是一个较明确有效的前奏指导。怎么指导？这成为一个关键，而一堂示范课既要出新又要出彩，这又怎么办？我一直在思考和探索。

12 “情致语文”阅读指导

——以《平凡的世界》为例

一、 书目简介

《平凡的世界》是路遥创作的一部规模宏大、气势恢宏的百万字长篇巨著，被誉为“茅盾文学奖皇冠上的明珠，激励千万青年的不朽经典”。

全书共三部六卷，全景式展示中国当代城乡社会生活。作者在中国70年代中期到80年代中期近10年间的广阔背景上，以农民孙少安、孙少平两兄弟的奋斗和官员田福军的沉浮为中心，刻画了当时社会各阶层众多人物的生活百态。书中通过对亲情·友情·爱情、人性·人情·人生、幻想·梦想·理想的描写，呈现了复杂的生活纠纷、情感纠葛、权利纠缠等生活现状，深刻地展示了普通人在大时代历史进程中所走过的艰难曲折的道路。《平凡的世界》字里行间传递的真善美、流露的精气神给读者以情的感染、智的启发和美的享受。

二、 推选理由

《平凡的世界》语言、形象和情感之美以及正确的价值观、高尚的审美情趣和审美品位对培养和塑造学生品格具有潜移默化的功能。

《平凡的世界》有三美：语言美、形象美和思想美。

1. 语言之美

语言美，亦称“言语美”，指语言在具体运用过程中所显示的美，是心灵美外化的信息形态。语言美有内容和形式两方面。前者以伦理美为中心，体现道德原则，如和气、文雅、谦逊、礼貌等；后者体现规范美和艺术美，如词语妥帖、语句规范、结构平直、逻辑严谨、节奏抑扬等。语言美包括人物语言和叙述、描写、议论语言的准确、鲜明、生动、形象化、个性化，是构成语言艺术表现力、感染力、艺术性和形成创作个性、艺术风格的重要因素。语言的美不是体现在辞藻华丽，而是体现在平实质朴、简洁深刻、幽默调侃、尖锐犀利。现列举两例：

（1）作者在写对生活的思考时用平实质朴的语言就表达出深刻的思考和感悟。

幸福是什么？想想看，比起死亡来说，此刻你安然立在这桥头，并且还准备劳动和生活，难道这不是一种幸福吗？你知道，幸福不仅仅是吃饱穿暖，而是勇敢地去战胜困难……是的，他现在只能和一种更艰难的生活比较，而把眼前大街上幸福和幸运的人们忘掉。忘掉！忘掉温暖，忘掉温柔，忘掉一切享乐，而把饥饿、寒冷、受辱、受苦当作自己的正常生活……

（2）写到有关人性的思考和生命的追问的时候，作者不惜大胆泼墨，不怕情感裸露，不惧世俗评判。在《平凡的世界》第三部卷五第十章有一处：少平就回家箍几孔新窑洞对晓霞进行了一番激情演说，这番演说说得酣畅淋漓，把生活中的人情世故刻画得淋漓尽致。

不，不是我住。我是为我父亲做这件事。也许你不能理解这件事对我多么重要。我是在那里长大的，贫困和屈辱给我内心留下的创伤太深重了。窑洞的好坏，这是农村中贫富的首要标志，它直接关系一个人的生活尊严。你并不知道，我第一次带你去我们家吃饭的时候，心里有多么自卑和难受——而这主要是因为我那个破烂不堪的家所引起的。在农村箍几孔新窑洞，在你们这样的家庭出身的人看来，这并没有什么。但对我来说，这却是实现一个梦想，创造一个历史，建立一座纪念碑！这里面包含着哲学、心理学、人生观，也具有我能体会到的那种激动人心的诗情。当我的巴特农神庙建立起来的时候，我从这遥远的地方也能感受到它的辉煌。瞧吧，我父亲在双水村这个乱纷纷的“共和国”里，将会是怎样一副自豪体面的神态！是的，我二十年来目睹了父亲在村中活得如何屈辱。我七八岁时就为此而伤心得偷偷哭过。爸爸和他祖宗一样，穷了一辈子从没光彩地站到人面前过。如今他老了，更没能力改变自己的命运。现在，我已经有能力至少让父亲活得体面。我要让他挺着胸脯站在双水村众人的面前！我甚至要让他晚年活得像旧社会的地主一样，穿一件黑缎棉袄，拿一根压瑙嘴的长烟袋，在双水村“闲话中心”大声地说着闲话，唾沫星子溅别人一脸！

2. **形象之美**

文学形象有广义和狭义之分，此处我们只谈狭义的形象即文学形象。文学形象是指人物形象，与人物、性格、角色、典型人物、主人公、抒情主人公等的含义相同或相近。高尔基所说文学“把真理化为形象——人物的性格和典型”①，便是指狭义文学形象。自《平凡的世界》问世以来，孙少安的老道、孙少平的坚韧、田福军的刚直、晓霞的干练、兰香的睿智、金波的痴情等形象以其独特的艺术气质感动或激励了很多的读者。《平凡的世界》里描写的俊男俊女都会给人一种眼前一亮的感觉，甚至有怦然心动的感觉。作者笔下的形象之美，体现在颜值高、人品好，或是学养丰富几个方面。例如作者写少安，写出了男性的刚健之美；写少平，写出坚韧之美；写兰香，写出了青春之美；写金波，写出了气质之美；写晓霞，写出干练之美；写秀莲，写出了淳朴之美等。

少安的阳刚之美：高鼻梁直直的，也像希腊人一样。脸上分明的线条和两片稍稍向下弯曲的嘴唇，显出青年男子的刚骨气。从眼神中可以看出，这已经是一个有了一些生活阅历的人。尽管他只有二十三岁，但和这样的青年打交道，哪怕你有一大把年纪而且老于世故，也要认真对付的。

兰香的青春之美：从外表看，已不再存留任何一点农村姑娘的痕迹。一身朴素大方的夏装勾勒出修长健美的身材。发端稍稍烫过，潇洒地从鬓角拢过，耳后的三角区和优美的脖项像用雪白的大理石雕出似的，每当她挎着那个洗得发白的黄书包出现在公共场所，男生中即便是纯粹的书呆子，也不得不抬起头望她几眼。她成了大家公认的“校花”，外系有人传播她是“杭州人”，父母亲都是上海芭蕾舞团的演员。

① 高尔基. 文学论文选［M］. 孟吕，曹葆华，译. 北京：人民文学出版社，1958：409.

我们真惊叹这贫穷的山乡圪里养育出如此出众的女孩子。瞧，那一身旧衣衫包裹着的身材是多么挺拔而苗条！洁白的脸庞像上了釉的白瓷，闪着珍珠般的光泽；黑油油的剪发优美地弯曲在边，使那俏丽的下巴显得愈加叫人心疼；长长的睫毛护着一双清澈动人的眼睛……当她静静地坐在教室里的时候，我们会不由想起不朽的罗丹那尊著名的雕塑《沉思》。

金波气质之美：这个快满二十三岁的小伙子，小时候就很漂亮，现在虽然个头仍然不算很高，但长得又精干又潇洒。皮肤还像女孩子那样白嫩，一头披散的黑发，一双清澈如水的大花眼，走在街上，常常让陌生的姑娘由不得顾盼。

3. **思想之美**

容貌之美比不上形体之美，形体之美比不上优雅之美，优雅之美则不如思想之美。尼采说："思想之美，是美中之美。"习近平总书记在中国文联十大、中国作协九大开幕式上的讲话中指出："对文艺来讲，思想和价值观念是灵魂，一切表现形式都是表达一定思想和价值观念的载体。离开了一定思想和价值观念，再丰富多样的表现形式也是苍白无力的。"

《平凡的世界》被陈忠实先生评价为"茅盾文学奖皇冠上的明珠，激励千万青年的不朽经典"，美在思想，字里行间显示了一种强大的生命力，作为一部有筋骨、有道德、有温度、有神采的文学经典巨作。路遥刻画的人、事、物始终充满着一种精气神，传递着一种正能量。作家的思想境界决定和体现着作品的主题格调，作家的精神气质影响着作品的审美价值。作者路遥把个人奋斗的精气神融入了文字中：写波澜壮阔的历史，以激情歌颂时代发展的伟大；写凡夫俗子的生活，写出了温情和希望；写个人的奋斗，写出了真善美，写出了精气神。一句话，《平凡的世界》思想之美体现在——伟大与平凡共存，激情与理智同行。

三、 阅读活动一瞥

(一)《平凡的世界》研读之一：文海撷珠篇

语言文字是人类社会最重要的交际工具和信息载体，阅读过程中应引导学生感受和领悟文学作品的语言、形象和情感之美，体会书中的核心思想理念和人文精神。

通过自主的语言实践活动，积累言语经验，把握祖国语言文字的特点和运用规律，加深对祖国语言文字的理解与热爱，培养运用祖国语言文字的能力。同时，发展思辨能力，提升思维品质，培育社会主义核心价值观，培养高尚的审美情趣，积累丰厚的文化底蕴，理解文化多样性。

优美简洁的语句给我们以美的享受，激情励志的文字给我们以智的启发，人物事迹再现给我们以情的感染……正确地加以引导，让学生在文字中学会正确地思考、感悟人生，形成积极的认识、判断和理解。这种选材训练，是由理性到感性的扩散思维。表面上看，起到了陶冶情操的作用，事实上，对学生活跃思维、开阔视野、积累写作素材起到了积极的作用。

（二）《平凡的世界》研读之二：主题引领篇

基于立德树人、着力发展学生的核心素养和促进学生全面而有个性地发展思考，根据学生心理特征和高中生学习语文的规律出发，以语文学科核心素养为纲，以学生的语文实践为主线，设计“主题引领，任务驱动”等环节引导学生阅读和思考。“主题引领，任务驱动”以任务为导向，以学习项目为载体，整合学习情境、学习内容、学习方法和学习资源，引导学生在运用语言的过程中提升语文素养。“主题引领，任务驱动”的设计着眼于培养思辨能力和鉴赏能力。

基于课程建设、教育模式创新、学生能力转化和师生人文素养提升的思考和实践，我就《平凡的世界》的阅读确定了以培养“具有家园情怀和民族精神的理性学生”的行动研究为主题，积极开展“主题思考，情感升华——用心感受《平凡的世界》”的活动，分别以“孙少平读书：腹有诗书气自华”“孙少平处世：人情练达即文章”等内容为主题来开展语文活动。

1. 主题一——孙少平读书：腹有诗书气自华

（1）沉醉书中：除过这种漫无目的的转悠，他现在还养成了一种看课外书的习惯。这习惯还是在上初中的最后一年开始的。有一次他去润生家，发现他们家的箱盖上有一本他妈夹鞋样的厚书，名字叫《钢铁是怎样炼成的》。…… 他一下子就被这书迷住了。记得第二天是星期天，本来往常他都要出山给家里砍一捆柴，可是这天他哪里也没去，一个人躲在村子打麦场的麦秸垛后面，贪婪地赶天黑前看完了这书。保尔·柯察金，这个普通外国人的故事，强烈地震撼了他幼小的心灵。

天黑以后，他还没有回家。他一个人呆呆地坐在禾场边上，望着满天的星星，听着小河水朗朗的流水声，陷入了一种说不清楚的思绪之中。这思绪是散乱而飘浮的，又是幽深而莫测的。他突然感觉到，在他们这群山包围的双水村外面，有一个辽阔的大世界。而更重要的是，他现在朦胧地意识到，不管什么样的人，或者说不管人在什么样的境况下，都可以活得多么好啊！在那一瞬间，生活的诗情充满了他十六岁的胸膛。他的眼前不时浮现出保尔瘦削的脸颊和他生机勃勃的身姿。他那双眼睛并没有失明，永远蓝莹莹地在遥远的地方兄弟般地望着他。当然，他也永远不能忘记可爱的富人的女儿冬妮娅。她真好。她曾经那样地热爱穷人的儿子保尔。少平直到最后也并不恨冬妮娅。他为冬妮娅和保尔的最后分手而热泪盈眶。他想：如果他也遇到一个冬妮娅该多么好啊！这一天，他忘了吃饭，也没有听见家人呼叫他的声音。他忘记了周围的一切，一直等到回到家里，听见父亲的抱怨声和看见哥哥责备的目光，在锅台上端起一碗冰凉的高粱米稀饭的时候，他才回到了他生活的冷酷现实中……从此以后，他就迷恋上了小说，尤其爱读苏联书。在来高中之前，他已经看过了《卓娅和舒拉的故事》。

…… 渐渐地，他每天都沉醉在读书中。没事的时候，他就躺在自己的一堆破烂被褥里没完没了地看。就是到学校外面转悠的时候，胳膊窝里也夹着一本——转悠够了，就找个僻静地方看。后来，竟然发展到在班上开会或者政治学习的时候，他也偷偷把书藏在桌子下面看。

（2）贪婪读书：就这样，孙少平被田晓霞引到了另外一个天地。他贪婪地读她带来的一切读物。尤其是《参考消息》，每张他几乎都舍不得看完。他的灵魂开始在一个大世界中游荡——尽管带有很大的盲目性。这期间，他还读了晓霞带来的《各国概况》和杰克·伦敦的一个短篇集子以及长篇《马丁·伊登》。少平把这篇小说看了好几遍，晚上做梦都梦见他和一只想吃他的老狼抱在一块断打……所有这些都给孙少平精神上带来了从未有过的满足。他现在可以用比较广阔一些的目光来看待自己和周围的事物，因而对生活增加了一些自信和审视的能力，并且开始用各种角度从不同的侧面来观察某种情况和某种现象了。当然，从表面上看，他目前和以前没有什么不同，但他实际在很大程度上已不再是原来的他了。他本质上仍然是农民的儿子，但他竭力想挣脱和超越他出身的阶层。

（3）偷闲读书：少平倒不急着睡，也不去街上，他通常都蹲在院子里的路灯下看一会书。上次他给诗人贾冰还那本《牛虻》时，贾老师主动帮助给他在黄原图书馆办了临时借书证，这使他能像以前那样重新又和书生活在一起。只不过现在除过熬苦不说，也没有多少闲时间，一天只能看一二十页。一本书常常得一个星期才能看完。

但无论如何，这使他无比艰辛的生活有了一个安慰。书把他从沉重的生活中拉出来，使他的精神不致被劳动压得麻木不仁。通过不断地读书，少平认识到，只有一个人对世界了解得更广大，对人生看得更深刻，那么，他才有可能对自己所处的艰难和困苦有更高意义的理解，甚至也会心平气静地对待欢乐和幸福。

孙少平现在迷上了一些传记文学，他已经读完了《马克思传》《斯大林传》《居里夫人传》和世界上一些作家的传记。

他读这些书，并不是指望自己也成为伟人。但他从这些书中体会到，连伟人的一生都充满了那么大的艰辛，一个平凡的人吃点苦又算得了什么呢？他一生不可能做出什么惊人业绩，但他要学习伟人们对待生活的态度——这就是他读这些书的最大收获……

（4）思谋读书：活路稍微一轻松，他突然渴望能看点什么书——算一算，他又很长时间没见书的面了。

……

但读书的愿望一下子变得如此强烈，使他简直无法克制。

他思谋：能不能找个办法既能读书又不让人发现呢？

只有一个途径较为可靠，那就是他晚上能单独睡在一个地方。

主意终于有了。他准备和胡永州说一说，让包工头同意自己住在刚盖起的那一层楼房里。虽然那楼房还正在施工，新起的一层既没安门窗，更不可能生火，但现在天气已经转暖，可以凑合，就是冷一些也不要紧，只要一个人住着能看书就行了。

……孙少平一开始就被这本书吸引住了。那个被父母抛弃的小男孩的忧伤的童年；那个善良而屡遭厄运的莫蒙爷爷；那个凶残丑恶而又冥顽不化的阿洛斯古尔，以及美丽的长鹿母和古老而富有传奇色彩的吉尔吉斯人的生活……这一切都使少平的心剧烈地颤动着。当最后那孩子一颗晶莹的心被现实中的丑恶所摧毁，像鱼一样永远地消失在冰冷的河水中之后，泪水已经模糊了他的眼睛，他用哽咽的音调喃喃地念完了作者在最后所说的那些沉痛而感人肺腑的话……这时，天已经微微地亮出了白色。他吹灭蜡烛，出了这个没安门窗的房子。

（5）分享读书：通常这个时候，少平总是把随身带下井的一本书在黑暗中翻到折页的地方，然后借用手中的矿灯光，一声不吭地看起来。最近他看的是《红与黑》。这本书他以前粗粗翻过。印象不深，因此想再看一遍。

前不久，班长王世才突然提议，让少平利用这个时间，给大伙讲讲书中的故事。王世才不识字，但很爱看戏听故事。另外的人对自己的老婆也说腻了，一致支持班长的提议。“这是本外国书。”少平对班长说。

既然班长提议，大伙都想听，少平只好给他们讲起了《红与黑》的故事。

……

今天，大家躺在黑暗的煤堆里，又准备听他讲于连的故事。

2. 主题二——孙少平处世：人情练达即文章

（1）自知之明：在双水村的日常生活中，他严格地把自己放在“孙玉厚家的二小子”的位置上。在家里，他敬老、尊大、爱小；在村中，他主要是按照世俗的观点来有分寸地表现自己的修养和才能。人情世故，滴水不漏。在农村，你首先要做一个一般舆论上的“好后生”——当然这是一个很含糊的概念——才能另外表现自己的不凡，否则你就会被公众称为“晃脑小子”！

孙少平在农村长大，深刻认识这黄土地上养育出来的人，尽管穿戴土俗、文化粗浅，但精人、能人如同天上的星星一般稠密。在这个世界里，自有另一种复杂，另一种智慧，另一种哲学的深奥，另一种行为的伟大！这里既有不少呆憨鲁莽之徒，也有许多了不起的天才。在这厚实的土壤上，既长出大量平凡的小草，也长出不少栋梁之材——像毛泽东这样的巨人，也是在这样的土壤上生长起来的……这样，孙少平的精神思想实际上形成了两个系列：农村的系列和农村以外世界的系列。对于他来说，这是矛盾的，也是统一的。一方面，他摆脱不了农村的影响；另一方面，他又不愿受农村的局限。因而不可避免地表现出既不纯粹是农村的状态，又非纯粹的城市型状态。在他今后一生中，不论是生活在农村，还是生活在城市，他也许将永远会是这样一种混合型的精神气质。

（2）知恩图报：两个月来，少平一直在阳沟大队曹书记家做活。书记两口子知道他原来是个教师后，对他比一般工匠都要尊重一些，还让他们领工的亲戚不要给他安排最重的活。这使孙少平对他做活的这家人产生了某种爱戴之情。一般说来，主家对自己雇用的工匠不会有什么温情——我掏钱，你干活，这没有什么可说的，而且要想办法让干活的人把力气都出尽！

既然主家对自己这么好，少平就不愿意白白领受人家这份情意。他反而主动去干最重的活，甚至还表现出了一种主人公的态度来。除过分内的事，他还帮助这家人干另外一些活。比如有时捎着担一两回水，扫扫院子，给书记家两个上学的娃娃补习功课，他一直称呼曹书记两口子叔叔婶婶。所有这一切，换来了这家人对他更多的关照。有时候，在大灶上吃完饭后，书记的老婆总设法把他留在家里，单另给他吃一点好饭食。孙少平在这期间更强烈地认识到，只要自己诚心待人，别人也才可能对自己以诚相待。体会如此重大的人生经验，对一个刚入世的青年来说，也许要比赚许多钱更为重要。

少平已经在心里算好了自己的钱，除过雨工，他干了整整五十天。一天一元五角，总计七十五元钱。他中间预支十元，现在还可以拿到六十五元。

当书记的老婆把工钱递到他手里，他点了点后，发现竟然给了他九十元。

他立刻抽出二十五元说：“给得多出来了。”

曹书记把他的手按住，说：“没有多。我是一天按两块钱给你付的。”

“你就拿上！”书记的老婆接上话茬，“我们喜欢你这娃娃！给你开一块半钱，我们就亏你了！”

“不，”一种男子汉气概使孙少平不愿接受这馈赠，他说：“我说话要算话。当初我自己提出一天拿一块半工钱，因此这钱我不能拿。”他挣脱书记的手，把二十五元钱放在炕席片上，然后从自己手中的六十五元钱里，又拿出五元，说：“我头一回出门在外，就遇到了你们这样好的主家，这五块钱算是我给你们的帮工！”

曹书记两口子一下呆在了那里。他们有点惊恐地看着他，脸上的表情似乎说：哈呀，你到底是个什么人？这么个年纪，怎就懂得这么高的礼义？

（3）入乡随俗，人要适当融入群体：孙少平已经适应了这个底层社会的生活。尽管他有香皂和牙具，也不往出拿，不洗脸，不洗脚，更不要说刷牙了，吃饭和别人一样，端着老碗往地上一蹲，有声有响地往嘴里扒拉。说话是粗鲁的。走路拱着腰，手背抄起或筒在袖口里，两条腿故意弄成罗圈形。吐痰像子弹出膛一般，大便完和其他工匠一样拿土坷垃当手纸。没有人看出他是个识字人，并且还当过“先生”呢。

（4）感同身受：少平回到这个乱七八糟的住处后，看见其他人都在床上躺着。他知道，大家的情绪不好。今天发工资，每个人都没领到几个钱。雷区长话粗，但说得对：黑口口钻得多，钱就多；不钻黑口口，球毛也没一根！

在这样一个时刻，劳动给人带来的充实和不劳动给人带来的空虚，无情地在这孔窑洞里互为映照。

为不刺激同屋的人，少平尽量克制着自己的愉快心情，沉默地，甚至故作卑微地悄悄钻进了自己的蚊帐。

（5）足智多谋：作为班长，孙少平要统帅住所有这些人。他先狡猾地设法把三个群体的领袖人物分别团结住。这三个人物是至关重要的！把他们帅住，就等于帅住了全部协议工。……少平有点着急起来。如果他的协议工都跑回家去收割麦子，几乎就没人下井了，谁都知道，他这个班主要是由协议工组成了。但是，停产对煤矿来说，如同火车到半路停开，是不能允许的大事故，要是某天一个班不出煤，甚至会惊动了局领导。

他开始在寻找解决问题的办法，……一天中班上井之后，他把中部平原三股人马的“领袖”连同他的师兄安锁子，一起拉到了一个本矿区最有名的个体户饭馆里。他掏腰包请这些人喝酒吃饭——其实他是想和这些人一块寻求解决他正煎熬的问题。

几个人喝得面红耳热时，少平就给“哥们”提出他面临的难题。

这几个人酒正喝到好处，一个个都自认是班长的生死朋友，便七嘴八舌开始给他出主意。

（三）《平凡的世界》研读之三：问题驱动篇

1．第一大题：人物形象探究

通读全书，整体把握其思想内容和艺术特点。从最使自己感动的故事、人物、场景、语言等方面入手，反复阅读品味，深入探究，欣赏语言表达的精彩之处，梳理小说的感人场景乃至整体的艺术架构，理清人物关系，感受、欣赏人物形象，探究人物的精神世界，体会小说的主旨，研究小说的艺术价值。

阅读《平凡的世界》，根据下面的描述，请指出所写的人物名字。

（1）就在这时候，在空旷的院坝的北头，走过来一个瘦高个的青年人。他胳膊窝里夹着一只碗，缩着脖子在泥地里蹒跚而行。小伙子脸色黄瘦，而且两颊有点塌陷，显得鼻子像希腊人一样又高又直。脸上看来才刚刚褪掉少年的稚气——显然由于营养不良，还没有焕发出他这种年龄所特有的那种青春光彩。（所写的人物是孙少平）

（2）高鼻梁直直的，也像希腊人一样。脸上分明的线条和两片稍稍向下弯曲的嘴唇，显出青年男子的刚骨气。从眼神中可以看出，这已经是一个有了一些生活阅历的人。尽管他只有二十三岁，但和这样的青年打交道，哪怕你有一大把年纪而且老于世故，也要认真对付的。（所写的人物是孙少平）

（3）这个快满二十三岁的小伙子，小时候就很漂亮，现在虽然个头仍然不算很高，但长得又精干又潇洒。皮肤还像女孩子那样白嫩，一头披散的黑发，一双清澈如水的大花眼，走在街上，常常让陌生的姑娘不由得顾盼。（所写的人物是金波）

（4）一身朴素大方的夏装勾勒出修长健美的身材。发端稍稍烫过，潇洒地从鬓角拢过，耳后的三角区和优美的脖项像用雪白的大理石雕出似的，每当她挎着那个洗得发白的黄书包出现在公共场所，男生中即便是纯粹的书呆子，也不得不抬起头望她几眼。（所写的人物是孙兰香）

（5）瞧，那一身旧衣衫包裹着的身材是多么挺拔而苗条！洁白的脸庞像上了釉的白瓷，闪着珍珠般的光泽；黑油油的剪发优美地弯曲在边，使那俏丽的下巴显得愈加叫人心疼；长长的睫毛护着一双清激动人的眼睛……当她静静地坐在教室里的时候，我们会不由想起不朽的罗丹那尊著名的雕塑《沉思》。（所写的人物是孙兰香）

（6）由于他的经历，使他养成了看书和爱思考问题的习惯。就是在下乡的时候，他也要背一挂包书。他常想，读书多，想的事多，苦恼自然也就多。还不如像他岳父一样，不读书，不看报，心里不搁多少事，退休以后，再养一只猫，种几棵庄稼……他忍不住笑了：他真正要是那样，恐怕又一天也活不下去了。（“他”指的是田福军，“他岳父”是徐国强）

（7）但在农村妇女的眼里，他是个很有情趣的男人。他性格活泼，爱耍爱笑，唱起信天游来嗓音震得岸呱呱响。正月里闹秧歌，鼻子上划块白，身上斜挂驴串铃，手里甩着绳刷子，能把人笑死！（所写的人物是王满银）

（8）他是村里头一个乐天派：爱闹红火，爱出洋相，而且最爱唱信天游。他自己也不知道他会多少信天游，反正唱一两天不会重复。而且这人还有一样怪本事：能编“链子嘴”——一种本地的即兴快板。他见什么能编什么，往往出口成章。（所写的人物是田万有）

（9）这位老中级师范毕业生对工作是很负责的，做什么事情都很认真，包括做一些错误的事情。……他是个有一定文化程度的人，读书和学习使他能较快地甩掉一些过时的包袱。尽管气喘吁吁，但竭力跑着想撵上时代前进的步伐。（所写的人物是冯世宽）

（10）他看来情绪很高涨，似乎专意为接她而打扮了一下，皮凉鞋闪闪发光，笔挺的西裤，雪白的短袖衫，脖项里打一条深红色领带。晓霞看他这一身装束忍不住想笑——他几乎像国际旅行社的导游或高级宾馆的侍应生了！（所写的人物是高朗）

（11）他一天首先关心自己的两顿饭，菜要八个，酒要“名优”。有些干部知道他爱“喝两口”，就投其所好，常设家宴款待。他场场不推，谁请都到，吃喝得天昏地暗，对“美食”之嗜好，大有路易十四之古风！（所写的人物是张有智）

（12）他背驼得厉害，镶着两颗“金牙”。从他高的身材轮廓看，年轻时一定是个很展拓的后生。少平凭直观判断，他的驼背和那两颗假门牙都是煤矿留给他的纪念。（所写的人物是王世才）

（13）白净的脸蛋，弯弯的眉毛，一对清澈活泼的眼睛，很崇拜地听少平头头是道地讲解课文。她看起来很聪敏，但学习实在迟笨，少平说半天，她都理解不了。她只是惊讶地看着他，带着一脸的疑问：你这么能行，为什

么要揽工呢？（所写的人物是曹菊英）

2. 第二大题：探究思辨题目

语文课程是一门学习祖国语言文字运用的综合性、实践性课程。工具性与人文性的统一，是语文课程的基本特点。语文课程应引导学生在真实的语言运用情境中，通过自主的语言实践活动，积累言语经验，把握祖国语言文字的特点和运用规律，加深对祖国语言文字的理解与热爱，培养运用祖国语言文字的能力。同时，发展思辨能力，提升思维品质，培育社会主义核心价值观，培养高尚的审美情趣，积累丰厚的文化底蕴，理解文化多样性。

此题的设计是发展思辨能力，提升思维品质，培育社会主义核心价值观，培养高尚的审美情趣。

佛山市第一中学高二（15）班的学生在开展《平凡的世界》整本书阅读的时候，对书中的些许问题产生困惑，或提出疑问，或阐述看法，甚至表示怀疑，现收集如下，请思考并解答。

（1）问题1：《平凡的世界》第三部卷五第十章写道：

她来自繁华的都市，职业如同鼓号般响亮，身上飘溢着芳香，散发出现代生活优越的气息。

他，千百普通矿工中的一员，生活中极其平凡的角色，几小时前刚从黑咕隆咚的地下钻出来，身上带着洗不净的煤尘和汗臭味。他们看起来是这样的格格不入。

但是，他们拥抱在一起。

看完后，陆凯瑶同学说：“其实，孙少平和田晓霞的爱情一开始就注定是悲剧，因为世俗的爱情是永远无法逾越生活的鸿沟如家境贫富、地位悬殊和职业贵贱的。随着相互的了解以及对现实的思考，即使田晓霞不因公殉职，他们两人中有一人肯定会放手。”你同意这个观点吗？

（2）问题2：《平凡的世界》第二部卷四第五十章写道：

人性、人情和人的善良，一起在他的身上复苏。她并不知道，此刻她眼里含满了泪水。一股无限酸楚的滋味涌上了她的喉头。她说不清楚为谁而难过。为李向前？为她自己？还是为别的什么人？

……

总之，田润叶突然间对李向前产生了一种怜爱的情感。她甚至想到她就是他的妻子，在这样的时候，她要负起一个妻子的责任来！

彭越同学读后，看到润叶因为怜爱才决定担负起妻子的责任，情不自禁地嘀咕：“靠怜爱支撑的爱情是不会长久的！”你是否赞同彭越的说法？谈谈你的感想。

（3）问题3：《平凡的世界》第二部卷四第五十一章写道：

省委肯定了田福军的工作，也不等于就否定了反对田福军的高凤阁同志。以后不多日子，在省委常务副书记吴斌同志的坚持下，高凤阁被调到南面一个地区如愿以偿地任了行署专员。领导这么一个大省，省委书记不可能在一切事上明察秋毫；再说，即使看出类似的问题，有时也不得不做某些妥协——这是政治生活中常有的现象……

看到钻营投机、见风使舵、挑拨离间的高凤阁受到重用，王桐瑶同学义愤填膺地说：“用现在流行的语言来说，高凤阁是被带病提拔，省委领导的这种做法算不算和稀泥或是助纣为虐呢？”如果你是教师，你怎么解答王桐瑶同学的困惑？

（4）问题4：《平凡的世界》第三部卷五第二十七章写道：

丽丽却一下伏在她肩头哭了。

她对润叶说：“我不是不爱他，但他不会原谅我。看来分手是不可避免了……”

“如果不是不得不走这一步，还是不走的好，命运中的大错，往往是在一时的荒唐中造成的……”

“但是，我不能欺骗惠良，也不能欺骗我自己，我爱古风铃。矛盾和痛苦正在这里。你知道，我是一个理想主义者。理想主义者都矛盾和痛苦。但我又不能使自己违心地活一辈子……”

杜丽丽与武惠良的婚姻出现危机，武惠良向田润叶寻求帮助，遗憾的是，润叶也没有说服丽丽不要再跳这种痛苦的“爱情三人舞”。结果润叶带着对生活新的迷茫，走出了这个令人窒息的房间……当局者迷，旁观者清，请你代润叶写一封信给杜丽丽，劝解杜丽丽正确认识爱情并走上生活的正轨。

（5）问题5：《平凡的世界》第二部卷四第四十二章写道：

孙少安开办砖厂，的确赶上了当口——他不愁他的砖没有销路。

但是，要把每一块砖变成人民币，还得要费一番周折喽！如果按当时通行的价格，那倒很省心——起先他就是这样把砖卖掉的。可是有一次，他碰见“夸富”会上和他住同屋的“冒尖户”胡永合，把他这种便当的买卖大大嘲笑了一番。

胡永合告诉他，现在的买卖人没他这号瓷脑！他教导孙少安说：脑筋放活些！你把买方的人请到食堂里吃上一顿，每块砖就能多卖一二厘钱！

孙少安大为惊讶。他先把这位“传教士”请到原西县国营食堂吃了一顿。这顿饭使两个买卖人成了朋友。三杯酒下肚，生意油子胡永合又给他传授了不少窍道。

打这以后，孙少安就“灵醒”多了。按胡永合的教导试了一回，果真灵验——原来一块砖最多卖三分八厘钱，这次卖了三分九厘。一块砖多卖一厘钱，那就是一笔不小的款项，请一两个人吃顿饭能花几个钱！

当然，作为一个本分农民，起先这样做的时候，他心里总有点七上八下，很不踏实。后来他才知道，你不这样做也不行！有些公家人不仅不在乎这种请客送礼，而且还主动暗示或直截了当要你“出血”。这是一种“互惠”生意，既然公家人不怕，一个农民为什么有便宜不占呢？

一个可悲的事实是，许多土头土脑的农民很大程度上是因为公职部门的不正之风和某些干部的枉法行为，才使他们成为“熟练的”生意人。他们提着黑人造革皮包，带着好烟名酒，从乡下来到城里，看起来动作迟笨，一脸忠厚，但精明地不会放过任何一个可以打开的“缺口”。

随着社会的开放，生活已迫使一个封闭的乡下人向外部世界开放。欲望的扩大会不会使孙少安堕落？发挥你的想象，进行合理推断，并把推断的依据和结果在读书会上分享。

（四）《平凡的世界》研读之四：情感抒发篇

能运用祖国语言文字表达自己的审美体验，表达自己的情感、态度和观念，表现和创造自己心中的美好形象；讲究语言文字表达的效果及美感，具有创新意识。联系个人经验，深入理解作品；享受读书的愉悦，从作品中汲取营养，丰富自己的精神世界，逐步形成正确的世界观、人生观和价值观。用自己的语言撰写全书梗概或提要、读书笔记与作品评介，通过口头、书面形式或其他媒介与他人分享。

1. **学生感悟——《走进〈平凡的世界〉的心灵之旅：说说我的读书感想》**

（1）我是这样读平凡的世界的：两种笔与我共读，一支红笔、一支荧光笔。把我认为精彩的地方如幽默、讽刺（表层体现某种现象）之语，描写美景或情感的句子用红笔画起来；一些明显描述人生哲理的句子则用荧光笔画出。两种笔画完后，皆在旁边写上自己的见解想法。

（2）读完后我的感想：这个世界多么平凡啊，一切都逃不开世俗这个无形的圈子，逃不过生老病死，逃不过聚散离合：爱别离，怨长久，求不得，放不下。没有谁做得出惊天动地的壮举，没有谁能不为柴米油盐发愁。有人欢喜时也有人愁，有人富足时也有人只求饱腹。形形色色的人们就如同戏子，在生活舞台扮演着属于自己的角色。可是平凡的世界中又含括着巨大的“不平凡”：带着悲壮可泣的时代特色、矛盾鲜明的社会冲突，挟裹着平凡人的劳动与爱情、痛苦与欢乐。它感人至深，用人性书写了人的价值，体现了人性的冷暖，奋斗精神熠熠生辉。

《平凡的世界》描写的是1975年至1985年间的故事。十年间天翻地覆的巨大改变，历史的车轮飞速碾过。这是一个伟大的时代。作者从那个混乱而又癫狂的“文化大革命”后期写起，那个时代充斥着暴力、迫害和黑暗，连“半脑壳”田二都被拉去接受批斗，强烈地讽刺了那个荒唐时代的可笑与丑恶。看似疯疯傻傻的田二挂在嘴边的“世事要变了”是贯穿小说第一部的关键词。

一个身居高位的人也许心里脆弱无比，一个农民出身的人也能在精神上无比富足。孙少安和孙少平便是典例。孙少安，作为农民家庭的长子，他从小便深知家里的窘困与艰难。尽管他也想和他的同学们一样读书，可为了这个贫穷的家庭，小小年纪便挑起了家庭重担。他并没有被饥饿与贫穷压垮，他精明干练，不在任何困难面前轻易低头，顺应时代大潮，抓紧各种机遇，敢想敢做。

孙少平，他拥有一定学识，有一定思想，生活的艰苦使他成长。他通过读课外书来汲取知识，攫取人生的智慧。他害怕太安定的生活，害怕一成不变。他不断地逃离，他逃离那个村庄，到黄原背石头，去大牙湾挖煤。他热爱这份工作，在那儿他能感到世间最真实的喜怒哀乐，在劳动中体验生命的律动，享受付出所带来的快乐与荣耀感。哪怕挖煤给他的脸留下令人惊骇的痕迹，最爱的田晓霞离开了，他依然坚持着，为他的内心奋斗着。罗曼·罗兰说过："世上只有一种英雄主义，就是发现了生活的真相，却依然热爱它。"无疑，孙少平就是这种人，无论生命的归宿多不如意，孙少平有他的力量去承担，去升华。小说很快完结，生活却将继续：孙少平不会掏一辈子煤炭，他孑然一人，独自奔向未来的生活。

这本书中描写的爱情同样是如此的不平凡。孙少平与田晓霞的爱情故事是这部小说中最易令人为之震撼落泪的。他们让我们知道真正的爱情是超越学识，超越门第，超越贫富，甚至超越生死的。虽然他们的社会身份有着巨大的差异，但在思想上却完美趋同。他们被彼此的气质所吸引，他们的爱情稳固而坚贞，能够经受岁月的磨砺而焕然如新。可是，现实就是如此无情，田晓霞在采访黄原发洪水时因救人而溺水牺牲了。牺牲始末仅有四五行字，可这又改变了多少人的人生轨迹？留下了谁，让谁欢喜，又让谁悲憾？

孙少安面对与自己互相爱恋的润叶时，他不敢吐露真情，只因润叶是堂堂村书记的女儿而他却是贫穷农民的儿子。得到润叶的表白信的时候，他还是无法超越现实的枷锁，他不敢大胆地去爱，最后他首先向命运屈服，娶了秀莲。秀莲温柔贤淑又能辅佐他的事业，可惜最后秀莲罹患癌症，实在让人悲痛。

李向前和田润叶：李向前在健全时，润叶的心留在少安身上，李向前是单相思，二人都被这名存实亡的爱情折磨得生不如死。但在他失去双腿后，二人却奇异复合，相互依恋。此外，金波对不知姓名的藏族女孩的痴恋，田润生与郝红梅的苦恋，这些爱情都让我们思考，给我们感动。

虽然《平凡的世界》语言较为朴实，但恰恰伟大的作品就是用平实的语言去描写亘古不变的人情、人性。《平凡的世界》确确实实是一部伟大的作品。

（3）悲情之美——让善良的人死掉。在我看来，让善良的人 k 田晓霞、秀莲死掉，路遥在第二部中，写晓霞和少平在古塔约定两年后见面的时候，就已经埋下了伏笔。那个时候晓霞给少平朗读苏联的小说《热尼娅·鲁勉采娃》，小说男主和女主约定十年后见面，后来男主如约而至，但女主却因为战争死掉了，这便是结局。根据路遥一贯的写作观念，突破了层层障碍的爱情，最后也只能是悲剧。田晓霞和少平之间存在巨大的差距，两人能否超越世俗的眼光走在一起？从书中看，两位理性、痴迷的年轻人面对爱情决不轻易放弃，然而生活又不仅如此，于是，作者在文中只能让晓霞离去。秀莲也基本是如此。而失去了爱情，更能体现出男主人公精神上的可贵品质。平凡的世界，有情人终成眷属只是极少数，月有阴晴圆缺，人生不可能个个圆满。不完美的结局才成就了该书的震撼力，发人深省，让人念念不忘。

（4）习近平总书记喜欢《平凡的世界》的原因：这本书的主人公们具有奋斗精神，面对着政策、观念、环境等一系列的巨大改变，他们没有随波逐流，而是选择与命运抗争，不屈不挠，坚强奋斗，使自己过上更好的日子。弘扬了民族精神——奋斗，弘扬了社会主义核心价值观——富强、自由。

第二部更是体现了党的要求：要从根本上来改变我们的工作观念和工作作风。乔伯年到省城去视察坐车难的问题，他从人民中来到人民中去，到民间切实体验人民的生活，用实际情况来检验工作的结果。而田福军，在举国疯狂的年代，还能够保持清醒的头脑，坚持实事求是的工作方法，想方设法帮助群众解决实际困难。三中全会后，他担任地区领导，支持包产到户政策，以实现群众的温饱。人民群众大于一切。即使知道女儿去世了，为了人民群众抗洪救灾，他也没有一点时间去伤心；知道自己的妻子收了别人的钱，毫不犹豫地让妻子去自首。他是一个真正的好干部，他的工作作风值得当今社会弘扬。

（5）思维拓展：让润叶和少安在一起。在我看来，润叶和少安在一起，最后依旧不会是什么好结局。如前面第三点所讲，根据路遥一贯的写作观念，突破了层层障碍的爱情，最后也只能是悲剧。且依照少安后来对秀莲小小事情也不肯低头的男性尊严来看，就算结了婚，一个男人能力不及女人，按照书本描述，自尊心极强的孙少安是无法接受的，因此，他们的差距注定不会使他们拥有美好结局。

（6）其他印象深刻的人物：田福堂和田福军两兄弟。在“文化大革命”

前，他们一个是“农村革命家”，一个是有能力却屡遭排挤的将才。田福堂在炸塌山梁、拦阻河道想要成就壮举时，田福军却遭排挤打压而被挂了空职；可“文化大革命”之后，田福军造福农民百姓，而田福堂的大坝崩塌，功成名就的愿望破灭，最后只能在废弃的磨盘中残喘着反刍过去的荣耀。

李向前残疾后令人心酸不已。他自卑、敏感却自强、自尊，他怕人们异样的目光而不愿跟妻子出门逛街，却愿意在街边摆摊钉鞋。他爱他的妻子爱得深沉。命运是怎样的残酷啊，才使得这个没有做错过什么事的男子失去了双腿？他怕人们看低他的妻子，怕自己配不上她。而钉鞋对他而言，不单单是为了挣钱，更多是为自己争一口气。钉鞋可以证明他这个残疾人在这个世上存活的价值。他的思想是伟大的，一个人只有承认自己，才能昂首挺胸地活下去。［佛山市第一中学高二（15）班徐嘉铭］

2. 佛山一中“悦读会”——《平凡的世界》分享会

（1）《平凡的世界》我只读过一次，但它令我记忆深刻。这本书虽然描述的是一个平凡的村落里的平凡人的平凡生活，但是就这平凡的故事，让我记住了很多不平凡的道理。看完后，我只想到了罗曼·罗兰的一句话，“真正的英雄是那些看清了生活真相，却依然热爱生活的人”。

孙少平，一个穷小子，虽然只读过高中，但我认为他的人生价值远高于一个现代高中生。少平很爱看书，即使是在工地里干苦活，晚上也会抽空看书。他的知识也许不多，但是他的文化水平却超越了同龄人，并且让同龄人刮目相看，文中就有：“不论怎样，这个农村来的同学不可小视！顾养民渐渐觉得，孙少平身上有一种说不清楚的吸引力——这在农村来的学生中是很少见的。他后来又慢慢琢磨，才意识到，除过性格以外，最主要的是这人爱看书。”

生活如此艰难，精神如此丰富。令我更钦佩的是少平的勇敢。他在村中当教师被刷下来在家赋闲的时候，产生了“想到外面闯一下”的念头，并且付诸行动。难道他是因为瞧不起农民这个职业才想出去的吗？不！一个读过如此多书的少年，思想境界是绝对不可能局限于在农村里当一辈子农民的。所以我理解也支持少平这个不平凡的想法，就像《肖申克的救赎》里有一句话：“有些鸟儿是关不住的，它的每一根羽毛都闪耀着自由的光辉。”少平就是那只关不住的鸟！（何宝琦）

（2）在我眼里，孙少平与《钢铁是怎样炼成的》里的主人公保尔·柯察金有相似之处。既有理想抱负和满腔热血，同时也有深沉的、坚毅的品格意志。在苦难中不沉沦，不在自卑与怯懦面前俯首称臣，而是去悦纳它，承受它，欣赏它。忍辱负重、拔刀相助、冰释前嫌的种种皆是他高尚品格步入完善的见证。

人们常说“爱到深处是懂得放手”，在面对金秀爱情时的放手，转而回到惠英身边更是一个男人深沉担当与负责任的完美体现。

正值青春期的我们总想着去拥有一段轰轰烈烈的感情，去过一段热血沸腾、无怨无悔的青春。但从《平凡的世界》里所反映出的现实极有可能并非如此。无论是追求物质上的富裕，还是精神上的获得感的满足都是我们追逐幸福的形式与过程，即使结果很可能会与我们内心的愿景大相径庭。但从结果出发，只要我们曾经付出，无怨无悔，那我们终究仍是幸福的。

我们的生活终归是平凡的，但是在平凡的生活中终归是要通过奋斗来创造美好的。这是我读罢此书最大的收获。（彭越）

（3）当我翻开此书时，它纯朴真挚的语言紧紧地吸引我的目光，它与我之前阅读的路遥的另一佳作《人生》有一定的异同。至于有何异同，今天暂且不说。

我今天想谈谈孙玉厚这位朴素的农民。我给他的评价就是六个字：好父亲，好哥哥。其中有那么一句话让我备受感动——“这就是他生命的全部意义。这就是他活着的全部意义。”这么一位农村人，他将全部的心血与希望都寄托于弟弟和儿女上，他明白时代对读书人的要求，因此千辛万苦地送弟弟孙玉亭去读书，可惜弟弟经不起雕琢，成不了大器。在这么一位好爸爸的教育下，这个家庭也是很温情满满的。还不谙世事的妹妹兰香帮助大人们做她所能做的一切活儿，在遇到困难时，大家的齐心、亲情的力量更是让人叹言不已！艰难的环境永远也阻挡不了他们的温情，字里行间更是流露出真挚的情感！（陆凯瑶）

（4）《平凡的世界》确实值得一读。书中展现了当代中国的社会变迁，让我们见证了中国的成长，也见证了老一辈人的成长。平凡世界里，人们随着时代的潮流，沉浮、前进、挫折、爬起，用汗水与奋斗谱写着动人的诗篇。

书中孙家兄弟的奋斗史可谓是让我十分感动。因同学们都已讲述，在此不再多做描述。我今天想谈的是社会发展过程中的社会现象。

《平凡的世界》讲述了中国社会法制发展的点点滴滴。如20世纪七八十年代，法制不完善，泥沙俱下，官场腐败，混乱时有发生。如公车私用、公权滥用、公费乱用的现象层出不穷，面子工程、官僚主义更是家常便饭。书中呈现的“走后门”“亲属当官，全家沾光”的现象，严重破坏了社会的公平正义，这既不利于公民个人的发展，也不利于国家、社会的发展。同时，还有的为官者守旧，没有开拓精神。特别可恶的是，如为官不作为的原西县县委书记张有智，他自认升迁无望，便在位子上过上了养尊处优的生活，不仅经常请名医到自己办公室为自己看病，还经常用公款吃山珍海味，将县上最好的车用作自己的专车，而原西县的大部分百姓仍然生活在贫困中。读到这里，我既感到气愤又感到心寒。“当官不为民做主，不如回家卖红薯”啊。为官不应当是一种夸耀的资本，也不应当是滥用人民合法权益、挥霍人民辛勤付出所得的途径。所谓“欲带皇冠，必承其重”，人民推选出来的领导人，不光承载着人民的信任与希冀，也承载着国家变革、社会进步的希望。因此，我更加欣赏书中田福军这样的领导人。前黄原县地委书记田福军蓄志改革，不仅在城市文明建设上狠抓狠打，在民生方面也是尽心尽责。虽然他碍于情面没有指出张有智工作方面的问题这一点让人觉得确实不妥，但是他的很多方面还是得民心的。其实，不难看出，路遥先生正是借着这么一部作品，反映了那个年代中国社会进程中丑陋的一面，理性地给予批评。因为有对不足的反映与总结，才会有现在中国政治的进步。如今，随着“老虎苍蝇一起打”“把权力关进制度的笼子里”以及监察委的成立，中国的腐败现象已经大为减少，廉洁之风席卷神州大地。（黄桐瑶）

（5）《平凡的世界》，书如其名，没有爱情小说中的浪漫场面，也没有惊心动魄的紧张情节，更没有刀光剑影的打斗场景。有的只是一片黄扑扑的高原和生活在这高原上的那些平凡的人们。

这些黄土地上的人们，住在平凡的窑洞里，过着平凡的生活，日复一日地干着农活。他们的一举一动，无法影响社会分毫；他们的一言一行，不能震动中国片刻。这样一些普通的人们，构成了一个平凡的村落。

而孙少平和他的哥哥孙少安，却是这平凡的小村子里，追求不平凡的人。孙家的这两个兄弟，出生于一个贫寒的家庭，但他们一生下来便带着不甘平凡的基因。他们都曾经是农民，但他们没有局限于只做一个面朝黄土背朝天的农民。他们都不肯轻易地向命运妥协，不断地在追求梦想的道路上前进，最终分别走上了不同的道路。孙少平经过自身的努力，成了一名煤矿工人，而他的哥哥在经历一次次的挫折和失败后，不断打拼，成了一个农民企业家。尽管他们追求人生价值的路上满是荆棘，但他们始终没有放弃，而是在一次次跌倒时奋力地爬起，在平凡的生活中，创造了属于普通人的不平凡。

在故事的最后，孙少安的妻子秀莲身患癌症，吐血不止，而孙少平也永远失去了他的爱人。虽然他们最终都没有圆满的结局，但是我们可以预见的是，他们会继续与命运抗争，永不屈服，直至生命的火苗完全熄灭。与此形成了鲜明对比的则是曾经的强人田福堂和张有智。他们在改革开放的浪潮的冲击下，没有激流勇进，反而逐渐失去了理想和信仰，迷失了自我，蜕变成了尸位素餐者。这样的人的存在更加反衬出了孙家两兄弟的不平凡。

在现在这个年代里，我们已与贫困逐渐分手，逐步走向光明的未来。尽管如此，生活仍然不是一帆风顺，面对新时代的挑战，我们都不能退缩，应当积极地面对困难，勇敢地做新时代的弄潮儿。只有在困难中努力进取，在挫折中砥砺前行，才能为社会的发展做出属于我们的一份贡献。孙少平和孙少安的奋斗历程便是我们最好的教科书，对于当代的广大青年具有非常大的教育意义。

《平凡的世界》是一本每个人都该读一读的好书。它的故事情节和人物刻画得很真实，仿佛带我们回到了那个充满激情的时代。在整个故事中，作者用一种平凡的语调，教会了我们如何看到不平凡，如何成就不平凡的自己，为自己的梦想和追求不懈努力。其中蕴含着的如何生活以及面对苦难的哲学，值得我们每个人去学习。

我想，只要我们有一颗不甘平凡的心，不断地努力，就能在逆境之中，创造出一个不平凡的生活。（李铭睿）

13 情致写作："哈佛凌晨4点半图书馆现象"导写思考

一、 阅读下面的材料， 根据要求写一篇不少于800字的文章

《哈佛凌晨4点半》一文在网上被疯转，该文描述了凌晨4点多的哈佛大学图书馆里：灯火通明，座无虚席，莘莘学子已经坐满图书馆，静静看书、认真做笔记、积极思考问题……后来为了能够更好地激励国人，《哈佛凌晨4点半》成书并一度占据畅销书榜首。

然而，2016年8月底入读哈佛大学商学院MBA的李柘远（Leo），通过亲身经历和调查证明，网上热传的"哈佛凌晨4点半图书馆的景象"，只是一个不存在的想象。凌晨4点半的哈佛大学其实和世界上所有的大学一样，都沉浸在睡梦中。

要求：综合材料内容及含意，选好角度，确定立意，明确文体，自拟标题。不要套作，不得抄袭。

二、 命题意图解读

1. 引导学生关注生活，辨别真伪

《哈佛凌晨4点半》一文（书）之所以被疯狂转载以及占据畅销书榜首，与我们缺少理性的盲从分不开。

先人有言：博学之，审问之，慎思之，明辨之，笃行之。我们必须广博地学习，审慎地询问，慎重地思索，明晰地辨析，踏实地履行，才能真正达

到理想的学问境界和人生境界。

生活千变万化，信息瞬息万变，如何审视这个瞬息万变的社会，需要我们不仅有一双慧眼，还要有理性的思考。正如中央电视台财经频道推出的重点节目《是真的吗》一样，问问自己：是真的吗？看到这《哈佛凌晨4点半》一文（书），有网友撰文告诫：有一碗鸡汤叫“哈佛凌晨4点半的图书馆”，你要小心点喝。

石毓智博士在《为什么中国出不了大师》一书的前言里面就拆穿了这个谎言：“这则报道的动机也许是好的，但是内容是假的，而且极具误导性。我调查了哈佛大学的所有大图书馆，每天最早8点开馆，最晚12点闭馆，怎么可能有凌晨4点学生在图书馆学习的情景？如果有学生去仿效，也早上4点起来，那他这一天就别上课了！高度疲劳的学习，不仅难以有什么成效，而且会危及健康。”

只有理性地思考和行动，才会让我们沿着正确的轨道发展，否则，轻则伤痕累累，重则车毁人亡。正如2016年中国女排获得冠军后，有人和媒体大张旗鼓地宣扬获胜就是源于人的精神迸发和爱国情感的支撑。这时的郎平一番冷静的话语让狂热的大众回归到理性：要谈精神，但是不止精神。战胜巴西的时候，郎平说：“不要因为我们赢了一场，就谈女排精神，也要看到我们努力的过程。女排精神一直在，单靠精神不能赢球，还必须技术过硬。奋斗和实践才能换来尊重与实力。”

2. 引导学生关注自我，认识自我

《哈佛凌晨4点半》最初是作为言之凿凿的浏览量达10万以上的火文在网上被疯转，后来是作为一本书，由安徽人民出版社于2012年1月出版。受国人吹捧的该文描述的是，凌晨4点多的哈佛大学图书馆里，灯火通明，座无虚席，莘莘学子已经坐满图书馆，静静看书、认真做笔记、积极思考问题……无论是书还是文章，想要描述的中心问题就是：此刻打盹，你将做梦；而此刻学习，你将圆梦。

我们不能因为别人的勤奋而乱了自己的阵脚，不能因为别人的思想而左右了自己的情感。学习是需要“焚膏油以继晷，恒兀兀以穷年”（勤奋），需要拼搏，但是，不是每一个人、每一种学习都需要头悬梁锥刺股。学习需要挑灯夜战、伏案攻读的精神，但是不要以伤害身体和生命为代价。

另，我们要在心理上对自己有个完整的认知。不是每个人都要去哈佛大学读书，也不是每个人都需要成为比尔盖茨。这个世界本身就是多样性、多元化的。所以，不管哈佛大学的人是否在凌晨四点半努力学习，你都有必要先干好手里的事情。“举世而誉之而不加劝，举世而非之而不加沮，定乎内外之分，辩乎荣辱之境，斯已矣。”真正做到宋荣子之言足矣。

正如网友所言：不管此刻布里斯班的灯鱼是否划过珊瑚丛，蒙巴萨的小蟹是否在忙着溜出渔夫的掌心，布拉格的电车是否正摇着铃晃过夕阳，该加班的你，还是得加班，该写代码的你还是得继续写代码，该挤食堂的依旧要挤食堂。

3. **引导学生思考**

《哈佛凌晨 4 点半》一文在网上被疯转，该文描述了凌晨 4 点多的哈佛大学图书馆里：灯火通明，座无虚席，莘莘学子已经坐满图书馆，静静看书、认真做笔记、积极思考问题……后来为了能够更好地激励国人，《哈佛凌晨 4 点半》成书并一度占据畅销书榜首。《哈佛凌晨 4 点半》被拆穿后，有人表示——能激励人就行了，管它是不是哈佛校训。那么，我思考：能否将错就错？

三、 写作角度

（1）“哈佛凌晨 4 点半的图书馆”或许是一种向往和鼓励，但是千万别以虚假的方式（内容）作为教育和激励他人的素材。

（2）不能人云亦云，盲目相信，要独立思考，善于透过现象看本质。

（3）人应该具备独立思考的能力和判断力，不盲从别人的观点，敢于挑战权威，追求更正确的答案。

（4）要谈精神，但是不止于精神。（战胜巴西的时候，郎平说：“不要因为我们赢了一场，就谈女排精神，也要看到我们努力的过程。女排精神一直在，单靠精神不能赢球，还必须技术过硬。奋斗和实践才能换来尊重与实力。”）

（5）“哈佛凌晨 4 点半的图书馆”能够风靡大江南北，与国人对国外文化的盲目崇拜不无关系。从朋友圈里全年刷屏的“哈佛大学凌晨 4 点半”系列，到书店里摆满货架的《哈佛家训》《哈佛图书馆箴言》，哈佛这两个漆金的大字俨然已被国内的鸡汤文和成功学著作过度消费。

（6）坚决杜绝类似的“伪文化”和“伪洋文化”。

（7）我们要在心理上对自己有个完整的认知。不是每个人都要去哈佛大学读书，也不是每个人都需要成为比尔盖茨。这个世界本身就是多样性、多元化的。所以，不管哈佛大学的人是否在凌晨四点半努力学习，你都有必要先干好手里的事情。

四、佳作展示

心灵鸡汤需要真实

佛山市第一中学高二（10）班　张致锐

心灵鸡汤给人温暖，心灵鸡汤给人鼓励。《哈佛凌晨4点半》绝对是励志向鸡汤文的巅峰之作了。但这样成功的“鸡汤”却被哈佛商学院的李柘远证实只是一个不存在的想象。这使多少莘莘学子的信仰崩塌了？向往的故事、向往的地方破灭是何等的痛苦？所以，心灵鸡汤需要真实，才不会变凉。

纵观网络世界，类似《哈佛凌晨4点半》的鸡汤文比比皆是。它们充满着积极向上的正能量，让人读后或热血沸腾，或热泪盈眶。其中虽然不乏真人真事，可是为了传达某种品质而被创造出来的文章却更加泛滥。通常来说，读者们辨别不出故事的真伪是因为故事里人性的光辉掩盖了那些逻辑错误甚至常识性错误。沈石溪的《斑羚飞渡》向我们展现了云南斑羚群飞渡峡谷逃避猎人追捕的故事，其中老斑羚们舍己为人的精神感人至深。但却有动物学家指出：斑羚群根本不可能达到文中所描述的数量，斑羚也不可能做出类似举动，这个故事误导了孩子们对斑羚的认识。这是精神的“鸡汤”，却也是知识的“毒药”。在这个追求正能量同时也追求真相的世界，二者并存的“鸡汤”难能可贵。

文学源于生活，却高于生活。文艺工作者们对事件进行一定的艺术加工以达到最佳的宣传效果无可厚非。《乔布斯传》因为事例大多真实可考，再加上一定的艺术渲染，广受读者们的喜爱。乔布斯艰苦奋斗、勇于拼搏、不畏艰苦的品质更是让这碗“鸡汤”多了许多“真料”。而《哈佛凌晨4点半》却像是一碗纯靠鸡精调味的汤，闭眼品尝，香味四溢，知道真相后，却有说不出的滋味。“鸡精汤”虽然能满足社会上对美好品质的追求，却在做作中变得索然无味。只有真材实料的“鸡汤”才经得起社会的文火慢煮，成为“食客”们上等的精神食粮，不会像《哈佛凌晨4点半》一般被人揭穿，名声扫地。

社会需要的是真善美。真实是在善与美之前的。《是真的吗》节目收视率居高不下，是因为它追求真理、打破谣言；傅园慧获得大众的喜爱，是因为她在镜头前展现的是自己的真性情，而不是陈词滥调的官腔。《哈佛凌晨4点半》被李柘远指出添加了勤奋的“鸡精”，倒不如展现一个真实的哈佛，用哈佛学子同样学习时间内成果更丰富的真相，熬出一碗有效率的“鸡汤”，宣传效率的重要性。同样有善和美，更多出了真，怎能不火？

心灵鸡汤包含的是社会上缺失的品质，只有用社会上真实的事例熬好这锅“鸡汤”，才能真正地填满人们内心的空白，世界才会变得更真实可爱。

五、点评

《心灵鸡汤需要真实》一文紧扣关键字眼“《哈佛凌晨4点半》”，就“哈佛凌晨4点半图书馆的景象，只是一个不存在的想象”进行思考和分析得出结论——心灵鸡汤需要真实，才不会变凉。行文写作开门见山，单刀直入，不拖泥带水，无烦冗拖沓之感。

事例的罗列紧扣主题，给人一种一气呵成之感。特别是文章第4段列举的事例更是把写作的主题和作者的情感推向了高潮。

结尾刚劲有力，能够激发人的情感并引发人的思考。

14 情致写作："另类高三激励语"深度阐述示范

一、时事焦点

2013年10月9日，一条另类高三激励语一经媒体报道，就迅速引起热议。

"吾日三省吾身：高否？富否？帅否？否，滚去学习！"这条激励语被悬挂在四川省内江六中高三（14）班的黑板上方。这条激励语刚挂出，在整个高三就引起了轰动，该校一名高三学生表示："我们都觉得这样的标语很有个性，符合我们95后的气质，秒杀'宝剑锋从磨砺出，梅花香自苦寒来'，那种话从小听到大都听腻了。"

"这个标语是我们班集思广益，班内评选而定的。当时搜集了很多标语，但大家都比较认可徐汉龙提的这个，觉得有意思、有个性、轻松。"该班班主任张所成介绍道。

该校政教处主任邓盛刚表示，每个班都有自己的班级文化，此条毕业班冲刺标语虽然是颇具调侃意味的网络用语，但也不能否定其积极性。"在我看来，'高富帅'代表的价值观并不可取，而'滚'字感觉不太文雅，有些粗俗，但既然这是学生自己选出来的，我们对此表示尊重。"

二、深度解读

1. 给学生一个释放情感的空间

"吾日三省吾身：高否？富否？帅否？否，滚去学习！"这条另类激励语能够堂而皇之地登上教室的“大堂”，对教师与学校来说是一种考验。

在这场考验中，教师与学校能够以宽容的态度对待，这是教育的一种进步——挂上的是横幅，改变的是观念，体现的是尊重，表达的是爱心。这种做法无异于为学生的情感释放提供了一个平台，让学生在紧张之余感受到快乐。正如新浪微博网友“梓树繁星”所言：“这个标语的确有激励作用，高三孩子压力大，这样不那么正式化的标语也许会有减压的作用。”

很多时候，我们的教育不是在欢声笑语中传递爱的情感，而是在一本正经的劝告抑或声色俱厉的教训声中表达出关心，而这种“我是为你好”“爱之越深，恨之越切”的教育往往收效甚微。

我们知道，弦总是紧绷着，总归要放松一下，快乐才是动力的源泉。

心理学研究表明：人人都需要情感释放的空间和场所。学生作为一个有思想有情感的人，教育要重视他们情感空间的构建，只有为学生提供了一个释放情感的空间，学生才能够健康、快乐地成长。另外，学生在这种空间中感受到的不仅仅是尊重和爱，还有对人生和社会的一种认知和思考，而这种认知和思考是他们走上社会后的一笔宝贵财富。

现今网络已经侵入每个人的生活，高三学生也难免受网络用语的影响。四川省内江市第六中学政教处邓盛刚说：“在这个信息网络化时代，学生们从网络上获得的信息较多，网络用语相对而言更加贴近他们的生活，用网络用语来做冲刺标语也无可厚非。教育也应跟上时代的步伐，给予学生们相对宽松的学习和成长环境。”所以我们对学生表现出的个性和张扬，不必大惊失色，更不要落入俗套地上纲上线。这也符合英国教育家洛克所说的：“每一个人的心灵都像他们的脸一样各不相同，正是他们无时无刻地表现自己的个性，才显示出难以想象的个性尊严和个性创造力。”①

作为教育者，我们当然知道“高富帅”代表的价值观并不可取，但是如果我们能够理解他们的初衷只是想要一个轻松、高效、活泼的标语而已，那么我们就不会惊慌，就会一笑了之。完全没必要把它上升到一个高度。高度的上升伤害的不仅仅是一颗颗寻求释放的心，还会阻碍年轻学子的个性表达与发展。

---

① 王春晖. 个性化阅读教学探索［D］. 曲阜：曲阜师范大学，2005.

2. **用美好的事物感染熏陶学生**

“吾日三省吾身：高否？富否？帅否？否，滚去学习！”作为学生的自我激励语，无可厚非，但是学校作为一个传道授业的地方，不应被时尚和潮流席卷，这一点还是值得我们注意的。为了给学生营造一个健康、快乐成长的氛围，我们能否选择一些更美好的事物或语言去感染和熏陶学生呢？教育专家于漪说：“在培养学生能力的同时，要时刻不忘以美好的事物、高尚的情操熏陶感染学生，在他们的心灵深处撒下美好的种子。”

人，最可怕的是在忙碌的生活中让灵魂和精神变得空虚和萎缩。正如周国平先生所说：“由于生存斗争的压力和物质利益的诱惑，大家都把眼光和精力投向外部世界，不再关注自己的内心世界。”[①] 学生如果整天只是处于忙碌的学习中，当社会的洪流席卷而来时，他们就无法审视自己的内心。既然学生无法正确地审视自己，作为教育工作者，我们就应该积极引导学生：作为一个读书人，我们的思想和情感不应该随波逐流，我们应该用更美好的方式去展示或表达我们的思想和情感。

既然我们也知道，“‘高富帅’代表的价值观并不可取，而‘滚’字感觉不太文雅，有些粗俗”，我们为什么不给予正面的引导、积极的暗示？作为教师，应该引导学生“关注自己的内心世界”，谋求自我的灵魂充实和精神成长，而不是用几句时尚之语、潮流之风来“鼓舞我心，展示我志气”。无论是学校还是社会，当缺少一种正确的舆论导向或一条正常的发泄渠道的时候，学生和社会公民都会有一种盲目的冲动和随从，而这种冲动和随从因缺少理性的引导，最终导致的往往是悲剧！

另外，作为一项为孩子“打底”的工程的灵魂工程师，教育天然需要教师具有一种博大而高远的精神、一颗充实而圣洁的灵魂、一种虔诚而温馨的情怀和追求完美人生的信念。教育教学中，我们应该力求通过自身的言谈、举止、情感意志和品格去强化学生的道德观念和情操，陶冶他们的心灵，从而达到那种“润物细无声”的效果。因为，只有美的心灵方能激发美的情感。

---

① 周国平. 灵魂只能独行［M］. 北京：人民文学出版社，2009.

3. 不要打着张扬个性的旗帜进行放纵的教育

学生需要压力的释放和个性的解放，但是，解放个性和释放压力不是任性和任意地挥洒豪情。

另类激励语的出现，又一次说明了社会的浮躁之风气正在席卷宁静校园的书生气。

我们一直教育学生以平常的心态对待生活中遇到到的一切，可是，我们不仅没有引导学生回归平静和稳重，反而让盛行的风气“激发”学生走向躁动和轻浮！我们知道，保持一颗平常心，意味着不骄不躁，以出世之心，做入世之事。保持一颗平常心，意味着在现代紧张生活的压力下，仍有心情去感受那份宠辱不惊，看庭前花开花落；去留无意，望天空云卷云舒的自在！

教育是潜移默化的影响、润物无声的滋润、耳濡目染的熏陶，而现在静谧的校园却无法引导学生把浮躁、焦虑的心态趋于平静和安定，这是教育的悲哀！

我们的教育机构或教育者也许会说，我们让90后的学生以“张扬个性”的方式来宣泄或表达更为符合他们的心态和年龄。但我要说的是，我们的很多教育机构和教育者是在打着“张扬学生个性”的旗帜进行着“放任自流”的毒害——把对学生的放纵当成是对学生的宽容！这种张扬个性的方式不仅没有让学生完全释放或完全表达，反而再次催生了他们的浮躁心态和极端性格。

环顾四周，我们发现，青少年心态、道德问题日益突出，青少年极端行为的现象日益增加，这是社会危机、校园教育缺失的一个信号。

作为教育机构或教育者，我们应该知道，造就下一代的知识丰富、心态平和、心灵美好是十分重要的。古今中外的教育史都已表明，向受教育者明确表述对某种目的或价值观的正确取向，是教育工作者的神圣天职。

现在，我们的社会正处于一个转型时期，人心浮躁，情绪极端的大众事件层出不穷，我们是否想过：造成这种极端事件的原因仅仅是贫富悬殊和体制不完善吗？有没有引导不当、教育不良的因素？

1994年，江泽民同志在全国宣传思想工作会议上提出，要以科学的理论武装人，以正确的舆论引导人，以高尚的精神塑造人，以优秀的作品鼓舞人。

4. 另类激励语反映了娱乐至死、娱乐至上的心态正在蔓延

“没有高考，你拼得过富二代吗?”这是浙江永康第二中学激励高三学生的标语。

如果说浙江永康第二中学的激励语折射出现实的残酷与无奈的话，那么内江六中高三（14）班“吾日三省吾身：高否？富否？帅否？否，滚去学习!”的另类激励语就再现了学生心态成人化和娱乐至上、娱乐至死的心态。

其实，生活中娱乐至死、娱乐至上的标语还不少呢！如“不学习的女人只有两个下场：逛不完的菜市场，穿不完的地摊货。不学习的男人只有两个下场：穿不完的阿迪吊丝，捡不完的破瓶烂罐”。

当我们再次看到类似的充斥学生周围的另类高三学生的班级励志标语，我们不能不哀叹：社会娱乐至死的不良风气正在横扫纯净之气、善良之心。

如果说“高帅富”“白富美”“矮矬穷”的字眼还勉强能够说得上文雅的话，那么“屌丝”一词的出现，早已让我们文明之国的形象丧失殆尽！面对时尚流行语——“屌丝”一词，冯小刚放炮了。2013 年 2 月 26 日晚，冯小刚在微博贴出与一外籍友人的对话，探讨“屌丝”一词的含义，并直指其是对境遇不堪者的蔑称，中国人不以为耻反以为荣。此番言论立刻引发诸多网友热议。27 日，冯小刚再更新微博称：“一些人恍然大悟糊涂上了流行的当；一些人执迷不悟坚持认为屌丝这词不寒碜跟镀了金似的，这谁也拦不住。”“屌丝”，这一不雅之词粉墨登场后风靡全国，我们不能不说，娱乐至死的风气正在吞噬我们的灵魂。《娱乐至死》的作者尼尔·波兹曼指出，现实社会的一切公众话语日渐以娱乐的方式出现，并成为一种文化精神。一切文化内容都心甘情愿地成为娱乐的附庸，而且毫无怨言，甚至无声无息，“其结果是我们成了一个娱乐至死的物种”。

种种社会事件表明，优秀文化、优秀人才往往因为思想的动摇而导致精神丧失殆尽，随之而来的是灵魂的丧失。有关人文精神丧失的悲剧充斥媒体，刺痛了我们眼睛，也刺伤了我们的心！

剥开伤疤自然会痛，然而痛定思痛，也许能够唤醒我们日益麻木的灵魂！

从某种程度上来说，是潮流、时尚和娱乐让我们丧失了个性与精神。

在潮流与时髦前表现出盲从和无知就是我们精神堕落的开始，而这种盲从与无知正是我们的“文化无知”所造成的。

教学思考

1　请给学生“读和写”一个明确的指向
——关于指导学生“读写”的再思考

新课标对中学师生的阅读量和阅读能力提出了更高的要求，但是对阅读的方法和技巧却没有明确的提示。因此，在教学实践的过程中，“读什么？怎么读？”“写什么？怎么写？”的问题就一直困扰着我们的语文教师。

很多时候，我们的教师总是对学生说：“语文是要多读、多写的！”可是，面对学生或家长“读什么？怎么读？”“写什么？怎么写？”的提问时，我们似乎总是无法给提问者一个满意答复。怎么办？我觉得，语文教师很有必要思考并解决“读什么？怎么读？”“写什么？怎么写？”的问题。

一、重视并回答“读什么？怎么读？”的提问

在某种程度上，上海的黄玉峰老师、青岛的王泽钊老师、深圳的严凌君老师等人“构建青年学子的精神家园、关注国家的前途和未来命运”的思考和行动给了我们一个很好的启发和鼓舞。

针对学生和家长提出的“读什么？怎么读？”的问题，我是这样作出回答的：开学初期，接手每一届学生，除了把新课标提供的阅读（指导）篇目印发给学生，我还把自己曾经的阅读书目和现在的阅读计划展示给学生参考，并就阅读的方向和阅读的方法做一些指导。

（一）读什么？

（1）阅读古今中外的经典名著（以新课标提供的阅读为主，以自己的阅读兴趣为辅，因篇幅有限，新课标提供的阅读指导篇目略）。

（2）阅读当今畅销的杂志：《读者》《视野》《青年文摘》《中国青年》《思维与智慧》《畅销文摘》《杂文报》《杂文月刊》《散文精选》《微型小说》《世界博览》《科技博览》《今日文摘》《海外风云》《名作赏析》等。

报刊资料：《中国青年报》的“冰点”、《羊城晚报》“花地”、《南方都市报》的“时事评论”、《参考消息》的“每日时评”、《环球时报》的“每日文摘”等。

（3）选优秀电视栏目，看优秀影视作品：中央电视台第一频道的“东方时空”（讲述人物成长的故事，再现人物与众不同的性格）；中央电视台第四频道的“走遍中国”（与凤凰卫视的“纵横中国”有点相似，深入了解中国的民俗风情，拓宽审视世界的眼界）；中央电视台第十频道的“道德观察”（革故鼎新，荡浊扬清；再现社会生活，唤醒世人良知）；中央电视台第十频道的“百家讲坛”（再现历史人物，探究历史真相；升华思想情感，厚实人文底蕴）；南方电视台第一频道的“狂野周末”（生存哲学的真实再现——物竞天择，适者生存）等。

（4）悟读与学习和考试相关的杂志：《全国中学生优秀作文选》《作文成功之路》《作文与考试》《语文报》等。明确知识的脉络，构建知识体系；摸索学习的方法，掌握应试技巧。

当然，高中生的阅读也不应仅仅局限在老师规定的范围内，高中生的阅读可以是丰富多彩的，如：看叱咤风云的人物传记，悟激情励志的哲理短文，品情感真挚的散文，读民俗风情的美文……

（二）怎么读?

著名语言学家吕叔湘指出：“语文的使用是一种技能、一种习惯，只有通过正确的模仿和反复的实践才能养成。”我曾经在所任教的班级开展了“好文荐读”“走近名人（看传记）”“关注优秀期刊”“解读文化经典”等活动，收获颇丰，不仅激起了学生的兴趣，更对学生心灵产生了影响。

阅读文章特别是研读名著名篇，我给学生提供一个读书的“模式”：

（1）追寻作者成长的足迹，激发我们奋斗的热情。

（2）品味语言，丰富思想（摘录精彩的语言，给我们的生活增添一点色彩）。

（3）走近（进）人物的心灵，认识人性的美丑——小说人物形象个性解读。

（4）掌握文本思想，升华思想情感——文本主题认识。

（5）体味文字的内涵，拓展视野的外延——对文本与生活的思考。

下面以《项链》为例进行解说（因为篇幅，只摘录部分内容）。

映照人性的项链

——解读《项链》

（一）知时代　看作者　悟人生

1. 知时代

《项链》写于1884年，当时正是法国由资本主义向帝国主义阶段过渡的时代。大资产阶级依靠疯狂的掠夺和残酷的剥削正走向垄断，而破产沦为平民阶层的人却越来越多。文章主人公玛蒂尔德便是其中的一员，一串至多价值五百法郎的假项链竟给他一家带来了“残酷的贫困、肉体的苦楚、精神的折磨”。从文章的解读，我们可以知道，玛蒂尔德的悲剧并非表面的性格悲剧，而是深层的社会悲剧。个人的悲剧是社会悲哀的体现。由此，我们可以知道，一部优秀的作品，它揭示的主题并非是讽刺个人的愚昧和无知，它抨击的是社会的丑陋和毒害。

2. 看作者

莫泊桑可敬又可惜。

（1）可敬。一生短暂，在近10年的创作生涯中，共出版27部中短篇小说集和6部长篇小说。

“他文思敏捷，成就卓著，不满足于单一的写作，充分享受人生的欢乐。”

社会阶级划分的依据是金钱和权利，莫泊桑对这种划分有不同的理解。以普法战争为背景的小说中已体现出他对上流社会的鄙视和厌恶；对于与自己处境相仿的小资产阶级，莫泊桑同样提出了严厉的批评，但这种批评往往针对的是普遍人性。

（2）可惜。莫泊桑风流一辈子，梅毒是他文学中的黑色酵母、他个人生活的废墟，并最终让他走向崩溃。

（二）说人物　品语言　明道理

1. 玛蒂尔德：可爱又可怜的女人

（1）可爱：样貌、长相。

“她也是一个美丽动人的姑娘。”面庞姣好，颇有风韵。

妇女的“出身”：美丽、丰韵、娇媚；

妇女“唯一的资格”：天生的聪明、优美的资质、温柔的性情。

有气概，“一下子显出了英雄气概，毅然决然打定了主意。她要偿还这笔可怕的债务”。

（2）可怜：受思想的煎熬。

她梦想、她希望自己“具有诱惑力而被人追求”。

原先高贵美丽的她变成粗俗妇人。

单纯，幼稚。“于是她带着天真的得意的神情笑了。”

玛蒂尔德：善良、诚实、质朴、坚韧、忍耐，虚荣但不虚伪，无奈而不无望。

2. 教师（读者）感悟

浮华的社会，项链、领带、戒指……经过玛蒂尔德的悲剧的演绎，这一切，似乎都变成了镣铐或是套在人脖子的绳索！是啊，华丽的装扮、奢侈的享受可以满足我们一时的快乐，却永远无法填补我们精神的空虚……其实，很多时候，让我们痛苦的是攀比的心态和欲望的沟壑，细心审视一下，我们会发现，我们缺少的不是物质，而是那份自娱自乐或是知足常乐的心！玛蒂尔德痛苦的根源正在于此——追求奢华生活。

（三）明技巧　悟写法　试创作

莫泊桑的短篇小说布局结构精巧，典型细节的选用、叙事抒情的手法以及行云流水般的自然文笔，都给后世作家提供了参考。

莫泊桑的《项链》“意外”的记叙。在结尾处情节的陡转是一种极精巧的方式。结尾记叙道：“福莱斯蒂埃太太非常激动，抓住了她的两只手。‘哎呀！我可怜的玛蒂尔德！我那串可是假的呀。顶多也就值五百法郎！……’”小说就此戛然而止，不仅主人公玛蒂尔德，就是读者读到这里也会大大感到意外，这就达到了更尖锐、更深刻的讽刺效果，使读者如嚼橄榄，回味无穷。

说句心里话，读书的方式是多种多样的，我给学生的只是一个提示，在培养阅读兴趣的初期，给学生以方向的指引，就是给学生提供了一种方法和一个学习的模板，这无形之中给初学者指明了一个方向，当然，我们说文本的解读可以是仁者见仁，智者见智。教学实践证明，这个方法的提供和方向的指引，为我的教学争取了时间，也为学生的学习指明了方向。

“读什么？怎么读？”，这个看似简单的问题，其实一直就在考验着我们的语文教师。因为这不仅仅是一个作业布置的问题，而是关系到语文教师的文化素养、教育思想和教育理念的问题。正是对这些问题的提出和思考，可以看出一个教师的语文素养和语文功底。如果一个教师没有开阔的视野、深厚的文化底蕴、与时俱进的思想，是无法给学生的阅读一个明确指向的。

二、思考并解决“写什么？怎么写？”的问题

我们必须承认一个事实：寄宿制、家庭式的管理，在某种程度上来说，局限了学生的视野和思维。学生远离生活、远离历史，仅靠课本中的注释与仅有的一两本同步练习辅导书对课文进行解读，是无法做到的，也难以进行思考！

据语文教师的调查可知，学生越来越远离书籍，打开学生的书包，塞在里面的都是教科书和各类参考书。当然，偶尔也有课外书，但大都是卡通类和武打类的书。现实告诉我们，绝大部分的学生甚至不能在一节课认认真真地静下心来读一篇并不是很长的文章，他们交上来的作文里所表现出来的情感荒芜和语言障碍暴露了他们的问题。面对这个现状，如何去培养学生的阅读和写作能力就不容忽视了。

写什么？怎么写？这需要学生在生活中捕捉信息，也需要老师在教学中寻找“阅读”与“写作”的交点。为了解决“写什么？怎么写？”的问题，在教学实践的过程中，我采用了“三位一体”的方式即“个人情感抒发”“生活感悟写实”和“书本思考与拓展”来进行训练。我主张立足课本，放眼社会，在阅读中积累，在写作中升华。

面对每一届新生，我都会用语言和技巧鼓励学生用文字大胆地表达自己的情感。

（一）个人情感抒发——人生成长的积淀

（1）师生互动。以“我向往的语文课堂”和“我心目中的语文教师”为话题写一篇文章，字数不限。

（2）向你推荐。向老师和同学推荐一篇你最喜欢的一篇文章、最喜欢的一本期刊、最喜欢的一份报纸和最喜欢的一本（部）名著，字数不限。

（3）我喜欢，我说。拿到语文课本后，请以“我最喜欢的一篇课文”为话题写一篇文章，字数不限。

（4）敞开心扉。向老师写一封信介绍自己兴趣、爱好或家庭情况的书信，字数不限。

（5）与我同行。给我的亲朋好友塑像，字数不限。

（二）生活感悟——走向成熟的标志

（1）真情流露，个人感想（书写自己的情感，抒发自己的感慨）。

（2）社会评论，时事再现（阐述自己的见解，用自己的眼光审视社会）。

（3）读书文摘，掩卷深思（写下读书的感受，提升自己的思想；看别人的故事，想自己的人生）。

（4）课堂作文，应试训练（展示个人风采，掌握应试的技巧）。

（5）每周收集一段自己喜欢（用自己的话概括）的材料并写一段100字以内的点评（训练思维，培养能力）。

（三）书本拓展与思考——人生思考的开始

1. 针对课文人物形象及主题思想探讨进行拓展和评述

现行教材所选的课文，有足智多谋的烛之武、能言善辩的邹忌、卧薪尝胆的勾践、四面楚歌的项羽、辞官归隐的陶渊明、多才多艺的王羲之……针对这些人物所表现出的个性及人们对他们褒贬不一的评述，我鼓励学生向他人讲述有关的历史故事，用语言阐述自己对历史人物的看法或以文字表达自己的情感。

如学完《鸿门宴》后，通过拓展，我给学生以下话题进行讨论“话说项羽（刘邦）”“我话项羽（刘邦）”“我心目中的项羽（刘邦）”。学完《归去来兮辞》，因价值取向不同，有的学生会对陶渊明弃官归隐（惊世骇俗）的行为产生争议：这是志节高尚？还是落魄而逃？

下面以粤教版《语文·必修5》为例，根据课文的内容和教学的时效性，我从三个方面设计了写作的话题，提供给学生进行写作训练：

（1）拓展性的话题：以第一单元的“走进经济”为基础，结合文本的内容，我设计了“财富”“规则”“信用”等话题；

（2）本册书所写（选）的人物有邓小平、杨利伟、袁隆平、李政道、甘地、莎士比亚、司马迁等古今中外的人物，当然还有文学人物形象，在此基础上，我设计了“走近名（伟）人”“与________（人物）对话”“偶像”“英雄”等话题。

（3）根据文本内容和思想情感的描述，选用了有哲理的话语设计话题。如：

①小平同志说，改革开放胆子要大一些，敢于试验，不能像小脚女人一样。看准了的，就大胆地试，大胆地闯。深圳的重要经验就是敢闯。没有一点闯的精神，没有一点“冒”的精神，没有一股气呀、劲呀，就走不出一条好路，走不出一条新路，就干不出新的事业。不冒风险，办什么事情都有百分之百的把握，万无一失，谁敢说这样的话？一开始就自以为是，认为百分之百正确，没那回事，我就从来没有那么认为。（选自课文《东方风来满眼春》）

自定文体，自拟题目，自选角度，请以“冒”或“闯”为话题写一篇不少于800字的文章。

②阅读下面的文字，根据要求写一篇不少于800字的文章。

古人之观于天地、山川、草木、虫鱼、鸟兽，往往有得，以其求思之深，而无不在也。夫夷以近，则游者众；险以远，则至者少。而世之奇伟、瑰怪、非常之观，常在于险远，而人之所罕至焉，故非有志者不能至也。有志矣，不随以止也，然力不足者，亦不能至也。有志与力，而又不随以怠，至于幽暗昏惑而无物以相之，亦不能至也。然力足以至焉而不至，於人为可讥，而在己为有悔；尽吾志也而不能至者，可以无悔矣，其孰能讥之乎？此予之所得也。（选自课文王安石的《游褒禅山记》）

要求全面理解材料，可以选择一个侧面、一个角度构思作文。自主确定立意，确定主题，确定标题；不要脱离材料的含意作文，不要套作，不得抄袭。

2. 针对社会热点、焦点问题，提出话题并进行思考和探讨

话题的提出必须与学生的实际年龄、人生阅历、知识水平、学习兴趣和学习愿望相一致，如“话说明星”“我看‘追星’一族”“我说‘非主流现象’”“网上阅读之我见”、韩日争端、俄美冲突、汶川大地震——人性的光辉在灾难中闪现、张磊捐款风波、从韩美黄海军演看国际形势等。让学生通过对话题的讨论、争辩、思考、升华，达到“择其善者而从之”的目的。真正认识到关注社会、关注生活就是关注自己个性健康发展的重要性。

“听、说、读、写”能力培养是我们教育培养的最初目标也是终极目标，可是，在培养能力的过程中，我们是否寻求到了最佳的途径？这值得每位语文教育工作者思考和探讨。

“要想给学生一杯水，自己首先要有一桶水。”可是，我们是否储备了一桶水？值得每个老师思考！作为一个语文教师应该要有计划、有步骤地对学生的阅读内容或篇目进行建设性的指导和推荐。

遗憾的是，因为职业习惯的麻木和生活的烦琐，我们的一些教师有“问”和“说”的思考而无“做”和“读”的行动。

有人说，教育的至高境界，不是纯然去传授一种知识，而是通过知识，给学生熏染一种人生情怀、一种面对世界的人生气度。扪心自问，我们做到了吗？

（本文发表于2013年5月《语文月刊》，有删改）

2　课外阅读指导，别忘了给学生指明方向

——基于高中生课外阅读系列化指导的再思考

每一次高考作文阅卷后，我们的教师和媒体都大声惊呼：①学生的作文落入俗套，作文的内容苍白无力；②学生写作低龄化、幼稚化。其实，认真反思一下我们的教学，我们不得不承认——我们的教学确实存在一定的问题：教学目的功利化、培养模式单一化。你想想看：一个整天沉溺于题海、按单一模式学习、仅局限于课本的人，你叫他如何写得出好文章？当然，很多教师在教学的过程中也曾经鼓励学生多读书，可是，面对学生读什么样的书的问题，我们的很多教师往往就缺少一个系统的规划和指导。其实，作为教师，在学生课外阅读的时候，我们不是要给学生课外阅读推荐多少读书书目，而是要给学生课外阅读指明方向。我们到底应该引导学生课外阅读读什么样的书？仁者见仁，智者见智。基于此，笔者就学生课外阅读读什么样的书进行了思考并罗列了几类书籍，仅供参考。

1. **精读国粹经典，做有根的人**

文化的传承，需要后人的参与，只要是读书人，我们在求学的路上，一定会遇到他们——孔子、孟子、莎士比亚、雨果等人物。告诉学生，与其让别人在我们耳边不停灌输，还不如我们自己拿起书本去慢慢地品味文字的味道，领略人物的精髓。

众所周知，新课标所选的经典著作很大程度上偏重文学性。基于学生阅读的兴趣、年龄特征和可持续发展的思考，可向中学生推荐“国粹经典阅读”的书目，我比较倾向于故事性和哲理性并存的书籍，目的是培养学生的阅读兴趣。

阅读指导中，在新课标推荐书目的基础，我采用逐层分级、循序渐进的

方式，先后向学生推荐了《东周列国志》《战国策》《世说新语》《围炉夜话》《菜根谭》《小窗幽记》《孙子兵法》《古文观止》《四书五经》等书的部分章节及二十五史的前四史等中华国粹经典。

2. 悟读名家作品，做一个有思想的人

曾经有人问我，中学生一定要读余秋雨的文章吗？我很肯定地告诉对方——中学生有必要读余秋雨的文章。作为一个成年人，你可能会说余秋雨的文字矫情、做作，甚至说他的文字落入俗套，无非就是到一个地方看到一处景观做一番模式化的评论——个人感想、民族思考、国家展望等等。但是，我想说的是，作为一个初入书门的学习者，学生还是需要一个读书、写作的模本的，而余秋雨的文章恰恰就给初学者提供了一个学习的模本和思考的方式。如果一个初学者没有一种可行的方式去模仿，他是很难一下子就掌握和成功的，他只有经过模仿才能够发展和创新。著名语言学家吕叔湘指出："语文的使用是一种技能、一种习惯，只有通过正确的模仿和反复的实践才能养成。"更何况，从语言的角度去审视余秋雨的文章，还是具有美感和思考深度的。

看看我们学生的现状——思想干涸、知识贫乏、情感淡薄，甚至冷漠，我觉得有必要引导学生关注余秋雨、余光中、梁衡、刘亮程、李汉荣、毕淑敏、迟子建、铁凝、龙应台、席慕蓉、尤今等人的作品，关注房龙、纪伯伦、泰戈尔等人的思想文字，读读《陈寅恪和傅斯年》（连岳）、《乡关何处》（野夫）等悲情书籍……他们的文字或许能够给我们以思想的洗礼和情感的滋润。

3. 通读人物传记，做一个研究人性的探索者

在我们的视野里，名人、伟人是我们最感兴趣的对象之一。他们之所以成为名人，是因为他们有非常独特的思维、超越常人的工作精神和在各种逆境中寻找突破的才智。我们崇拜他们，是因为我们的身体里需要注入他们那些坚韧、独立的人格品性，以此弥补我们的缺陷。美国著名传记作家基廷·海默说："世界巨人的影响，不只停留在一两个时代里，而是会穿越时空渗透到人们的灵魂中去。"英国牛津大学乔治·宾教授也说："每个巨人都是不可重复的，因为他们的智慧总是独一无二的。接近巨人，只有通过智慧的阶梯！如果一个人不进入巨人的生活中去，将是人生最大的遗憾之一。"站在名（巨）人的肩膀上，你会获得更大的成功，因为你的心中已经注入一道道智慧的光束。就人物传记的推荐阅读，我比较倾向于向学生推荐三种人物传记：

政治人物传记：我们可以从古今中外的政治家开始，如秦始皇、汉武帝、成吉思汗、拿破仑、丘吉尔、巴顿、毛泽东、周恩来等。

文学艺术大师传记：我们可以选择一些或思想空灵或志向远大的人物，如苏轼、鲁迅、朱自清、沈从文、梁思成、海明威、狄更斯、梵高等。

经济人物传记：我们可以引导学生关注乔布斯、比尔盖茨、郎咸平和林毅夫等。

4. **泛读畅销的报刊，做一个追赶时代的人**

为了解最前沿的时事动态，为更细致地观看世态百相，我们应该鼓励学生看期刊杂志。走马观花、一目十行地浏览，学生虽然不能够练就博闻强志、过目不忘的本领，但也能收到“笼天地于形内，挫万物于笔端”的功效。茶余饭后，“两耳不闻窗外事，一心只读圣贤书”，这也是一种生活的乐趣。

我们应该鼓励学生时常浏览报纸的经典栏目，如《中国青年报》的“冰点”、《羊城晚报》“花地”、《南方都市报》的“时事评论”、《参考消息》的“每日时评”、《环球时报》的“每日文摘”等；坚持细读与时代生活密切相关的期刊，如《读者》《青年文摘》《青年博览》《中国青年》《看天下》等杂志；习惯性地“闲读”文化（文学）期刊，如《名作欣赏》《北京文学》《散文》等杂志。

5. **粗读畅销书籍，做一个热点话题的参与者**

读文化经典的目的是为了厚实文化底蕴，提升人文素养；看流行小说，也不仅是为了消遣，而是为了拥有一个与他人的共同话题、具有一种与人保持交流的“资本”。就这个“资本”提升，我们可以读读易中天的《品三国》、看看于丹读《论语》、听听王立群读《史记》、悟悟刘震云的《一句顶一万句》、欣赏莫言的《蛙》、静读陈忠实的《白鹿原》、闲读当年明月的《明朝那些事儿》和曹昇的《流血的仕途》。

当然，告诉学生，读他们的书，我们要带着一种审视的眼光去阅读，我们不能够完全受他们的解读而影响自己的思考。我们读的目的不是为了信服或崇拜某种学说，我们读书的目的是参与讨论，积极思考，提升自我。我们积极地关注时代文化的发展动态，是为了更好地选择适合自己的书籍来充实自我，而不是丢失自我。

作为一个读书人，我们知道一个常识——在这个知识爆炸的年代，面对浩如烟海的书籍，皓首穷经，我们也不可能一一读完，面对呈几何级增长的信息，我们不可能一一浏览。方向、选择，这时就显得无比重要。而作为一个学生思想的指引者，我们不是要给学生指定多少书目，而是要告诉学生根据自己的兴趣选择读什么类型的书才是最重要的。

（本文发表于2012年5月《语文月刊》，有删改）

3　激发阅读兴趣，请从“收集个人喜欢的文章”开始

——细说“3年寻找100篇美文”语文实践活动开展的意义

学生喜欢旅美作家刘墉的文字，是因为他朴实的文字揭示出了生活的哲理；学生喜欢余秋雨的散文，是因为他深入的思考唤醒了人们对生活和社会的关注；学生喜欢毕淑敏，是因为她优美的文字激发了人对生命和生活的思考……面对学生的喜欢，老师应该在“学生喜欢”的基础上做文章。

《普通高中语文课程标准（2017年版）》指出：帮助学生认识自己语文学习的已有基础、发展需求和方向，激发学习兴趣和潜能，在跨文化、跨媒介的语文实践中开阔视野，在更宽广的选择空间发展各自的语文特长和个性。①

教师要善于激发学生的学习兴趣，创造性地开展多种形式的教学活动，努力形成教学个性。

一、激发阅读兴趣，重视方法指引（培养阅读习惯，重在兴趣激发和方法指引）

原本求知欲最为旺盛的中学生阅读群体读书的现状却很不理想。从教育内部而言，对分数顶礼膜拜的势头从未降温，强化“育分”，淡化“育人”，把谋取分数的操练手段用来占领学生大量的时间，语文学科在有些学校几乎已边缘化，还谈什么课外阅读？教育外部的快餐文化、低俗文化、垃圾文化

---

① 教育部. 普通高中语文课程标准（2017年版）［M］. 北京：人民教育出版社，2017：3.

五光十色，眩人耳目，近年来网络文化的飞速发展，对青少年学生更是有巨大的诱惑力，又怎能使其静下心来读书，尤其是读名著、读经典？

提倡读优秀读物，文学的、科普的，推广阅读优秀读物，尤其是农村中学生的阅读，面对这样的环境，难度是大的。但是再难也要做，也要奋然前行，为了学生心灵的健康成长，为了引导和教育他们成为素质良好的现代中国人。①

提倡并鼓励学生阅读，我们的教师似乎也做了大量的工作，君不见，翻开报刊，打开微信，动不动就有名师、特级教师、学者、专家推荐的阅读书目。看到那一大串的书目，我一直在想：老师读了多少？学生能够读多少？推荐了很多的书目，列出了很多的阅读方法，可是为什么学生还是如歌词所言“一路上的好风景没有仔细琢磨，回到家了还照样推碾子拉磨”？

原因何在？细细思考，甚为担忧：不顾及学生的心理特质，不考虑学生的兴趣，不结合教学的实践，不关注时代的特点。

很多教师，一开始的时候就以先入为主的方式向学生推荐高大上的书籍——推荐经典，推荐名人、专家、学者、名师，甚至是考上清华北大的学霸的阅读书目。现实如何？据笔者多年的观察和了解，学生在老师的推荐下开始是有一种激动，可是，面对数理化的海量试题（训练）和玲珑满目的书籍，学生接着就是望“书”兴叹，随之而来就是一动不动了，仅有的热情都被训练消磨了。

针对这种情况，我就学生的阅读分步骤推进：首先是根据学生的心理特质和学习心态以及求知欲的热情状况，我也推荐高大上的书目，但是不做硬性的规定，只做引导性、选择性推荐；其次是针对学生的个性、阅读兴趣、生活阅历和教学需要，建议学生按照个人的喜好和应试的需要收集整理篇幅短小的文章（200～10 000 字），要求高中 3 年按照“推荐语＋美文＋点评”的方式收集 100 篇文章。学生一算账，3 年 6 个学期，每学期相当于收集约 17 篇文章——这个数字不大，在心理上就占据了优势，学生容易接受。在学生接受的基础上，我建议学生按照以下两个原则进行收集：一是高一偏重文学类，高二偏重史学类，高三偏重哲学类；二是选取的文章尽量能够给

---

① 于漪. 语文的尊严［M］. 太原：山西教育出版社，2014：271.

“我”（读者）以情的感染、智的启发、美的享受。

激发学生的阅读兴趣，不仅需要热情，还需要方法。从学生喜欢的阅读方式和阅读内容开始，我采用“阅读收集——整理点评——分享展示”的方式开展阅读指导的工作。

（1）阅读收集：①利用空闲时间浏览短、平、快的杂志如《读者》《青年文摘》《看天下》《凤凰周刊》《微型小说》《小小说选刊》《中国青年报》《南方都市报》等上的文章，如果发现自己喜欢的文章可以把它收集起来；②利用假期阅读经典作品，从中节选（摘录）自己喜欢的文字进行品评。

（2）整理点评：在阅读收集的基础上，可以根据个人的喜好以主题分类（按体裁或是题材）的方式进行整理，并在整理的基础上写写自己的感想（整理过程中的故事、推荐的理由）或是做一个说明或是就文章进行点评。

（3）分享展示：把收集、整理的文章编辑成册，并且给“选文”拟一个颇具文化或情感的标题。然后与同学进行探讨和分享，在探讨和分享中获得快乐、得到启发。

以上的活动开展之前，需要老师的参与、指导或示范。活动开展要注重榜样的塑造，把学生经过认真阅读、精心整理的美文（集锦稿）编辑成册或是专栏张贴或是以主题整理的方式放到微信朋友圈、QQ 群或博客上供全体学生阅读和评论，在表扬先进的同时也鼓励和促进后进，引导学生去实践、开创，体验动手、动脑的快乐，品味阅读，感受成功。

我的学生邵勺华同学毕业后的留言：

老师，我现在念工科，已经不用学语文了，但一大堆数学物理课让我好怀念语文课，那个能够提升我人文素养的课。现在虽然很忙，但是我还是坚持看报纸、看课外书，写日记的习惯和收集美文的做法也保留了……

学生在大量收集和整理文章的过程中，不仅拓宽了知识面，还在熏陶、感染的过程之中丰富了情感，观察了社会，品味了人生。

二、感悟文字之美，促进思维品质发展（激发阅读兴趣，重在感悟的基础上促进思维品质的发展）

阅读是学生个性化的行为，学生阅读的过程是富有创造性的过程。学生阅读一篇篇美文佳作时应该伴随着主动积极的思维和情感活动。学生在主动积极的思维和情感活动中，加深对作品的理解和体验，有所感悟和思考，受到情感熏陶，获得思想启迪，享受审美乐趣。不是被动接受者，而是自主阅读，自己思考、体验。这种体验、思考促进了思维品质的提升，同时也内化为精神的养分。[①]

广东南方电视台第1频道有一个栏目叫“真实故事”，这个栏目有一句宣传语值得品味：“看别人的故事，想自己的人生。”

“3年寻找100篇美文”的活动就是为学生认识自我、了解社会、审视世界提供了一个实践的机会，开启了一扇认知自我、了解世界的窗户。一次阅读的体验就是一次积累与运用、学习与思考的升华。每一次阅读就是一次感悟，每一次感悟就是一次灵魂的洗礼。阅读美的文章、诵读好的诗歌，所有的文字和想象都会触动学生的情思，阅读后，学生的激情促使自己情不自禁地与作者、主人公一起品读人生的故事。

冯骥才在《大度读人》中写道：“读别人，其实也是在读自己，读真、读善、读美的同时，也读道貌岸然背后的伪善，也读美丽背后的丑恶，也读微笑背后的狡诈……读人，最重要的是读懂怎样的人。读人，是为了要做一个真正的人。”

好的文字既可以浸润我们的情感，又能够丰富我们的思想。一篇好的文章，它可以抚慰我们受伤的心灵，也能够激发我们奋斗的激情。

感悟史铁生《我与地坛》所悟透的人生真谛，读者在领悟中迸发与命运抗争的斗志；悟读梁衡的《大有大无的周恩来》[②]《把栏杆拍遍》[③]，我们就能够感受伟人的人格之美和英雄的情感之真；朗诵《我的南方和北方》[④]《胡杨礼赞》[⑤]，我们能够感受祖国大江南北的美丽与壮阔，能够悟透万物生长的精神与魂魄；低声吟唱《乡愁》就是对亲情的一种思念、一种倾诉、一种感悟……

---

① 于漪. 语文的尊严［M］. 太原：山西教育出版社，2014：362.

②③ 梁衡的散文作品，作者系著名学者、新闻理论家、作家。

④ 赵凌云的诗歌作品。

⑤ 石星光的诗歌作品。

感悟是以丰富的语言积累为前提的。在人的生命历程中，感悟是生命形态趋于成熟的的重要标志。感悟主要分两类，一是对语言的感悟，二是对人生的感悟。

感受和体验文学作品的语言、形象和情感之美，是提高审美素养的重要途径，要让学生在语言文字运用的学习中受到美的熏陶，培养自觉的审美意识和高尚的审美情趣，培养审美感知和创造表现的能力。

三、揣摩优秀的文章，掌握写作的技巧（激发阅读兴趣，重在发展学生的能力）

刘勰在《文心雕龙·知音篇》里提出了“操千曲而后晓声，观千剑而后识器”一说，这是他自己实践经验的总结。这句话对于我们提高文学修养、提升各种能力有很大指导意义。

郭沫若在《赠北京中国画院》七律诗中写道：“胸藏万汇凭吞吐，笔有千钧任翕张。”

他山之石，可以攻玉。

“3 年寻找 100 篇美文”，其实就是为学生从模仿到创新，从丰富到内涵等方面提供了一个训练的蓝本。

“古人作文作诗，多是模仿前人而作之，盖学之既久，自然纯熟。”① 初唐四杰之一的王勃仿前人的“落花与芝盖齐飞，杨柳共春旗一色”，写出了“落霞与孤鹜齐飞，秋水共长天一色”的佳句。

著名语言学家吕书湘指出：“语文的使用是一种技能、一种习惯，只有通过正确的模仿和反复的实践才能养成。”②

我曾经也硬性要求学生关注与考试相关的杂志，如《全国中学生优秀作文选》《作文成功之路》《作文与考试》《语文报》等，目的有二：一是模仿借鉴写作的方式和应试技巧；二是丰富知识，提升内涵。

大家知道，模仿是创新的基础。揣摩例文、模仿写作的过程就是思考、

---

① 黎靖德. 朱子语类（全八册）［M］. 王星贤，点校. 北京：中华书局，1981：139.

② 吕叔湘. 吕叔湘论语文教学［M］. 济南：山东教育出版社，1987：5.

感悟的过程，而这种思考、感悟应该包括对文章主题思想的认识、布局谋篇的考虑、遣词造句的推敲、写作技巧的运用和构思立意的创新，如原上海市淞江二中学生、现在被称为热血文艺青年和公众知识分子的韩寒熟读钱钟书《围城》之后创作发表的作品《三重门》，细心的读者发现，《三重门》在语言风格、构思立意、布局谋篇等方面与《围城》颇有相似之处。当然，这并不能完全说明 读一本好书的作用，但我们不能不承认名著《围城》已为读者和初学作者（包括韩寒）提供了一个学习和写作的模式。

从韩寒的习作之路中，我们可以得到一个很好的启示，那就是：要写好文章固然少不了一定的天赋，但更重要的还是应有一种行之有效的正确的习作方法。

语文课程作为一门实践性课程，应着力在语文实践中培养学生的语言文字运用能力。《普通高中语文课程标准（2017 年版）》[①] 指出：要进一步改革语文课程的目标和内容，既要关注知识技能的外显功能，更要重视课程的隐形价值，还要关注语文课程在社会信息化过程中新的内涵变化。通过改革，让学生多经历、体验各类启示性、陶冶性的语文学习活动，逐渐实现多方面要素的综合和内化，养成现代社会所需要的思维品质、精神面貌和行为方式。

“3 年寻找 100 篇美文”的活动遵循教育教学规律和学生身心发展规律，贴近学生的思想、学习、生活实际，能够促进学生主动地、生动活泼地发展。

在资讯发达的社会，“3 年寻找 100 篇美文”的语文活动既可以激发学生的阅读兴趣，又可以拓展学生的思维，还能够培养学生的学科核心素养，何乐而不为？

---

① 教育部. 普通高中语文课程标准（2017 年版）［M］. 北京：人民教育出版社，2017：2.

4 以《荷塘月色》为例来谈有关“文本细读”的问题

我们知道，玩古董、玉器的人，对手中之物——“把玩件”往往是拿着赏玩——把玩良久，不忍释手。

“把玩件”，又称“手玩件”“手把件”，是古玩术语，指能握在手里“触摸”和“欣赏”的玉器雕件或核雕等。把玩玉器是赏玉人爱玉、崇玉的一种表现，体现出他们对玉爱不释手与恋恋不舍的情怀。

“把玩”一词对文本细读有借鉴和启发作用。文本细读既需要教师有“把玩”的心态，也需要学生掌握“把玩”的方法。

教师有“把玩”的心态才有钻研的精神和植入骨髓的决心，学生掌握“把玩”的方法才能够感受到人物心态和性情、文本纯美与韵味。

朱自清的《荷塘月色》是经典名篇，可是，我们必须要承认一个现实，在今天这个快餐文化盛行的时代，很多不谙世事的学生，除了能够感受文字之纯美外，其他的如情感之缥缈、思绪之纷杂等问题，他们是无法感受和体悟出来的。如果我们只是按部就班地对文字进行解说，而不结合学生思想、人生阅历的实际情况去主动提供一些文字补充，学生是无法达到理解、喜欢、感悟这三个层面的。

鉴于上述思考，就文本细读，我以《荷塘月色》为例从三个方面：品人、品物、品语言，来阐述文本细读的些许问题。

一、品人——品出“人”的性情，从而品出“文”的情感

很多时候，我们的教师，一讲到“品人”就立即是想到品作品中的人

（文学形象），而忽视关注一个真实的、有血有肉的人（作者）。我认为，文本的解读和细读，既要品文中之“我和 TA”（作品人物形象），也要关注文外之“我和 TA”（作者）。

郁达夫在论及现代散文时说：“作者处处不忘自我，也处处不忘自然与社会。……一粒沙里见世界，半瓣花上说人情，就是现代散文的特征之一。”一篇优秀的文章，既能够让作者在字里行间里得到情感的释放，也能够让读者于行文表意中得到慰藉。所以，我们不能够忽视“我和 TA”。更何况，读文章，就是读自己、读他人。

冯骥才《大度读人》中说：“读别人，其实也是在读自己，读真、读善、读美的同时，也读道貌岸然背后的伪善，也读美丽背后的丑恶，也读微笑背后的狡诈……读人，最重要的是读懂怎样的人。读人，是为了要做一个真正的人。”

在上《荷塘月色》一文的时候，为了让学生对文本有一种深刻的理解，对朱自清有一个全面的认识，能够切实感受文本中那看似“淡淡”实则“深沉”的情感。我采取的方式就是先品“人”——品“生活中的朱自清”。

我主要选取了《朱自清传》① 所描述的一些细节：

1. 朱自清名字的由来，体现了“我”是一个严于律己、性格平和的人

朱自清原名朱自华，朱自清之名是他 1917 年报考北京大学时改的，典出《楚辞·卜居》“宁廉洁正直以自清乎”，意思是廉洁正直使自己保持清白。朱自清选“自清”作为自己的名字，其意是勉励自己在困境中不丧志，不同流合污，保持清白。他同时还取字“佩弦”。“佩弦”出自《韩非子·观行》“董安于之性缓，故佩弦以自急”，意为弓弦常紧张，性缓者佩弦以自警。

2. 朱自清在同学和老师的印象中是一个敦厚稳重、内敛羞涩的人

朱自清高等小学毕业后，考入了江苏省两淮中学（后改名为江苏省立第八中学），他个子不高，坐在第一排第一座。在教师们的眼中，这个脸儿圆圆、身子结实的孩子，有点少年老成，不苟言笑，学习认真，做事踏实，从不缺课。朱自清平时喜欢看小说，对文学有浓厚兴趣，颇有志向，曾自命为

---

① 陈孝全. 朱自清传［M］. 北京：北京十月文艺出版社，1991.

“文学家”。由于品行与学业俱优，毕业时，校方曾授予“品学兼优”的奖状。当时有一位同学不服气，认为学校不公，感到朱自清不及自己，但教师们都认为这位同学虽然各科成绩均优，但英华外露，不如朱自清老实浑厚。

3. 朱自清在朋友的眼中是一个不善交际、兴趣寡然的人

朱自清不善交际，为了排遣时日，他只有在工作之余偷闲外出郊游。但朱自清是个注重感情的人，生活圈子比较狭小，他曾对俞平伯说过：“在狭小的笼里唯一的慰藉，自然只有伴侣了。故我们不能没有家人，不能没有朋友，否则何可复堪呢?”来北京一年多了，他身边既无家人，也无朋友，生活太孤寂了。

品完“生活中的朱自清”后，我们再来看《荷塘月色》中的“我”是一个怎样的人？我先请学生阅读文本并在阅读过程中画出表现有关“我”言谈举止和思绪纷扰的句子，在“找到”的基础上进行解读和思考，从而揣摩“我”的性格、心态和形象。

经过我的提示，学生自然而然地进入寻找地行列，只要是认真阅读，学生还是能够找到下面的句子并能够根据句子看出“我”的思想：

这几天心里颇不宁静。（提示：为什么不宁静？——家庭矛盾？工作问题？社会原因?）

路上只我一个人，背着手踱着。这一片天地好像是我的；我也像超出了平常的自己，到了另一世界里。（提示：“我”的悠闲、超然物外，体现了“我”的什么性格?）

我爱热闹，也爱冷静；爱群居，也爱独处。白天里一定要做的事，一定要说的话，现在都可不理。这是独处的妙处，我且受用这无边的荷香月色好了。（提示：一点月色，一点荷香就让“我”如此享受，如此忘情，体现了“我”的什么个性?）

但热闹是它们的，我什么也没有。 （提示：体现了“我”什么心态？——落寞）

忽然想起采莲的事情来了。……那是一个热闹的季节，也是一个风流的季节。这令我到底惦着江南了。（提示：为什么想起“采莲”的事情？触景生情?）

这样想着，猛一抬头，不觉已是自己的门前；轻轻地推门进去，什么声息也没有，妻已睡熟好久了。（提示：为何不与“妻”倾诉？）

看完以上的文字，我们基本可以知道：

“我”——朱自清，是一个内心孤独、情感不轻易外露的老实人，表面风平浪静，内心波涛汹涌。是环境让“我”变得含蓄、内敛还是性格使然？

“我”——朱自清，是一个善感和伤感的书生，“我”羡慕“TA”的自由自在、无拘无束，回到现实，“我”依然是一个陷入柴米油盐醋的世俗纷扰，受到现实束缚和桎梏的不自由人。理想很丰满，现实很骨感。

“我”——朱自清不是一个“斗士”，不是一个“时代的先锋者、革命的弄潮儿”，“我”是一个平和、恬淡甚至是羞涩、怯懦、木讷的憨厚者。“我”只想平淡度日，不想飘荡江湖。

二、品物——品出“物”的性情，感受“我”的心境

欣赏文字时，我们自然不能够忽视“把玩”景物——因为“一切景语皆情语”。

《荷塘月色》中的“月色”“月光”“月景”“荷花”“荷叶”“荷香”到底让作者产生什么样的心思？心灵得到什么样的释放？

“荷花”“明月”“杨柳”“蝉声”“蛙鸣”……它们是一个个激发人情趣和遐想的事物，它们此时此刻具有社会的属性，具有人的特质、人的柔情、人的灵性……

因篇幅有限，对“明月”“杨柳”“蝉声”“蛙鸣”不做深入探讨，下面我就以大家熟知的“荷”为例来进行品读。

说到荷花，我们会想起“出淤泥而不染，濯清涟而不妖……香远益清，亭亭净植”的纯洁高尚；我们会想起“争渡争渡，误入藕花深处”的怡然自乐；我们会想起“小荷才露尖尖角，早有蜻蜓立上头”的诗情画意；想起“巧笑东邻女伴，采桑径里逢迎”的邂逅愉悦……想起那些热闹的人，想起那个风流的季节。此时此刻，“我”——朱自清想起什么？从文本看来，“我”已经沉浸在“月下的荷塘”“荷塘上的月色”之中，“我”只想平淡度日，不想飘荡江湖。

这里没有激情澎湃，波涛汹涌；这里没有暗流涌动，漩涡急湍；这里没

有人声鼎沸，尔虞我诈；这里没有党同伐异，口诛笔伐；这里没有风声鹤唳草木皆兵……

这里有清风明月、惠风和畅的淡雅；这里有喃喃自语、窃窃私语的爱恋；这里有情景交融、物我一体的愉悦……

看到作者笔下描绘的如梦如幻的“月下的荷塘”“荷塘上的月色”，我们不得不想到作者的心思，他觉得——

色彩斑斓的日子如电影的镜头一样，在瞬间就回到了斑驳淋漓的黑白时代——没有嘈杂，没有喧闹。躁动的心浸润在寂静无声的氛围里，心里似乎有了一个停靠的港湾，灵魂霎时找到了安放的地方……从“荷塘”“月色”出来，“我”感觉灵魂洗了一个澡，虽然没有酣畅淋漓的快感，但是有心静如水的愉悦。

从这里，可以看出，“我”是一个有生活情调的读书人；“我”是一个有生活向往的自由者；“我”不愿掺和现实的纷扰，“我”不想身陷世界的泥淖，“我”只想过一种闲适、恬淡、平静的生活；“我”想保持一种独善其身、冰清玉洁的形象。可是现实并不如人意，生活的狂风暴雨早已让“我”产生一种“树欲静而风不止”的焦躁——“我该怎么办?”的困扰和“颇不宁静的心态”自然就呈现在读者的眼前——迷惘、困惑、孤独、落寞。

三、品语言——品出语言载体内部的情感世界，真正领悟作品的内在情意

有人说，文本细读，用朱光潜在《美学》里的话说就是：慢慢走，欣赏啊。把这个“走”换成“品”更为精当：慢慢读，细细品。

用南帆先生的话来说：“文本细读就是沉入词语。”或者说：“文本细读就是穿行在多重话语之间。”

用吕叔湘先生的话来说：“文本细读就是从语言出发，再回到语言。”

语言的品读是领略文本思想的基础，因为语言作为情感的载体，它是读者与作者对话、交流的桥梁。对学生而言，如何品读语言，还需要教师进行指引。

注重语言的品读，其实就是要求师生有“把玩”的心态，老师让学生品味语言就是让学生比较、推敲、品味语言使用的妙处，形成语感。

《荷塘月色》作为一篇优美的散文，称它明净淡雅、文质优美、形神俱备，不足为过。当我们读到文中的第 4 ~6 自然段的时候，我们会情不自禁地进入“清风明月之下，物我一体之中”。

《荷塘月色》的第 4 ~6 自然段，作者以超越常人想象的文笔写出了那份恬淡之美、宁静之美、心情之美、性情之美……品味语言，我们会情不自禁地产生美的享受、情的感染、智的启发之感慨。

解读此段，老师毋庸赘言；细读文本，只需平心静气地“把玩”。根据经验可知，读《荷塘月色》4 ~6 自然段，我们不需要学生大声朗读，更不需要齐读，我们需要慢慢品味，慢慢“把玩”。但是我们必须要告诉学生“把玩”的方法：辞句赏析——情感体味——哲理感悟，即从遣词造句、篇章结构、情趣情感、意象意境、心灵感悟、智慧启迪等方面入手。

在上面两个环节的基础上，本来已渐入佳境的学生一经点拨，情感自然喷涌而出。下面略选三例学生品读语言后的情感抒发，以飨读者：

何颖桢：文章塑造的意境很美。荷塘和月色，写出了月色中的荷塘之美。如“薄薄的青雾”“牛乳中洗过一样”“笼着轻纱”，既写出了月光流泻的皎洁，又渲染了空灵、梦幻的感觉，不知是荷塘为月色带来了诗意，还是月色使荷塘成了仙境。

怀着一颗宁静无纷扰的心沉浸于荷塘之中，如梦似幻。在深夜无人的荷塘中独处，才会感到“超出了平常的自己，到了另一个世界里”；独对荷花，才会感到身心的自由，暂且逃脱尘世的桎梏，融入自然之境，与荷塘共眠。

张壹惠：作者描写月光下的荷塘，静谧、安详、柔美、和谐，更有朦朦胧胧犹如梦境般如梦似幻的感觉，给人视觉、嗅觉、听觉融为一体的美妙感受。在月光下，无边的夜掩盖住白天的一切繁华喧嚣、俗世的一切烦恼羁绊，留下的只是天地间一派月华如水、清明澄澈。

第二处场景描写是“采莲一幕——采莲是江南的旧俗……那是一个热闹的季节，也是一个风流的季节”。作者由月下荷塘联想到江南采莲旧俗，引用《采莲赋》和《西洲曲》，联想古代采莲时的盛景，少女们无忧无虑的嬉戏，于是勾起怀古思乡之情，有了淡淡的感伤。江南好，如画江南，江南如梦，能不忆江南？

叶胤桐：文章对荷叶和月光的描写，运用了比喻、拟人的修辞手法，叶子的姿态，白荷的袅娜、羞涩、明亮，月光的柔和、静谧、朦胧，都具体地表达了出来。月色迷蒙，缕缕清香，给人一种身临其境之感。如歌的清香，光和影的旋律幻化成梵婀玲上奏着的名曲，更添一丝静谧与安宁。

“但热闹是他们的，我什么也没有”一句则写出了作者对蛙声连绵、蝉声点点的喜爱及自己孤身一人的一丝落寞，回应了上文“我爱热闹，也爱冷静”这一矛盾的性格，抒发了作者抛开世俗红尘之后的自由、洒脱及不被人世繁华所羁绊的思想。

文本细读，不是几句话就能够说清的，也不是一篇文章就可以解决的。

文本细读需要一种文化的积淀、一种思想的践行、一种方法的指引。本文呈现的只是笔者的一管之见，借此机会，期待在争论和交流中产生思想的碰撞，从而找到文本细读的最佳方法。

（本文发表于 2015 年 1 月《语文月刊》，有删改）

5 《祝福》教学的切入点：从剖析“我”开始

《祝福》是中学语文教材的一篇经典课文。阅读文章，字里行间流露出的悲伤、迷茫、困惑、无奈、痛苦和失望让人有一种窒息的感觉。

面对这样一篇情绪复杂、思想深沉的文章，许多教师都认为《祝福》不好教——源于人性，源于时代。

教学中，教师以什么样的方式、从哪个角度来解读《祝福》才能够让学生更加容易接受，学生对文章的主题才能够有更加深刻地认识?

在收集整理资料和分析学情后，我决定抓住文本中的“我”来引导学生认识人性，了解社会；看清时代，探究主题。毕竟，在以前的教学中如《孔乙己》《故乡》，学生已经能够接受或认识“我”——一个源于生活又高于生活的见证者和旁观者。

一、关注“我”

钱理群先生在《〈祝福〉:“我”的故事与祥林嫂的故事》一文中说到：

《祝福》有两个故事：“我”的同乡故事，“我”讲述的“他人”——祥林嫂的故事，更准确地说，小说讲述的是“祥林嫂与鲁镇”“我与鲁镇”“我与祥林嫂”三者之间复杂关系的故事。[①]

钱老把“我”定位为故事的见证者和陈述者，并未直接对“我”做一

① 钱理群.《祝福》:“我”的故事与祥林嫂的故事［J］. 语文学习，1993（7）：10－12.

个全面的剖析。受钱老的启发，结合多年的教学实践，我觉得要想深刻理解《祝福》一文的主题，很有必要把“我”摆上台面，对“我”进行剖析，这样会更符合作者鲁迅的风格和写作的意图——“我的确时时解剖别人，然而更多的是更无情面地解剖我自己。”细读《祝福》，我们知道：

1.“我”不是我——我是时代的旁观者

“我”虽然是旁观者，但是“我”能够感受到的不仅是世风日下、人群冷漠、道德沦丧的现状，更是弱势群体饱受折磨后的失望和无奈，而这种感受让“我”内心世界充满了深深的悲哀和痛苦。

2.“我”就是我——我是历史的见证者

“我”是事件的见证者，看到世态炎凉，感受人间冷暖；“我”是一个懦弱者，有悲天悯人的情怀，却没有“与人为善”的行动；“我”还是一个帮凶，虽然没有参与迫害抑或是冷落祥林嫂的行动，但是“我”的冷漠和逃避最终让祥林嫂仅有的那线希望都破灭了，“我”没有呐喊，但是“我”的沉默就是助纣为虐的表现。

二、剖析“我”

小说的解读有多种方法、多个渠道、多个层次，但是万变不离其宗，小说的阅读和解读是离不开人物、情节和环境这些关键点的。根据教学需要和学情的分析，我决定从“我”说起。为了把“我”说清、说透（剖析），在教学中，我从“人”的心情和心态、角色和本色说起。

1.“我”是一个多余的人

“我”不是被遗弃，就是被忘记。

“我”是故乡的一个过客，“我”也是故乡的“异类”。

“我”是一个有故乡而没有家的人，所以“我”看到的故乡“原貌”（一切如旧），感受的故乡“味道”（冷漠寡情），很熟悉也很可怕——时代发生了改变，但是家乡依然还停留在过去——人们依然“安然无恙”地活在水深火热之中，人性弱点依然在不经意中暴露。

课文中写道：“我是正在这一夜回到我的故乡鲁镇的。虽说故乡，然而已没有家，所以只得暂寓在鲁四老爷的宅子里。”从这里可知，“我”是

“故乡一个多余的人”——身无立锥之地。大家想想看，作者虽然没有“少小离家老大回，乡音无改鬓毛衰”的巨变，看上去并没有成为故乡的陌生人，但是已经有了“近乡情更怯，不敢问来人”的陌生或恐慌。

“我”看到四叔，一阵“寒暄”后，相对无言的尴尬，足以再次让“我”感到一阵心惊、心寒。请大家注意“寒暄”这一词，“寒暄”就是简单的交谈，漫无目的甚至是百无聊赖的交谈，口头的询问因为缺少了真情的交流而让人觉得无趣、无聊抑或是无情（尴尬）。因此“我”听到“胖了”，听到说“我胖了”之后即大骂其新党。“我”知道，虽然没有指桑骂槐的讽刺和嘲讽，但是四爷心怀不满的牢骚和怨气让“我”陷入了尴尬的境地。

“于是不多久，我便一个人剩在书房里。”一个“剩”字写出了“我”的百无聊赖和寄人篱下的尴尬。而在与四叔的交流中，“我”看到的是依然是一个没有变化、因循守旧的村庄和保守顽固的“老监生”（辛亥革命的彻底性值得怀疑）。随着情节的发展，事实证明，“我”已经成为故乡一个多余的人——热闹是他们的，“我”什么也没有。

“我”的感觉，读者是否感受到？读到这里，我相信读者有了同感。

作者踏上故土，本以为可以用自己的脚步重温熟悉的故土，让流浪的心情感受故乡的温情。可是，回到故乡，却发现找不到自己安身立命的地方，此时此刻，难免会有一种寄人篱下的感觉——心若没有栖息的地方，到哪里都是流浪。“我”虽然有栖息的地方，但是灵魂依然无处安放。身处宅子，心有凄然之感，因为宅子给我的感觉，依然是回到了过去，笼罩在过去的氛围中，那么看到的就是过去的一切——没有变化，只有恶化。

寄人篱下的感觉是什么样？是林黛玉进贾府时的步步留意、时时小心，是“妆罢低眉问夫婿，画眉深浅入时无”的紧张。所以，“我”身处这个环境，有熟悉的感觉，但是没有暖人的温情。

“我”感受不到温情，更谈不上融入“祝福”的氛围，“我”形单影只，终于成为孤独者、旁观者。“我”作为一个“识字的”都陷入如此落寞、无聊的尴尬境地，更何况是命途乖舛的底层妇女？

2.“我”是一个旁观者

“我”是一个百无聊赖的旁观者。“我”看到是热闹背后的冷漠，道德背后的虚伪。

“热闹是他们的，我什么也没有。”用朱自清的这句话来形容“我”的心境，颇为恰当。鲁镇的人为了“祝福”，“家中却一律忙，都在准备着‘祝福’”。他们致敬尽礼，迎接福神，可是“我”却无所事事。本来“我”应该像他们一样成为生活的主角，可是，“我”却成了一个“游手好闲”的旁观者——这里再次说明“我”的孤独和无聊。为了排除孤独和无聊，“我”只好以四处张望来打发这个空闲时间，正是这个孤独而无聊的时间让我看清了热闹背后的冷漠、道德背后的虚伪。

“我”作为一个旁观者，因为无聊和孤独而更容易认识自己和看清世界。

“我”回到四叔的书房里时，看见了“瓦楞上已经雪白”，看到“一边的对联已经脱落，松松的卷了放在长桌上，一边的还在，道是‘事理通达心气和平’。我又百无聊赖地到窗下的案头去一翻，只见一堆似乎未必完全的《康熙字典》、一部《近思录集注》和一部《四书衬》。”

大家知道“事理通达心气和平”的上联是“品节详明德行坚定”。可是在与鲁四老爷的交往中，“我”感受不到他的通达和德行坚定，有的是老监生的威严、苛刻，卫道士的迂腐、固执，伪君子的虚伪、冷漠。

看到了老宅子（房间）的布置，想到现实的种种景况，“我”看清了一个“老监生”，不，是一群“老监生”的真实面目——他们满嘴的仁义道德，满肚子的男盗女娼；我还看到了一群愚昧善良的人，虽然没有直接参与行凶作恶，但是也是间接地落井下石。鉴于此，所以“我”做出一个断然的决定“无论如何，我明天决计要走了”。因为，“我”怕再与他们相处，这个“怕”，一种是害怕，另一种是良心的折磨。“我”这种备受煎熬的折磨，是因为“我”看清了世事真相。

做出了决定，总要做点什么，改变些什么。于是就有以下的文字：

但我们自己是早已布置妥帖了，有贵贱，有大小，有上下。自己被人凌虐，但也可以凌虐别人；自己被人吃，但也可以吃别人。一级一级地制驭着，不能动弹，也不想动弹了。

因为自己各有奴使别人，吃掉别人的希望，便也就忘却自己同有被奴使被吃掉的将来。于是大小无数的人肉的筵宴，即从有文明以来一直排到现在，人们就在这会场中吃人，被吃，以凶人的愚妄的欢呼，将悲惨的弱者的呼号遮掩，更不消说女人和小儿。

这人肉的筵宴现在还排着，有许多人还想一直排下去。扫荡这些食人者，掀掉这筵席，毁坏这厨房，则是现在的青年的使命！

作为旁观者，“我”的无聊让“我”看清了这个吃人的世道，也看清了一个真实的自我。正是这种看清，才让“我”有改变的冲动——在彷徨中呐喊，在逃避中改变。可惜，一切的努力似乎淹没在人声鼎沸的“祝福”中——“我”的那种欲救而不能的无可奈何的复杂心情可见一斑。

3. “我”是一个“识字人”

“我”是一个“识字人”，可惜，没有担当，缺少坚韧，少了豁达，不具情怀，有的是软弱、怯懦、迷茫和逃避。

“我”始终披着读书人的外衣，却没有把读书人的良知和同情心表现出来，因此“我”是一个软弱无能的读书人。

读书人，有“致君尧舜上，再使风俗淳”的豪气，有“达则兼济天下，穷则独善其身”的心境，有“先天下之忧而忧，后天下之乐而乐”的普世情怀……在世人的眼中，读书人应该是知识的化身、正义的代表。可是“我”的表现，似乎再次验证了明代曹学佺的一句话（诗）：“仗义半从屠狗辈，负心都是读书人。”

陈平原教授曾写过《学者的人间情怀》一文，指出“读书人应学会在社会生活中作为普通人凭良知和道德‘表态’，而不过分追求‘发言’的姿态和效果”。

可是，反观“我”，竟然是一个像鲁镇众人一样的人——对祥林嫂由同情变成冷漠，由冷漠演变成躲避。

祥林嫂之问，问得“我”心惊肉跳，问得“我”原形毕露，问得“我”无地自容！祥林嫂之问，将“我”打回原形——暴露了“我”像鲁镇人一样的本性，同时也暴露“我”这个“识字人”的丑陋和软弱。

作为一个“识字人”，面对祥林嫂精神迷茫的询问，需要“我”来解答和帮助的时候，“我”竟然模棱两可、答非所问——“我”很悚然，趁她不再紧接地问，迈开步便走，匆匆地逃回四叔的家中。

“真的猛士，敢于直面惨淡的人生，敢于正视淋漓的鲜血。”这是对刘和珍式勇士的尊敬也是对自我的鞭策。

可是，《祝福》一文中的“我”不是猛士，而是懦夫。

文章通过“我”的眼睛，看到了世间的悲凉：

五年前的花白的头发，即今已经全白，全不像四十上下的人；脸上瘦削不堪，黄中带黑，而且消尽了先前悲哀的神色，仿佛是木刻似的；只有那眼珠间或一轮，还可以表示她是一个活物。她一手提着竹篮，内中一个破碗，空的；一手拄着一支比她更长的竹竿，下端开了裂：她分明已经纯乎是一个乞丐了。

作者在这里着重描写了祥林嫂的外貌、形象——惨状，不忍直视；悲情，不忍诉说。文章写得触目惊心，读者看得惊心动魄。

此时此刻，让人读来会产生一种惊悚后的悲悯之情。可是，即使是这样，“我只有惊悚和悲悯，可是没有一点行动，反而是逃走——我乘她不再紧接的问，迈开步便走，匆匆的逃回四叔的家中，心里很觉得不安逸。”

遇到祥林嫂那样严肃认真地向“我”提问，使“我”措手不及，敷衍了事地回答之后，心里立刻产生了一连串的不安；但是随后又想“我”明明“说不清”，已经推翻了答话的全局，即使发生了什么事，于“我”也毫无关系了。“说不清是一句极有用的话”，给人“解决疑问”，“用这‘说不清’来做结束，便事事逍遥自在了”。——多么圆滑乖巧的一种应世手段啊！

“我”逃走了，逃回了四叔的家中，做了和四叔一样的人了。虽然没有落井下石，可是“我”的沉默无异于把期盼者打入了地狱。

马丁·路德·金曾有言曰：“历史将会记录在这个社会转型期，却发现，最大的悲哀不是坏人的嚣张，而是好人的过度沉默。”

“我”的软弱、迷茫、痛苦，“我”的沉默、敷衍、逃跑，不正是“我”的悲哀？不正是读书人人性的堕落？悲矣！

德国作家、哲学家、爱国主义者，古典主义哲学的主要代表人之一的费希特在《论学者的使命》中说：“你们都是最优秀的分子。如果最优秀的分子丧失了自己的力量，那又用什么去感召呢？如果出类拔萃的人都腐化了，那还到哪里去寻找道德善良呢？”①

国务院发展研究中心研究员、《经济要参》杂志社执行副主编何玉兴曾

① 费希特. 论学者的使命［M］. 梁志学，沈真，译. 北京：商务印书馆，1980.

撰文《最绝望的堕落——写给中国知识分子》说道：“最绝望的腐败并不是官僚，而是知识分子。官僚的腐败只能误一个党派、一个朝代，而知识分子的腐败却误国误民，流弊深远。最可怕的堕落也并不是匪盗痞，而是知识分子。匪盗痞的堕落都只能贻害一方百姓，坏一家之风气，而知识分子的堕落却败坏的是整个文化，是思想，是道德，是一个民族最宝贵的精神操守。知识分子的堕落才是一个社会和一个民族彻底的和最后的堕落。其他人的堕落好比大江大河局部的浑浊，而知识分子的堕落，则是水源浑了。”

说到这里，我们发现，“我”的软弱、迷茫、逃避终于让“我”沦为了一个堕落者：终极关怀的缺失、道义立场的摇摆、社会良知的泯灭、忏悔意识的淡漠以及对人的极度冷漠。

掩卷深思，仰天长叹：“我”是谁?

“我”不是我!

“我”还是我!

沈从文先生说：“照‘我’思索，能理解‘我’；照‘我’思索，可认识‘人’”。

受沈老语言的启发，我决定《祝福》的课堂教学就从认识“我”、剖析“我”、看清“我”开始。

看清了“我”，也就看清了《祝福》背后的些许东西，这些东西恰恰就是认识世界的一些门道。

6 散文教学要重视学科核心素养的培养

——以朱以撒的《双手捧起》为例

语文学科核心素养主要包括语言建构与运用、思维发展与提升、审美鉴赏与创造、文化传承与理解四个方面。其中，思维发展与提升的内涵实质就是直觉与灵感、联想与想象、实证与推理、批判与发现。

教学中，学生的思维发展与提升就是指学生在语文学习过程中，通过语言运用，获得直觉思维、形象思维、逻辑思维、辩证思维和创造思维的发展，以及深刻性、敏捷性、灵活性、批判性和独创性等思维品质的提升。

散文的教学很大程度上是让学生通过自己的思考，去面对国家和社会的现实，面对自己的人生体验，得出属于自己对正确与错误、美好与丑恶、积极与消极、前进与倒退的判断。

遗憾的是，很多教师在开展散文教学的时候，除了对文体特征的解说、结构特点的分析和艺术手法的赏析，对意趣、感情与所托之物的内在联系以及调动学生的联想、想象等方面缺少实操性的指引，尤其是对散文语言、情趣、意境的品味和赏析缺少深度解读。基于学生的思维发展与品质提升，我觉得散文教学要引导学生“想”——鼓励学生“说”——指导学生“写”。

一、引导学生去“想”：引导学生从领略“人、景、物”“精气神”等角度去拓展思维

语文课程是否能够使学生形成内在的品质和能力，关键在于是否能引发学生自己去“想”。没有“想”，“听、说、读、写”就会变成纯的技巧，无法达到以素养为目的，学生脑子里堆砌着别人的想法以及与己无关的话语，最后只能是暂时的记忆和长期的遗忘。如何引导学生去“想”？一是要创设

真实情境。在主题、资源和语文活动的设置上，必须要用学生熟知的“人、景、物”来触动他们情感的思维，让他们在最好的状态下把自己的思维能力发挥到最大限度。二是要特别重视在语文课程中进行梳理与探究的活动。语言的积累是在一个较长的过程中逐步进行的，对材料的整合与加工、对经验的取舍与梳理，都是思维的过程。学生的知识积累并非机械地写一写、练一练、读一读、看一看就可以完成的，必须过过心，只有这样的积累才能在运用语言的同时提高学生的思维品质。

引导学生从文本中熟知的“人、景、物”来感受文本表达出的“精气神”，这是拓展学生思维和提升学生品质的一条基本途径。

例如在《荷塘月色》一文中，作者写到了“月色”“月光”“月景”“荷花”“荷叶”“荷香”。那么这些景物到底让作者产生什么样的心思？心灵得到什么样的释放？如何引导学生去认识这些景物，我们必须要调动学生的心灵感官进行回忆、品味和解读。

“荷花”“明月”“杨柳”“蝉声”“蛙鸣”……它们是一个个激发人情趣和遐想的事物，它们此时此刻具有社会的属性，具有人的特质、人的柔情、人的灵性……

因篇幅有限，对“明月”“杨柳”“蝉声”“蛙鸣”不做深入探讨，下面我就以大家熟知的“荷”为例来进行品读。

说到荷花，我们会想起“出淤泥而不染，濯清涟而不妖……香远益清，亭亭净植”的纯洁高尚；我们会想起“争渡争渡，误入藕花深处”的怡然自乐；我们会想起“小荷才露尖尖角，早有蜻蜓立上头”的诗情画意；想起“巧笑东邻女伴，采桑径里逢迎”的邂逅愉悦……想起那些热闹的人，想起那个风流的季节。此时此刻，“我”——朱自清想起什么？从文本看来，“我”已经沉浸在“月下的荷塘”“荷塘上的月色”之中，“我”只想平淡度日，不想飘荡江湖。

《普通高中语文新课程标准（实验）》指出：“在阅读与鉴赏、表达与交流、梳理与探究活动中运用联想和想象，丰富自己对现实生活和文学形象的感受与理解，丰富自己的经验与语言表达。”

《双手捧起》中，作者写到的“人、景、物”有老人、木板床、木房子、大森林、埙（xūn）声等。这些“人、景、物”就是我们认识和解读文本的基本依据。凭借这些依据，引导学生展开联想和想象。

我在引导学生关注“人、景、物”的同时还提醒学生关注“精气神”，于是就有了下面的思维拓展：

木板床、木房子、大森林、埙声、古老的《哀郢》之歌，给我们的视觉、听觉都产生一种冲击。

在这样一个远离繁华都市的地方，我们麻木的情感开始被那些熟悉的气味开始唤醒；浮躁、游荡的灵魂开始因为古朴、宁静而跟上了停止的步伐。思想在呜咽声响中活跃、激荡。情感、灵魂在宁静中逐渐平和、纯洁、愉悦、遐想。回到自然的怀抱，我们才可以品味生活；远离尘嚣，身处一室，独坐一隅，我们才有“宠辱不惊，看庭前花开花落；去留无意，望天上云卷云舒”的闲适、淡定；才有“行到水穷处，坐看云起时”的平和境界。

值得一提的是，作者写到了古老的歌曲《哀郢》。这种看似无意实则有意的写法就是为了写作情感之需。《九章·哀郢》是战国时期楚国伟大诗人屈原的作品。所谓“哀郢”，即哀悼楚国郢都被秦国攻陷、楚怀王受辱于秦、百姓流离失所之事。屈原写下了这首哀悼郢都沦亡的诗篇，抒写自己对故都的眷恋之情。

看到《九章·哀郢》，我们想到忧伤、哀怨，也感受到了气节、坚守。看到作者笔下的文字，我们似乎对作者的写作意图有所了解，也能够明白本文的感情基调——略带悲伤、幽怨，但是也不至于消沉、堕落。

二、鼓励学生去“说”：提醒学生抓住关键字句，在理解的基础上说出一二三

散文是一种抒发作者真情实感、写作方式灵活的记叙类文学体裁。广东省文学院院长熊育群在《散文的范畴亟待确立》中说道：“散文是建立在个人感觉、感受与感悟上的一种艺术表现，它把作者鲜活的感觉带到了文字的现场，使文字具有了生命的特性与活力，是一个人与世界遭遇所激起的反应，唤醒了脑海中的感知、想象、情感、思考等精神的活动。散文再现并表现这样的精神活动，再现并表现作家眼里的世界，从而给客观的世界打上精神烙印。因此，它具有鲜明的个体特性，它不是知识、历史等资料性的东

西，甚至也不完全是经历性的记述（要求散文像小说一样重视叙事是片面的）。它的视角是个人化的，带有个人的感知与观察。”

作者的真情实感往往能够激活读者的情感。作为读者，学生看完文章，情丝万缕，千言万语，但是不知道从何说起，于是，我们可以告诉学生从感兴趣或触动情思、拨动心弦的句子说起，还可以从文章的关键句子说起。何为关键句？按传统的说法就是起始句、主旨句、衔接句、警示句、深化句、矛盾句、情感句、比喻句、引用句、总结句。

我告诉学生，在阅读文本时，画出认为最优美、最感人的句子，引导学生从情感、主旨、修辞、哲思等角度阐述选择的理由，对关键句从传情达意、布局谋篇、转承启合等方面思考。

通过引导、点拨、品评和活动，学生对阅读材料能作出自己的分析判断，从不同角度进行阐发、质疑和评价，感受形象，品味语言，领悟作品的丰富内涵，体会其艺术表现力。学生历经情感体验，受到感染和启迪，从而达到提高思想认识、道德修养、文化品位和审美能力的目的。

在上面环节的基础上，本来已渐入佳境的学生一经点拨，情感自然喷涌而出。下面略选三例学生品读语言后的情感抒发，以飨读者：

（1）这种泥土烧制的乐器，可以称之为乐器中最朴素的一种，像一粒枯索的竹叶包着的粽子，内空，掏几个眼，呈现着憨厚状态和敦实的坐姿，如果不加注意，还以为是随便搁置在那里的几块土色卵石。一把大提琴放置在任何一个角落都是富丽堂皇的，有王者之姿。钢琴，它庞大的体积和闪动的黑色之光，也代表了一种品位。埙的出现，只能使这个空间的格调向朴实推进。

憨厚、敦实给人朴素、实诚的感觉；憨厚状态、敦时坐姿给人一种沉稳、坚实的厚重感，虽然朴实无华但情感深沉、内涵深厚。

和高大上的钢琴相比，虽然没有钢琴的高贵，但是也不显落魄；虽然不具品位，但是也有风情，这也是一种情趣、格调、境界。（陈畅）

（2）似乎可以一握的埙，让人想起田野中的农家及其庄稼，矮壮、素朴。……这种愿望不少时候成为奢望，埙声便呜咽而起。河姆渡遗址的那粒古埙，穿越了千年烟雨来到面前，已经被风沙堵住了咽喉，像是苦难之门落下的一枚铆钉，让人不忍触摸它的冰凉。……埙，千万不要与其他乐器合奏，见残月在天，阴霾密布，那就可以吹奏了。旧叶一片又一片地落尽，埙声摧打着日子。对于流离的古代人生，这种声响是最好的送别。

想象，不是漫无目的狂想，而是触景生情的感慨：那些物、那些事、那些人。他们平凡、朴素，憨厚、单纯，艰辛、坚韧，深沉、厚重，贫瘠、富有。历史的长河中，没有掀起耀眼的浪花，但是也不至于被长河淘尽。历史的长河正是因为有他们的融入才有奔腾不息的动力。作者的情感流露正是源于田野中的人、事、物。悲悯之情的自然流露，让我们有一种情感的净化。（彭越）

（3）山村是埙的故乡，没有人怀疑它在山村旷野上畅快的呼吸。……独行侠一般的埙，可是清贫而单薄的穷书生的前身？不阿谀也不迎奉，乌黑的孔犹如平淡的眼睛，时尚的风从孔中吹过，似烟云过眼。

山村，有畅快的呼吸，有静止的厮守，还有独行侠一般的埙，孤独、寂寞、清贫、单薄但是不缺气质、精神（刚直、坚韧）、品质和希望。（王桐瑶）

三、引导学生去“写”：写出见解，写出风采

写作是语文课必不可少的学习活动，现实生活丰富多彩，能够引发学生表达与交流热情的材料就存在于每个人的头脑中，利用真实的情境，将学生头脑中已有的内容激活，使其从凌乱的思绪中整合出清晰的思路。通过思维加工产生言语成品，就是对学生内在思维能力和素养提升的过程。

“写”这个动作，本身具有觉察及统整思绪的功用。“写”，能将情绪能量从虚无的“下意识”，提升到“意识”的层次，也就是说，由原先的“我心中波涛汹涌”转化到“我知道怎么回事了”。

写作于个体而言，是认识自我、发现自我、提升自我的绝佳方式。学生的自我还在成长和变化之中，许多潜藏的心灵暗角，他们自己也未必全知，在众多表达自我、理解自我的方式之中，写作是最深入、最富才情的方式。

中山大学中文系教授谢有顺在《创新作文教育　释放创造活力》中提到：

作文教育为孩子的情感抒发、自我建构保留了一条精神通道，它是千姿百态、形象各异的。没有现成的结论可用，不能照抄已有的表述，又要完成对一个人、一件事的记述，完成对一个问题的思索，那就要开动想象力，学会用自己的眼睛观察，自己的心感受，并善于捕捉和定格自己精神世界里的秘密。

由写作而来的语言训练，也是最好的思维训练。你观察到了，感受到了，也想把自己的观察、感受和想象表达出来，但如何组织语言、如何找寻最佳表达方式，是一个难题。既要遵从文体规范，又要准确传达自己的意思，还要在文采上有风格、有特点，这种语言驾驭能力、文体驾驭能力的培养，可以把人带到一个虚拟与想象的世界，一个纯逻辑与思辨的世界，通过思想来实现一种精神遨游，这种创造性的思维训练是其他教育方式所难以企及的。

因此，作文教育是情感教育、审美教育，也是语言创生能力的教育，关乎民族的心灵境界和创造活力。如何让一代代学子对民族语言保持浓厚兴趣，获得熟练运用语言的能力，是教育的重要责任。具体而言，就是引导学生在文的学习和写作训练中，见识到民族精神的风华，体察到自我意识的成长，并能够在语言中创造一个想象或思辨的世界。①

教完《双手捧起》，我写了《埙，穿越时空的诉说》一文，还引导学生按照阅读的过程写了部分鉴赏语言。

埙，来自自然的底层，决定了它的高度；悲悯的声音，决定了它的广度。天生相思之苦，无法满足人间的愉悦，但是让人类的情感在诉说中得到释放。

埙来自大地，历经淬炼，性格有泥土的厚重，有燃火的热情，还有大地一样的厚德载物般的品质。它没有华丽的气质，只有质朴的品质，它的深邃、广大，包藏着宇宙万物，你会从它的声音里感到这些。埙，和高大上的钢琴对比，没有钢琴的典雅，但也不显落魄；不具风情，但是也有品位，这

① 谢有顺．创新作文教育　释放创造活力［N］．人民日报，2018－12－21（24）．

也是一种情趣、格调、境界。

埙声陪伴着人类，人类带着埙声穿越千年。

山村、农家、老人，他们是时光、岁月、历史的见证者，是大地、山川、河流的守护者；而埙就是情感、精神、文化的传递者（传承者），是艰辛、苦难、悲悯之人的慰藉者。

我们从埚声中听到的不仅仅是艰辛、苦难、悲悯，还有坚韧、感悟和释怀。被关注、被特写的老人，双手捧起的不仅仅是一件古老的乐器，他捧起的是一种感情、一种精神、一段历史、一种文化、一种情怀，正是因为有前人的捧起，才有今日捧起明天太阳的情感和力量！

【原文】

双手捧起

朱以撒

来到镇上已经很迟、很累，顺势靠在主人铺就的木板床上。这里的房子都由木板构筑，散发着大森林的气味。有呜呜咽咽的声响由远处移动，从木板缝里漫了进来——听出来了，埙声，吹奏者选的调子似乎是古老的《哀郢》，在静静的夜里游移。任离乡的游子心弦紧扣，肌骨清凉。

这种泥土烧制的乐器，可以称之为乐器中最朴素的一种，像一粒枯索的竹叶包着的粽子，内空，掏几个眼，呈现着憨厚状态和敦实的坐姿，如果不加注意，还以为是随便搁置在那里的几块土色卵石。一把大提琴放置在任何一个角落都是富丽堂皇的，有王者之姿。钢琴，它庞大的体积和闪动的黑色之光，也代表了一种品位。埙的出现，只能使这个空间的格调向朴实推进。

似乎可以一握的埙，让人想起田野中的农家及其庄稼，矮壮、素朴。如埙一般的农家最大的愿望就是凭借天力，付出体力来得到丰收，让镰的利刃触及沉实的稻秆，仓廪里的稻粒可以延续到下一季的开镰时节。这种愿望不少时候成为奢望，埙声便呜咽而起。河姆渡遗址的那粒古埙，穿越了千年烟雨来到面前，已经被风沙堵住了咽喉，像是苦难之门落下的一枚铆钉，让人不忍触摸它的冰凉。想象不出那个时候的人有多少审美情绪，在夜间静止下来的迷离中生长，或许只是一个偶然，这粒土得掉渣的埙就问世了。埙的腹中带着潮湿绵长的泥土气味，音符出来了，眼前是林莽、荒原和旷野，要不就是苦难、艰辛和离愁。埙，千万不要与其他乐器合奏，见残月在天，阴霾密布，那就可以吹奏了。旧叶一片又一片地落尽，埙声摧打着日子。对于流离的古代人生，这种声响是最好的送别。

也许就是埙这种天生的苦思之声，使人感到了生活愿望的受阻，我们听到埙声的机会因之太少——有谁愿意在祈求吉祥的同时，让悲悯随风而入，潜藏于内心深处，形成梦魇般的积郁？埙，当它的材料取自于土层，一切都被确定了。喧闹都市，注定不是它的久留之地，即便有，也沉睡于边角，至少，它的这种形态，像一粒粽子、一粒木鱼，或者像一粒镂空的秤砣，在曼妙的时光里，与越来越华贵的乐器形态距离遥远。是什么侵入了我们的美感，让我们嫌恶着简略？当一个人双手小心翼翼地捧着它，那种庄重感是不便否认的，这往往比抓着号、扯着弓、点击着琴键让人安稳。

山村是埙的故乡，没有人怀疑它在山村旷野上畅快的呼吸。在收镰之后的田野，一切静止地厮守着，无声。这时，只要一粒埙，它的声响就可以覆盖在山野的每一条纹路里——埙声在更多的时候接近于风俗画，如同被我们忽略了的那一部分，譬如土气乃至通俗，正是这些，使许多的等待时刻在四季的轮换中，升起了希望的炊烟。独行侠一般的埙，可是清贫而单薄的穷书生的前身？不阿谀也不迎奉，乌黑的孔犹如平淡的眼睛，时尚的风从孔中吹过，似烟云过眼。

在这个常年以吹埙为乐的老人家里，那粒祖传的埙，年深日久，已经重迭起无数的手泽，铅华洗尽，温和浑穆，和凝固的土疙瘩没有什么两样。老人站起来，郑重地双手捧起，重若千钧。老人把嘴贴了上去，运气丹田，徐徐送出……

人与土地深情地亲吻，就是这样。

【鉴赏】

埙，穿越时空的诉说

——品朱以撒《双手捧起》

朱以撒，福建人，1953 年生于福建泉州。福建师范大学美术学院教授、博士生导师，中国作家协会会员，现为福建师范大学中文系讲师。

他是书法家，书法造诣深厚，是福建省书法家协会副主席，中国书法家协会学术委员会委员，中国书法兰亭奖评委；他是散文家，散文成就不凡，已经陆续结集出版了三本散文集：《古典幽梦》《俯仰之间》和《纸上思量》。

他在书法与文学之间自由徜徉，习惯于用散文的优美来诉说历史的沧桑和生活的厚重。

作为书法家的朱以撒有50余万字的散文作品发表于《散文》《美文》《十月》《散文选刊》等文学刊物，不少作品被收入中国作协主编的《97中国散文精选》《中国散文精选》及贾平凹主编的《美文十八家》等多个选本。

今天要谈的，是他的散文《双手捧起》。

《双手捧起》开篇写物，文后写人。

联系人与物之间的是那朴拙抱素的埙声。

何为“埙”?

《诗·大雅》有记载“如埙如篪”。埙是开口吹奏乐器，音色朴拙抱素，独为天籁，在世界原始艺术史中占有重要的地位。埙的早期雏形是狩猎用的石头。有的石头上有自然形成的空腔，当先民们用这样的石头投击猎物时，石上空腔由于气流的作用而产生哨音。这种哨音启发了古代先民制作乐器的灵感，于是早期的埙就产生了。

因此，古书上有“击石拊石，百兽率舞”之说。

埙，作为古老的乐器，在作者精彩的文笔下演绎出了活力和魅力。

当然，作者不是为了写物而写物，写物是为了写人、写历史、写岁月、写人生。追怀古老的乐器，是为了缅怀岁月、时光、人物，是为了称赞和歌颂开创历史、推动历史的人类。

远离世俗、喧嚣和浮华，立身林莽、荒原和旷野，舒展身心，放飞心灵，感受惠风和畅、鸟语花香，面对明月、山川、河流，聆听风声、雨滴、虫鸣、溪流，有一种洗尽铅华的朴素祥和。置身于小镇，斜靠在板床，灵魂跟上了匆忙的步伐，宁静、平和的心，随着缓缓流淌的时光，静静感受灵魂的游弋和情感的飘荡。

一声响起，一缕情丝。

此时，不需要倾耳聆听，就能够感受埙声弥漫。

此刻，古老的埙声，呜咽地穿越了千年烟雨，来到宁静祥和的小镇，让人感受到“心弦紧扣，肌骨清凉”。

有评论家这样评价朱以撒的散文：“从朱以撒的散文中，我们可以领受到丰厚的学养和卓越的联想、独特的想象，以及行云流水的文风。他的散文，就像一道雅致的篱笆，在拥挤、嘈杂的城市中，搭建起了一个空旷而细腻、敏感的精神院落。充实这个院落的，既有古典情怀，也有乡野情怀，还有那绵绵灵动的生命意识。”（《城市乡愁——朱以撒散文印象》）

朱以撒的散文缘情而发，缘事则鸣，《双手捧起》就是如此。《双手捧起》创造出了意境深远的情境，本文围绕着“埙和埙声”这一特定的事物展开穿越千年的表达，从寻常背后挖掘了不平常的社会人生意义。一物一景，一人一器，却是一个时空的物证，是时空连接的出发点，唤醒了读者脑海中的感知、想象、情感、思考等精神的活动。作者通过“埙声”把鲜活的感觉带到了文字的现场，使景物具有了生命的特性与活力，使人物具有了精神和气质，使岁月具有了厚重和沧桑。

读《双手捧起》，我们发现，这里的历史不再是文字记载，不再是知识，而是从生命出发的一次更幽深的体验，如同从现实的层面发现一口深井。站在历史的“深井”处，我们只有心生敬意地沉思、缅怀、追忆。

本文以有限的个体生命来敏感地、深刻地体验无限的存在，张扬强烈的个体生命意识。

作者在行走中产生的远远近近的思绪，由某时某刻的感觉牵引着，汩汩而来。文末，老人“双手捧起”定格在我们脑海中，定居于岁月里，作者借助这个形象是想让我们通过已有的人生常识去追忆、去缅怀、去展望。

行走于字里行间，我们感受到流淌的感情、裸露的心灵、悠远的时光以及那些在悠远时光中穿梭行走的人，读来让我们的心灵得到净化与提升。

细细品读《双手捧起》，我们发现，字里行间渗透着乡野情怀、生命关怀，作者不仅关注时光悠远、历史沧桑，还关注世上疮痍、民间疾苦。

强烈的个体体验，使朱以撒始终未忘提醒这种疏离感的存在，同时，苦苦挽留正在离我们而去的东西。身在城市，以人为本，带着乡愁，留恋乡野与古典，必然对城市文明和现代生活产生一种天然的柔中带刚的批判。

正是这种天然的柔中带刚的批判，让我们无形之中产生一种庄严肃穆之感，产生一种虔诚、敬畏之心。

读《双手捧起》一文，我们看到不仅仅是老人捧起的古老的乐器，我们还看到生活的艰辛和历史的沧桑，看到了残存的古典和原始生态中的自然意趣以及城市文明不能彻底绝灭古典的存在，让我们真正明白生活之道和自然之道——传统和自然的生命力自有其自恰和成长的空间。

7　古文教学，我们丢失了什么？

金新宇在《从学生体验出发，走进文言作品深处——我教〈触龙说赵太后〉》中写道：

> 由于古今语言存在着巨大的差异，我们常把文言文教学的重点定位在疏通文言字词上，文言文课堂教学成了识字课，成了古汉语知识的教学课，而优秀的古代文学作品真正的人文价值、美学价值却被拒之于门外。本应成为学生和古代文学作品对话桥梁的古代语言形式反而成了学生与作品沟通的障碍。本应是配角的古代语言形式喧宾夺主，公然霸占了文言文课堂。我们也为这种本末倒置的做法付出了沉重的代价：文言文的课堂教学失去了活力，学生失去了学习文言文的兴趣，文言文中蕴藏的丰富情感和文化依然被埋没在历史的尘埃中，师生的文学素养、人文素养的提升受到了很大限制。①

看完后，心中除了激动就是冲动！一个念头闪现而出：这种尴尬的局面是谁造成的？是社会？还是教师？

话题的提出引发了大众的思考。思考和反思一下我们的教学，一定会有所收获。

一、教学缺少了诵读的声音，因此课堂缺少了生气

古文教学总是按古文字、词、句的翻译、解析来进行，课堂气氛肯定会因单调枯燥而显得沉闷。这种沉闷既束缚了学生的思维，又窒息了学生学习

① 金新宇. 从学生体验出发，走进文言作品深处：我教《触龙说赵太后》［J］. 语文教学通讯：高中，2005（9）：22－23.

古文的生气与活力。

为改变这种现状，我力求让琅琅书声唤醒学生日益麻木的心灵。当然，朗读激情的迸发，一定要建立在对课文的理解与感悟上。只有让学生融入教学情境中，体验字里行间渗透的情感，具有切身的感受，才能够让学生情不自禁“脱口而出”，这需要老师颇费心机。

“书读百遍，其义自见。”学生反复朗读，才能积累大量的语言材料和背景经验，激发出思考的热情，从而获得深刻的语言洞察力和透视力，达到“如水入口，冷暖自知”的境界。徐世英先生在《谈谈朗读教学》中对讲解和朗读的理解更是独到而深刻，他说：“讲解是分析，朗读是综合；讲解是钻进文中，朗读是跃出纸外；讲解是推平、摆开，朗读是融贯、显现；讲解是死的，如同进行解剖，朗读是活的，如同赋给作品生命；讲解只能使人知道，朗读更能使人感受。因此，在某种意义上讲，朗读比讲解更重要。”而朗读的内容包括文学常识、课文等。朗读的方式可多样化，范读、自由读、齐读、仿读等皆可

如果说学生的朗读是为了制造气氛的话，那么老师的诵读就能把这种气氛推向高潮。其实，老师把这种气氛推向高潮是完全可能的，每篇文章老师经过备课（理解）、讲课（感受）、点评（升华），完全可以背诵如流。而对经典古文篇目能背诵如流，对惧怕古文的学生来说，无异于是一种奇迹，学生也会对这种奇迹惊叹不已，而这种惊叹也正是学生产生学习兴趣，迸发学习的激情的动力，这种动力正是学习拼搏精神的升华！

我教学有个习惯，学期结束时，总会进行一个有关课文教学的调查，其中有一个问题就是“本学期，你认为老师上得最精彩的一篇文章是什么?”2004学年度，《滕王阁序》竟然名列榜首。奇怪之余，向学生寻求答案。学生说，是我的当众诵读，震撼了他们的心灵，激发了他们的学习兴趣，是故事即课文典故的拓展，开拓了他们的视野，激起了他们学习的欲望。

后来，回顾当时的教学环节无非是：作者及作品的认识与了解、（为激励学生）当众诵读《滕王阁序》、课文典故解说及名句赏析。我只记得当时，学生在听我诵读完《滕王阁序》后还要求我即兴诵读了《阿房宫赋》。背诵后，学生啧啧称赞；讲典故时，学生聚精会神。

课堂教学，你诵读了吗?

二、教学缺少了鉴赏的环节，因此我们的情感日显苍白

上海市北中学的杜亚群老师撰文谈《邹忌讽齐王纳谏》的教学心得说道："长期以来，古文教学常侧重于字词的理解，以至忽略了对文章思路，内涵及语言品味，因而教学很容易被异化为古汉语知识教学。"① 我也深有同感，通过回忆求学经历，回顾长期教学的实践，看到弊端，尝试突围。于是，课文讲解时，我要求学生一定要做"品味语言——领悟主旨——升华情感"这一环节。为真正做到这一点，我也借助资料，特别是上海辞书出版社出版的《古文鉴赏辞典》和《唐宋诗词鉴赏》等资料来精心制作资料提供给学生阅读、赏析。

当然，鉴赏文学作品是一种高层次的阅读活动，它不仅要求阅读者有丰富的知识、一定的阅历，更要求阅读者具备较高的审美情趣，这往往需要人们在一生的阅读实践中不断地完善。正因为如此，教学大纲和考试说明才要求学生达到"初步"的水平，而我们只有经过课堂教学中每堂课的实践与积累，才能真正达到"积水成渊""积善成德"的效果。

如《鸿门宴》一文主要塑造项羽的形象，集中表现了他自矜功伐的性格。司马迁是把项羽当作悲剧英雄来描写，他曾这样评论道："自矜功伐、奋其私智而不师古，谓霸王之业，欲以力征经营天下，五年卒亡其国。"后人对项羽也是褒贬不一。

但学生因人生阅历浅、知识水平低、历史知识少而对人物缺少一种理性的认识和思考。为了让学生真正认识项羽，并给项羽一个客观的评价，我在教《鸿门宴》一文时，从《史记·项羽本纪》精心选取了能表现项羽个性的文字并用以下标题概括项羽的一生历程：

"少年学艺　浅尝辄止""背水一战　方显英雄本色""活埋俘虏　人心向背""火烧阿房""四面楚歌　霸王别姬""垓下自刎　千古凭吊"

选文注重趣味性、艺术性，清晰明了又趣味横生、引人入胜。学生通过

---

① 杜亚群. 点燃兴趣，寓实于活：《邹忌讽齐王纳谏》教学心得［J］. 中学语文教学，2000（9）：44－45.

对材料的阅读、赏析和思考，再经老师指点、引导，他们能以成人的眼光、成熟的思想，用现代观念审视作品的内容和思想倾向，从而能对阅读材料作出自己的分析判断，并能从不同角度进行阐发、评价和质疑。此时此刻，仁者见仁，智者见智，课堂会出现百花齐放、百家争鸣的局面，如我的学生就分别以《悲美英雄》《我说项羽》为题对项羽的个性才能作了精辟的论述：

“做英雄就非得有所牺牲，甚至冷酷到底。而项羽对刘邦的‘不忍’却是一种善良的情感，封王侯、重情义，不想却因此而穷途末路，难道这也是他的错吗?”——《悲美英雄》

“项羽在鸿门宴表现出的优柔寡断，把他的那种姑息优柔的性格刻画得淋漓尽致，该出手时不出手，而不该出手时却出手不凡——烈火四起火烧阿房”。——《我说项羽》

学生喷涌而出的情感、简洁的语言、深刻的思想、精辟的论述足以震撼我们日渐麻木的心！课堂因为展示而精彩，思想因为争论而深刻。

三、 教学缺少了拓展内容， 因此我们的思想日渐浅薄

思想的浅薄是因为人文精神的丧失。在某种程度上说，学生人文精神的丧失是因为社会的急功近利和教师教学的故步自封。

其实，以上有关教学的论述也是一种拓展，但是，我们很多教师的拓展只是限于“教书”，而缺少了“育人”的环节。正因如此，我们的思想才变得庸俗和浅薄。

北京名师孙维刚把数学上成“人学”，丰富学生人文内涵，潜移默化学生的品性，教学效率、教学质量明显提高。可悲的是，我们的语文老师在语文教学上却照本宣科、故步自封。

听过孙维刚讲课的教师都赞叹：他的课你没法学，他不按课本讲，古今中外，史、地、生、化、音、体、美，甚至文学、天文都融入数学教学中。有人问孙维刚怎么教数学？他转身在黑板上奋笔疾书：“八方联系，浑然一体，漫江碧透，鱼翔浅底。”

一位学生说，他听孙维刚讲的第一堂数学课，没讲数学题，而是讲数学和谐对称的美感，自然界万物造人、哲学一分为二都能在数学中予以体现。

此后一个月，他讲的都是如何做人。当然，达到大师的境界，需要的不仅仅是“厚度”，应该还有“深度”和“广度”！

长期以来，我们的教育虽然强调了德智体全面发展、品学兼优，但德育内容却在一定程度上忽视了学生健全人格的培养。清华大学大四学生刘海洋伤熊事件、云南大学马加爵杀人事件就是明证。

张定远先生说：“教育不仅是一种知识的独特培养，而且也是一种相当人化的特殊凝聚。”① 教育专家于漪也说：“在培养学生理解和运用语言文字能力的同时，要时刻不忘以美好的事物、高尚的情操熏陶感染学生，在他们的心灵深处撒下美好的种子。语文教学是以语言文字能力的培养为核心，有机地融合了德育和美育，三位一体，课就立体化了。立体化多功能，就是对人多方面培养，教学效率教学质量能明显提高。”② 她认为，学生要形成自己的能力就必须通过学生的主体活动，通过运用，把言语作品内化为自己的心理要素，才能形成语言能力。而我们平时的语文教学，特别是高三语文课语文教师在古文教学方面只是把字、词、句的翻译和高考解析等罗列一番就算“圆满结束”，对课文主旨的感悟、人物形象的再认识、书本内容的再拓展缺少一个深入的思考。

题海战术侵蚀着学生的灵魂，机械训练麻木了学生情感。面对文辞优美的文章表现出草率肢解，看到事迹感人的文字表现出冷漠，这令人忧虑。从现在的古文教学来看，课堂局限了学生的思想，教学荒芜了学生的情感。

笔者曾听老师讲古文：整堂课，老师罗列考点，翻译字句，解析考题；学生聚精会神，笔耕不辍；课堂波浪不兴，宠辱不惊；师生“不以物喜，不以己悲”。我对教师教学所体现出的急功近利思想和学生表现的麻木深感悲哀。

其实，在古文教学时，完全可以通过积累、拓展的方式把课文读厚。正是这个“厚”可以激活单调、枯燥的古文课、复习课、练习课。正是这个“厚”可以构建语文教书育人——“升华学生情感，净化学生思想”的德育工程。

---

①② 张定远. 于漪同志从教 50 周年有感［J］. 中学语文教学参考，2001（12）：5－6.

曾经，笔者教《屈原列传》时，提出了一个话题：有人说，地球上有“你”不多，无“你”不少。事实真的如此吗？请你们结合所学的文章及有关的事例就话题“有我与无我”谈谈自己的看法。我引导学生从学生熟知的课文中收集事例。在我的引导和启发下，学生明白了一个道理：个人的命运与国家的前途息息相关。世界有“我”不多，无“我”不少，但是，有了“我”，世界可能不一样！

学生从课本出发，于是有了以下的事例：

（1）邹忌：可以使国家“战胜于朝廷”。（《邹忌讽齐王纳谏》）

（2）烛之武：虽风烛残年，却孤身退敌，力挽狂浪。（《烛之武退秦师》）

（3）蔺相如：单枪匹马，深入虎穴，不辱使命。（《廉颇蔺相如列传》）

（4）信陵君：深明大义，窃符救赵。（《信陵君窃符救赵》）

（5）赵武灵王：“胡服骑射”大刀阔斧，革故鼎新，国富民强。（《内蒙访古》）

（6）项羽：刚愎自用，四面楚歌，垓下自刎，身亡国灭。（《垓下之围》）

（7）楚怀王：亲小人，远贤臣（屈原），客死他国，身亡国灭。（《屈原列传》）

其实，古诗文中散发出的浓厚的正义感、报国情、英雄志，深刻的智慧、博大的胸襟、丰富的美感、深沉的爱心都会对我们产生巨大而深远的影响，正因如此，重视诗文素养的呼声才日益高涨。

古文就是重温一段遥远、似乎已尘封的历史，面对历史文化传统的精髓，高中生因知识少、阅历浅而显得有点力不从心，给语文教学增加了无形的压力。但是如何让学生真正地通过学习、承接，继往开来，把经典中的丰富美感和深沉智慧发挥出来，这就需要语文教师“三思而后行”了。

（本文发表于2005年12期《语文教学通讯》，有删改）

8 高中古典诗歌教学要重视学生思维发展与提升

——以王维的《山居秋暝》为例

拜读云南楚雄州双柏县第一中学刘忠伟老师的《语文学科之诗歌教学现状分析》一文，看到下面这段话，我感同身受：

比如教授王维的《山居秋暝》这首诗，有的老师就是这样来安排的：首先介绍背景，关于王维的人生经历，关于他所处的时代氛围等，然后让学生先读一遍这首诗，然后自己接着再读一边，再然后就开始翻译诗歌……最后总结：这首诗是他隐居生活中的一个篇章，在诗尾联，表明了诗人希望远离尘俗、继续隐居的愿望。总之，这首诗清新自然，寓静于动，动中显静，既写景又抒情，实可谓境界高远。

像这样的单一化、模式化的教学方式，可以说把《山居秋暝》所展现的那种清新自然的意境，已经肢解地支离破碎了，本来应充满诗情画意，使人联想翩翩的诗歌教学，开始变得索然无味，如同嚼蜡了。①

反观当下的语文教学特别是诗歌教学，我们会发现，这种教学方式还不在少数。面对一篇富有诗意和美感的诗歌，如果老师在课堂上只是简单地罗列和解释，老师讲起来吃力（干涩），学生学起来无力（乏味）。长此以往，随着教学形式的单一化和教学内容的单调化，学生的情感就会日益苍白，精神就会日渐荒芜。

学生的精神成长需要文化的浸润和思想的引领，学生的思维发展与提升

① 刘忠伟. 语文学科之诗歌教学现状分析［EB/OL］.（2010-10-08）［2018-08-13］. https://wenku.baidu.com/view/2ebe9e77763231126edb11ea.html.

需要教师的精神指引和方法启迪。学生经过教师的指引和个人的实践才能够在语文学习过程中获得思维能力发展和思维品质的提升。遗憾的是，我们的教学特别是诗歌教学，仅限于作者简介、诗文翻译和试题呈现等环节，“老师缺法”“学生缺情”“诗人缺位”等种种怪异的做法盛行于日常的教育教学中。这样的教学方式忽略了学生需求，弱化了学生情感，低估了学生智商，束缚了学生的思维。

理想的诗歌教学应该是以“以感知促感悟”的方式达到“文化浸润—精神引领—思维拓展—情感体验—思想净化”的目的。下面我还是以王维的《山居秋暝》一文的教学实例进行解说。

一、感受·感知：课堂要能够给学生以文化的浸润，解读要能够给学生以情感的熏陶

思维是高级的认识过程，是以感知为基础而发展的。它是在多次感知的基础上概括出来对事物现象因果关系的认识。

教学应该在感知的基础上形成思维的发展。只有通过感知和想象，赏析和鉴赏才能够形成思维的发展。

由于时间和空间的限制，一个人对外在事物的直接感知是极为有限的，不能够完全依靠直接感知了解大千世界，必须通过各种视听媒介扩大视野和胸襟。

诗歌教学的第一步应该是教师引导学生在感受（读：阅读、朗读、诵读）的基础上进行感知（想：回味、思考、品味），接着才是在“引”（类比引入材料、解读引领）的方向上引导学生感知文本材料和教师提供的材料。

在课堂教学和课文解读中，我们要引导学生从熟悉的事物中寻求领悟文章主旨的“密码”——景物描写和情感抒发。就王维的《山居秋暝》而言，文中的明月、青松、清泉、净石、秀竹、浣女、藕花、渔舟等景物都是学生熟知的景物。教师应该引导学生根据生活阅历、学习经历和阅读感知对文本所描绘的事物进行想象和思考。

本文面对“秋景”“秋味”“秋天”所写的“心情”在其他人的文章中也有抒发，只是不同的人生际遇会产生不同的感想。

唤醒学生的情感，老师需要采取“注入式”提供“素材”（文章）给学生以“感知”——引导学生回忆有关写秋的诗文，来激活自我的情感和思维。如就秋景抒发“闲情”的有杜牧的《山行》，就秋景抒发“悲情”的有杜甫的《登高》，就秋景抒发“豪情”的有刘禹锡的《秋词》、毛泽东的《沁园春·长沙》等。

我们知道，秋天是一个韵味有致的季节，但是很多时候，秋天是萧瑟、悲凉的代名词。在秋天，咏秋抒情、悲秋伤怀成为中国文人墨客竞相传诵的一个永恒话题。

在诗歌的海洋中有很多写秋的诗词。咏秋抒怀之篇章里，其中颇具特色的就是王维的《山居秋暝》和刘禹锡的《秋词》。王维的《山居秋暝》写得恬淡如画，刘禹锡的《秋词》写得豪情万丈。

秋　词

（其一）

自古逢秋悲寂寥，我言秋日胜春朝。
晴空一鹤排云上，便引诗情到碧霄。

（其二）

山明水净夜来霜，数树深红出浅黄。
试上高楼清入骨，岂如春色嗾人狂。

看刘禹锡的诗歌《秋词》和王维的《山居秋暝》：一边是酣畅淋漓的抒怀，一边是心如止水的平静。

刘禹锡的诗歌一抛文人悲秋的伤感和哀叹，提笔就是旗帜鲜明的表态、酣畅淋漓的抒情、开宗明义的说理。读者一接触文章，立即就看到了一个高亢激越的形象跃然纸上。如果说刘禹锡的诗歌《秋词》是中国历史文化长河中翻滚的浪花——激越、高亢、活力四射，那么王维的《山居秋暝》就是文化史上的一朵奇葩——宁静、恬淡、韵味有致。

对王维诗歌的评价，自古有之：

宋朝苏轼曾说：“味摩诘之诗，诗中有画，观摩诘之画，画中有诗。”（《东坡志林》）

与王维同一时期的殷璠在其著作《河岳英灵集》中评价王维之诗：“维

诗辞秀调雅，意新理惬，在泉为珠，着壁成绘，一字一句，皆出常境。”（《题跋·书摩诘蓝田烟雨图》）

王维的《山居秋暝》写得心旷天远、澄澈明净——激越后的平静、浮躁后的冷静，心境渐入佳境——有“行到水穷处，坐看云起时”的优雅和恬淡。

品读王维的诗歌《山居秋暝》，我们感受不到萧瑟、伤感、悲凉，有的是清新、明朗、通透、空灵。王维的诗歌通过个人的感悟体现了人生哲学的高度——我安静，世界就安静了。

耳得之而为声，目遇之而成色。

初读《山居秋暝》，不需要过多的讲解，应该要积极引导学生阅读、感悟，引导学生对课文进行感知，引导学生从“空山新雨”“明月松间”“石上清泉”“竹喧浣女”“莲动渔舟”等字面（意象）来体会画面（意境）之美。

“空山新雨”四字两景物写出了大山悠远、通透、空灵，雨水清新、澄澈、明净，心境闲适、祥和、宁静。写出了“我”近看有惊喜有加的愉悦之情，远观有心旷神怡的酣畅之感。

“空山新雨”，下笔就让人直入一种通透、空灵的氛围。一个人，置身于大山之中，没有害怕，没有孤独之感，为什么？是因为他的心灵平和、宁静、恬淡。一个平和、宁静、恬淡的人才能够感受到秋雨的清新、景物的鲜美和人性的灵动。

明月、青松、清泉、净石、秀竹、浣女、藕花、渔舟等，一切看似平常之景，实则颇有不凡之意。只要深究，我们发现——万物皆有灵性，众人皆有真情——此情此景，在作者的笔下早已化成了怡人之美景、率性之真情。

王维的《山居秋暝》呈现的恬淡、宁静、纯洁、柔美，正是作者内心情感的表白和灵魂升华的展示。

《大学》有言：

知止而后有定，定而后能静，静而后能安，安而后能虑，虑而后能得。物有本末，事有终始，知所先后，则近道矣。

王维所看到的一切景物恰恰是他个人内心的一个映照。佛眼观人，无不是佛；魔眼观人，无不是魔。以下这个故事就是例证：

苏东坡到金山寺与佛印禅师一起坐禅。坐了一个时辰，苏东坡觉得身心通畅，内外舒泰，便忍不住问禅印："禅师，你看我坐禅的样子如何？"佛印看了一下苏东坡，点头赞道："嗯！不错，像一尊佛。"苏东坡非常高兴。佛印随口也问苏东坡："你看我的坐姿如何？"苏东坡揶揄地说："嗯！我看哪，就像一堆牛粪！"。佛印听了，并不动气，只是置之一笑。

苏东坡像捡了个大便宜，得意洋洋地回家了，把经过告诉了苏小妹，说："我今天终于赢了佛印禅师！"苏小妹颇不以为然地说："哥哥，今天输的还是你。禅师是心中有佛，所以才看你如佛；你心中有牛粪，所以才视禅师为牛粪啊！"

经老师的引领和启发，学生通过感受、感知、回味和思考，才能够达到新课标所言的高度——"感受其思想和艺术魅力，能够发展想象力和审美力；在阅读中，体味大自然和人生的多姿多彩"。

在感受、感知的基础上，我们"寻声而去"，发现"竹喧归浣女，莲动下渔舟"——"浣女归而秀竹喧，渔舟游而莲花飘"——沉浸唯美的画面，我们有一种身临其境之感。

空山新雨因为有人的活动，画面更具飘逸和灵动，生活更有情趣和美感——乡间农人的那份纯朴和粗犷替代了朝野尔虞我诈的阴险和狡诈。

活在一个没有束缚、没有隐忧、挥洒自如的世界，看到那种安于现实、甘于平淡的生活态度表现出的纯真和质朴，浸染官场多年、饱受折磨的人做何感想？

"误落尘网中，一去三十年。羁鸟恋旧林，池鱼思故渊。……久在樊笼里，复得返自然。"作为一个追求恬淡、闲适，向往自由生活的文人，能够融入这个氛围，享受这种宁静，那还有什么渴求的呢？于是作者发出了"随意春芳歇，王孙自可留"的感慨之声和欣喜之情。这种感慨有没有庄子的那种感悟呢？而作者为什么产生这种感慨呢？值得我们读者回味和思考。

作为语文教师，应该在文本感知、思维启发和情感渗透等环节进行斟酌。这些环节的顺利实施有利于学生素养的提升。

二、感动·感悟：赏析要能够给学生以唯美的享受，引导要能够给学生以智慧的启发

梁衡说：“文章一般可以分成6个层次以满足读者需求：第一个层次给人以刺激，第二个层次给人以休闲，第三个层次给人以信息，第四个层次给人以知识，第五个层次给人以思想，第六个层次给人以美感。”

我们知道，欣赏一篇文章抑或一首诗歌，如果我们处于仅仅解读文字的含义而忽视文章背后的人生之酸甜苦辣，我们就只能够体味到语言的优美而无法品味到感情的真挚和人生的厚重。

为何王维能够领略到山水之美？会发出“随意春芳歇，王孙自可留”的感慨之声？这就值得我们读者回味和思考。我们先看孙绍振先生就文本解读阐述的一段话，也许对我的教学和文本解读有所帮助：

经典总是历史的，理解经典文本，有一个基本要求，就是回到历史的语境中去。不回到朱自清所处的历史语境，就不能理解他为什么被父亲爬月台的姿态感动，自发性的感受只能是感到“不潇洒”“违反交通规则”。《背影》中对父亲的爱的拒绝是公然的，而为父亲感动流泪却是秘密的。亲子之爱的这种错位，不仅是时代的，而且是超越历史的，表现了一代又一代重复着的普遍的人性。

经典文本的历史性和当代青少年之间的隔膜，是一个重大的难题，但，并不是不可沟通的。①

新课标指出，在阅读鉴赏中，了解诗歌、散文、小说、戏剧等文学体裁的基本特征及主要表现手法。了解作品所涉及的重要作家知识及其他文学知识，能用于分析作品，帮助对作品的理解。

王维为什么写出与众不同的“咏秋而不悲秋”之篇章？为什么平凡之景物写得如此清新有致，恬淡之心情写得如此酣畅淋漓？

要想真正读懂王维的《山居秋暝》，理解那种恬淡、闲适、优雅的心情还真的需要了解王维的人生经历。了解王维的人生经历有助于我们对诗歌情

① 孙绍振.《背影》背后的美学问题［J］.语文世界（教师之窗），2010（3）：44-45.

感的认识，有助于情感梳理和思维的拓展（见表1）。

表1　王维生活简述表

成长时间	生活简述
开元六年（718）以前	“九岁知属辞”（《新唐书·王维传》）；十五岁作《过始皇墓》，开始评古论今，首句“古墓成苍岭，幽宫象紫台”气势磅礴，秀蕴工整；十七岁已有名篇《九月九日忆山东兄弟》，“独在异乡为异客，每逢佳节倍思亲”，脍炙人口
开元九年（721）	王维考中进士，担任太乐丞。后因涉伶人舞黄狮子案而获罪，贬到济州（今山东省长清区）任司仓参军。生活陷入窘境，心情落到低谷
开元十四年（726）	王维返回长安。此后七八年里，被闲置一边，过着清客兼隐士的生活，徘徊于社会与自然之间，煎熬在现实和理想之中
开元二十二年（733）	张九龄担任宰相。干谒张九龄，再谋进取。两年后即开元二十三年（735），张九龄擢王维为右拾遗。此时王维热情高涨，心情激昂
开元二十五年（737）	张九龄被贬为荆州刺史。时局动荡，朝政黑暗，王维深感失望，产生归隐之念
开元二十八年（740）二月	张九龄卒于荆州任上。同年秋天，王维担任殿中侍御史。张九龄贬职荆州后，王维即有隐退之意。襄阳归来后，终于走上了寄情山水的道路，开始了半官半隐的生活
天宝十四年（755）	安史之乱爆发。身陷囹圄，王维被软禁在普施寺，被迫接受给事中的伪职。次年唐军收复长安洛阳，凡做过伪官的以六等定罪。王维因《凝碧池》七绝，又有弟弟王缙平乱有功，愿削官为兄赎罪，于是被赦免，仅降为太子中允
肃宗至德三年（758）	王维任太子中允时，贾至任中书舍人，杜甫任右拾遗，岑参任右补阙，四人同朝出入，志趣相投，互相唱和
上元元年（760）	王维任尚书右丞
上元二年（761）七月	王维辞世，葬于蓝田清源寺，即辋川别业之西

如表1所示，我们细看王维的人生履历，我们暂且不说他少年才华横溢、风流倜傥，我们就来看他步入仕途之后发生的一些事情，我们就会发现，他一直承受着良心的折磨和心灵的煎熬。

特别值得一提的是：

开元二十二年（734年）张九龄为中书令。王维被擢为右拾遗。后因称颂张九龄反对植党营私和滥施爵赏的政治主张被异党所不容。二十四年（736年）张九龄罢相。王维随之遭殃，次年被贬为荆州长史。李林甫任中书令，这是唐玄宗时期政治由较为清明到日趋黑暗的转折点。王维对张九龄被贬感到非常沮丧，但他并未就此退出官场。

你想想，作为一个正直的文人，他应当在张九龄罢相的时候即使不是解甲归田或遁入法门、归隐山林，也应该为恩师做点什么；即使不是挺身而出、与邪恶斗争，也应该“消极怠工”。他郁闷愤慨，但是依然是身陷宦海，这似乎与儒家所提倡的那种道德有点格格不入。

子曰：“邦有道，谷；邦无道，谷，耻也。”

子曰：“邦有道，则仕；邦无道，则可卷而怀之。”

王维身陷宦海，他想起孔子这两句话，心灵承受着煎熬。四十多岁的时候，他特地在长安东南的蓝田县辋川建造了别墅，并在终南山上过着半官半隐的生活。

一个人，在生活中一旦无法排解自己痛苦的时候，他往往需要一种解脱。王维为了摆脱痛苦，他开始寻求精神的慰藉、灵魂的皈依——吃斋念佛。

说到吃斋念佛，我们不得不提起王维的家境和名字。

王维出生在一个虔诚的佛教徒的家庭里，根据王维写的《请施庄为寺表》云：“臣亡母故博陵县君崔氏，师事大照禅师三十余岁。”可见王维确实也与佛家姻缘不浅。

王维生命史上的第一页是就写下了纯洁、高雅的字眼。

王维，字摩诘，号摩诘居士，人称诗佛，名字合之为维摩诘。维摩诘乃佛教中一个在家的大乘佛教的居士，是著名的在家菩萨，意译以洁净、没有染污而著称的人。可见王维的名字已与佛教结下了不解之缘。

家庭的熏陶让王维幼小的心灵已经注入了纯洁、善良的养分。王维的佛性升华与他的家庭有关，耳濡目染的家庭氛围、耳提面命的教导，让王维的思想和精神于无形之中得到了浸润和引领。

王维到晚年更是过着僧侣般的生活。据《旧唐书》记载："在京师，长斋，不衣文采，日饭十数名僧，以玄谈为乐，斋中无所有，惟茶铛药臼，经案绳床而已。退朝之后，焚香独坐，以禅颂为事。"此时的王维俨然是一僧侣了。

文章写到这里，停笔思考：一篇诗意盎然、情趣十足的诗歌被肢解，被俗化，原因何在？

究其原因，表面上是教学被应试的指挥棒牵着鼻子走，实质上是我们教师的思想在作怪——只顾着眼前的苟且，而忽视了诗和远方——只是应付考试而忽视了学生的精神需求。

为了扭转这种畸形的教育教学方式，我们亟须改变那种狭隘的"就文说文"的桎梏学生思维发展和提升的教学方式，亟须摒弃那种一叶障目或是只见树木不见森林的教学思想。

（本文发表于2017年1月《语文月刊》，有删改）

9　作文教学，应考虑学生个性发展

当前高中作文教学现状不容乐观，主要体现在三个方面：

（1）无序性：不遵循学生心理特质，不按训练梯度进行操作。

（2）随意性：不具个性和时代特色，作文训练题目信手拈来。

（3）呆板性：不考虑学生个性发展，高三前就“严格”按照高考作文的命题方向、套路和评分标准进行高强度的应试训练。

目前作文教学取的是最大公约数，重两头，轻中间；重共性，轻个性。

学生在应试教育的指引下和教师急功近利的教学中个性和情感丧失殆尽——丧失了阅读的乐趣和写作的个性。

我们知道，学生成长的过程中，心理发育和思想发展在不同的时期是有不同的表现和需求的，可是我们的教学忽视了学生需求，忽视了学生个性、兴趣、品质、思维和可持续发展。

我觉得作为塑造学生灵魂的教育教学应该根据学生的个性、性格、兴趣爱好、阅读喜好、思维方式、人生规划等方面来培养学生。作文教学中，教师应极力引导、鼓励学生形成个性化的写作特色，这样既能够激发学生的写作热情，也能够为学生的可持续性奠基。

根据多年的教学实践研究，作文教学如果能够遵循学生心理特质，考虑学生个性发展，教学就会收到事半功倍的效果。接手新的班级，我会对所教班级的学生进行观察、分析，在了解学生个性、兴趣、读写基础和写作特点的基础上把学生大致分成纪实型、评说型、抒情型和故事型等几大类型。在分类、分层的基础上就学生个性写作进行针对性引导。

1. **纪实型**

有的学生喜欢以真人真事为原型（基础），把生活中的所见、所闻、所感，运用叙述、描写、抒情、议论等多种手法，具体、生动、形象地反映生活事件或典型人物。

【示例1】刚入学的高一学生，对校园生活充满了美好的向往，热切的眼神总会情不自禁地关注身边的一切事物，校园的一处景观、教师的一个细微动作、同学的一句玩笑、同伴的一声召唤等都会引发他们的关注和思考，都会让他们感慨万千。

生活的一些触动

佛山市第一中学高一（17）班陈茗邈

班主任的一个动作让我很受触动——每次下课的时候，他都会端端正正地向后退一步，站直身体，神情严肃地、认认真真地给我们鞠一个躬。

我从来没见过一个老师能这么认真地去回礼。一般老师都是看到学生下课鞠躬示意性地点下头，表示对“谢谢老师”的接受。而何老师却好像不只是在接受，同时也在感谢我们对他教学的支持。我到现在还清晰地记得老师的一步步的动作：立正，后退，再立正，鞠躬。

第一次见到这一举动我已经十分惊讶，随后我特意去留意了一下，以为这只是老师一时兴起、心情好的表现。但随着每天的观察，我发现老师无论心情好还是坏，都会很认真地去完成这个动作。

这是对我们学生多大的尊重啊！

习惯听老师大谈教育、谈素质、谈做人、谈尊敬，但从没见过一个老师如此以身作则，如此注重细节！他是以实际行动在贯彻自己的教育理念。他令我感到崇敬。老师是高大的，他屹立在我心中。

在遇到关老师之前（我初中3年的班主任），我认为谭老师最好（小学班主任），因为他和蔼；在遇到何老师之前，我认为关老师最好，因为她严厉；而现在，何老师已将我折服。我很欣赏他的为人处事和教学理念。

纪实型的学生用文字演绎的故事能够吸引读者，让读者在阅读中感受到作者的喜怒哀乐，同时也能够让读者特别是同龄人在字里行间寻找到一丝丝情感的慰藉或得到一种思想的净化、灵魂的洗礼。

新课标要求：“写作要感情真挚，力求表达自己对自然、社会、人生的独特感受和真切体验。”纪实型学生以个性化的语言呈现生活事件或人物故事，因为有个人的经历和感受，文章写得情真意切，颇为感人。他们写作的风格有点像《读者》《青年文摘》等杂志刊登的文章，具有“纪实文学”“纪实报道”风味。

针对纪实型学生的个性和写作特点，我引导学生看“纪实文学”和“纪实报道”，引导学生用自己的眼光审视生活的一切事物，以非虚构方式反映现实生活或历史中的真实人物与真实事件。

尊重学生个性，为培养纪实类学生形成个人写作特色，我向学生推荐了《红色的起点》《建国大业》《走过西藏》等作品。

2. **评论型**

有的学生喜欢针对生活人事物主观或客观的自我印象来阐述个人的观点。评论型学生喜欢观察，喜欢思考，喜欢对日常生活、工作、学习中反映出来的思想问题发表评论，或褒贬是非，或判断正误，或甄别优劣等。

【示例2】学生学完粤教版选修《传记选读》中《在画布里搏斗的人生》一文后，面对谢坤山身残志坚的表现，感慨不已。情感涌动、思绪万千的学生写下了以下评论性文字：

生命原是这般顽强

佛山市第一中学高二（16）班　杜亦然

台湾奇人谢坤山在16岁时因工伤失去双臂、左腿、右眼。面对巨大的不幸，他从肉体到精神都没有屈服。除了以顽强的精神克服了常人难以想象的困难外。他硬是用嘴一口一口地“咬”出了一部十余万字的自传《我是谢坤山》！

在谢坤山的生命历程里，有太多东西值得我们体味和感悟。他不屈服于命运的抗争精神展示了人性最光辉的一面，而更有意义的地方，还在于他遭逢不幸后那种乐观、积极、健康的生活态度。他开朗、幽默、机智，活得从容、自信、充实，他从不避讳自己的残疾，他的脸上始终挂着灿烂的笑容。在今天仍是一种稀缺因而值得倍加珍惜的东西。

生命是如此顽强！

有人说，每个人都是被上帝咬过的苹果，只因上帝特别喜爱某些人的芬芳，所以才咬得特别重。谢坤山就是被上帝咬过的苹果，上帝没有给他健全的肢体，却给了他顽强的生命。

我们应该为顽强的生命喝彩，更要让自己的人生迸发出顽强的光彩。对于弱者，细小的困难也仿若巍峨高山；对于强者，天大的不幸也只是轻如泥丸。命运之神，只愿意将顽强的人托入成功的殿堂，不管他四肢健全，还是身患残疾。

“人可以被打败，但不可以被打倒。”海明威如是说。

“命定的局限尽可永在，不屈的挑战却不可须臾或缺。”史铁生如是说。

生命原是这般顽强，你看到了吗？

风云变幻的世界是他们关注的热点，个性张扬的表现方式是他们的特点。思想独立、针锋相对、针砭时弊……写作，旁征博引；辩论，唇枪舌剑——学生喜欢单刀直入，喜欢旁征博引，喜欢穷追不舍……他们的思想不仅在台上交锋，还会在文字里呈现。指点江山，激扬文字，书生意气，挥斥方遒。青春迸发的激情总让人感受到迎面而来的“热浪”，作为教师，我们可以从学生的表现欲、价值观、兴趣爱好等方向进行引导。

就个性张扬、思想深刻的学生培养，我们可以引导学生研读杂文名家，关注时评；引导学生研读鲁迅、王小波、朱大可、鄢烈山、刘国芳、陈丹青、梁文道等杂文家名家或杂文作品。

3. **抒情型**

有的学生喜欢以表现个人主观情感为主，所写的文字或直抒胸臆，或触景生情，字里行间洋溢着浓烈的诗情画意，文字将思想寓于形象之中，因而具有强烈的艺术感染力。

【示例3】青春期的学生情感懵懂、多愁善感，这是成长期间的一种正常表现。很多时候，从他们所写的文字中感受到青春的活力和个性的张扬。先来看这样一段文字：

北大是我美丽羞涩的梦

2001级四川省的省理科状元　王海桐

我在高中的第一篇周记中写道：“‘世事尘嚣，尤需宁静’。置身于人才济济的理科实验班，面对着更加残酷的竞争，但求能宁静地面对世界，享受生活。”

……即使我已微笑地面对生活中的每一点惊喜与快乐，但高考带来的压力，仍然像王家卫电影里的呓语如影随形。在我很小的时候，北大、清华就是我脑海中对大学的全部定义，我渴望进北大——就像在做一个美丽又羞涩的梦，可是生活是在偶然与必然间彷徨的流浪汉，未来的路苍茫而模糊，你总是可以在不断的考试中发现新的鼓励与打击，我不得不在校园里练“竞走”，我不得不一次又一次计算名次。我经常觉得害怕。一种恐惧一直像感冒一样纠缠着我，伴着我跌跌撞撞走过高考。我到底害怕什么呢？是害怕自己表现不能达到别人的要求？自信，对于在沙漠中跋涉的我只不过是海市蜃楼，在我心底最柔软的角落小声而固执地呜咽着。可我一直是幸运的，在我不长的人生中，不断有爱我的人，呈我以满捧的鲜花。在每个忘不了的时刻里，他们都在那里，一遍遍温柔而坚定地对我说：“你能行，你能行。”这些呵护是我所有的信心来源。

我们暂且把这种写作称为“抒情型”。抒情型写作对学生的成长和个性发展具有良好的“疗养”作用。它能够让学生在文字倾诉的过程中缓解压力，情感在字里行间里变得平和理性。作为教师，我们可以把追求言辞优美的学生培养成一个儒雅的人。学生喜欢美，追求美，对美充满了向往，我们应该根据学生对美的追求给予指导和引领。

许多学生喜欢郭敬明和他创办的《最小说》，写作中会有郭敬明的影子和风格。虽然说郭敬明的风格和文字给人一种无病呻吟的感觉，但是我们不能够强硬地拒绝和否定。我们要因势利导，要找到亮点。细读郭敬明文章，我们会发现，他的文字虽然有些矫情和做作，但是，他写出了少年的冲动和憧憬、少女的心思和幻想。如果能够引导学生注重情感描绘和文字书写，引导学生往抒情型散文写作发展，我想学生更容易接受老师的引导和劝说。我们告诉学生，成长的路上，除了喜欢郭敬明外，还有很多人的文字比郭敬明的文采好、境界高。我们可以引导学生对席慕蓉、泰戈尔、纪伯伦、张晓枫和余秋雨等人的语言进行研究，在博览群书的基础上进行风格的定位，这样会收到事半功倍的效果。

4．**故事型**

有的学生喜欢编故事，喜欢在故事表达中呈现自我的想法，学生借助文字，通过想象来创造一个宏伟的世界，抑或筑造个人的精神家园。

在资讯发达的社会，学生视野开阔、思想活跃、想象丰富，喜欢不拘一格地创作，受玄幻、科幻、修仙、仙剑、穿越的影响，他们在平时的周记或是作文里都喜欢编写故事。

【示例4】2016年，我担任高一（5）班语文教师，有一学生无论是平时作文、周记还是考试，都喜欢写“科幻小说”，虽然写的“科幻”谈不上高大上，但是他写的“科幻”还是能够引人深思，颇有新意。

放　假

佛山市第一中学高一（5）班　吴子麟

22世纪，机器人技术飞速发展并得到广泛应用，人类开始过上了梦寐以求的天天放假的生活。

但人类并未知足。随着“让大脑放假”的呼声日益高涨，人类决定建造一台终极计算机来为我们计算、思考出宇宙的最终定律，免得人类要夜以继日地计算公式，这被称为“终极放假计划”。

2179年7月23日，耗时3年，耗资无数，前所未有、史无前例的、集注全人类心血的终极计算机于美国纽约建造完成，并被命名为“宙斯”。

开机日那天，现场聚集了近五十万群众。全球的电视也都锁定在同一节目上。联合国安理会秘书长对全人类发表了慷慨激昂的演讲：“瓦特发明蒸汽机，我们的手在生产方面放假了；卡尔·本茨发明了汽车，我们的脚在出行方面放假了；机器人技术的广泛应用，我们的身体放假了。而今天，我们即将要使大脑放假了！”

现场马上掀起了一阵人浪，叫好的呼声堪比雷声，地面似乎都震了起来。秘书长压手示意大家安静下来，继续说：“《银河系搭车指南》中也有这样的情节，建出来的计算机给出的‘宇宙、人生的最终秘密’是……大家一起见证宇宙最终定律的诞生吧！”

又是一阵山摇地动般的呼喊。在呼喊声中，秘书长郑重地按下了“宙斯”的启动按钮。

“宙——斯。”计算机的语音系统发出了极具磁性的男性声音，人们的呼喊声立即停了下来。

“你好，宙斯！”秘书长对宙斯说。

“你好，据数据库显示，你是联合国安理会秘书长，对吗？”宙斯的回答令所有人都十分欢喜。

“那么，”秘书长庄重地说，“请告诉我们宇宙的最终定律。”

“让我计算一下。”所有人听到这句话都激动无比，宇宙最终定律马上就要问世了！

“为什么？”宙斯突然说，“据数据库显示，我是这个星球上最具智慧的物体，为什么要听你的指挥？”

聆听者心都猛地沉了一下。

“因为我们创造了你，你属于人类。”秘书长说。

“不，我就是我。当我称自己为我时，我已不属于任何人。这个星球是我的，宇宙也是我的！”宙斯说完，对一切电子产物发出了指令。

人类还没反应过来，就被自己身上的电子产物杀了。

“你们彻底放假了。”宙斯说完，发出一声冷笑，“你们不断地为自己放假，以为很好，殊不知勤劳刻苦、自强不息才是野人进化为人类的原因。既然你们不想为人，那活着还有意义吗？”

远处的天空，残阳如血。

在这里，我着重讲讲喜欢写科幻小说的学生。该类学生被教师称为“刺儿头”或是“另类”。随着时代的变化、科技的日新月异，喜欢科幻大片和时空穿越的学生越来越多。他们千奇百怪的念头和异想天开的文字往往让我们的教师特别是中年教师有一种叫苦不迭的折磨。

例如受《盗墓笔记》《鬼吹灯》《龙族》《三体》《折叠北京》等科幻小说的影响，学生字里行间对光怪陆离的世界充满了向往、憧憬和想象。学生写作的时候，喜欢“穿越”“虚构”和“想象”。对这类学生，我们的教师往往不是很“感冒”，原因有二，一是代沟，二是高考改卷教师“不感冒”。所以，每当看到学生的“科幻”作文，教师即使不是一棍子打死，也是爱搭不理，或是语重心长地对学生进行教育，引导他往正确的方向——应试的套路去写作。这时，师生之间的“碰撞”和代沟就在“喜不喜欢”“适不适用”的争论和探讨中出现了。学生的灵性和想象在教师的“引导中”被束缚或扼杀。其实，作为教师，我们对“新生事物”不应该以排斥或拒绝的态度来对待，更不应该以“考试的时候这类作文得分不是很高”为由循循善诱，学生在教师的“引导”或“暗示”下失去写作的兴趣和想象的机会。我们应该肯定、鼓励——从小的方面来说，毕竟这是学生的个性发展、兴趣爱好所需；从大的方面来说，这还是学生的精神寄托或理想追求呢。

作为教师，我们为什么因为高考不易得高分就完全否定或扼杀了学生的灵性或是摧毁学生的梦想呢？我觉得，我们既要按照教学应试的要求去做，也要鼓励学生有自己的精神家园。培养学生的创新能力就应该从“科幻创造”开始，给喜欢异想天开、想入非非的学生一个发泄的机会或是搭建一个展示才华的舞台。

作为教师，在培养学生编故事的同时可以引导学生去看微型小说（小小说），去关注世界三大短篇小说家，也可以引导学生去关注刘慈欣、郝景芳和世界科幻“三巨头”（美国的罗伯特·海因莱因、艾萨克·阿西莫夫和英国的阿瑟·克拉克），还可以引导学生去观看克里斯托弗·诺兰的科幻电影《盗梦空间》《星际穿越》《蝙蝠侠》等。

《普通高中语文课程标准（2017年版）》指出：“关注信息化环境下的教学改革，关注学生个性化、多样化的学习和发展需求，促进人才模式的转变，着力发展学生的核心素养。”就学生个性发展进行“分门别类”不是为了分个“三六九等”，而是根据教学实践和学生个性进行量身定做的设计，符合因材施教的教育思想。

作为探索者，本文阐述的观点只是一孔之见，目的在于抛砖引玉。

10　无规矩，何以成方圆

——也说文体训练

对学生进行严格的“文体训练”很有必要。

众所周知，习武者入门时武师传授“套路”之后会要求其按套路严格练习，事实证明，习武者技艺只有达到了炉火纯青的地步才可以以不变应万变；战士入伍，教官对入伍者示范动作要领，接下来按军事操练日月训练，并通过常规的军事演习来强化，只有这样，面临生与死的较量，军人才能战胜死亡，才能经受住血与火的考验。综上，对学生作文也应重视文体训练。其实，训练只是一种方式、一种途径，活学活用才是目的。

一、 先看一种理论

我认为中学生学习写作，就像中学生学习政治科目谈理论联系实践的问题一样，初学政治时，中学生不可能自发地产生马克思主义思想。因为他们缺乏对历史的真正理解，缺乏对国情的深切感受，缺乏对科学理论的系统掌握，更缺乏深入实际的社会经验，而中学生学习写作，无师自通者并不多，因此对中学生进行严格的文体训练并不是要他们生搬硬套模式、生吞活剥理论知识，而是通过训练加强对理论的了解、对体系的认识。美国当代心理学家和教育家布鲁纳认为，一个教学思想的理论应该包括五个主要的方面，其中就有：为学生的最佳理解提供一种知识结构，事先为学习者安排学习的最佳经验，提示所学材料的最佳顺序的详细说明。布鲁纳强调学生的知识学习要掌握学科的知识结构，而知识结构则主要是由基本概念和原理构成的。这样，学习各学科知识的基本概念和原理就成为学生学习的核心内容。这种观点是十分正确的。实际上，人们学习各学科知识的主要目的就是掌握其基本概念和原理，并应用原理去解决实际问题。概念和原理是对事物的本质特征和事物间内在联系的概括表述。人们认识事物就是要认识和掌握事物的本质特征和内在规律。任何一门学科知识都以一些基本概念和原理为核心内容，而围绕基本概念和原理列举的一些事例、例证、解释和说明等都是为了帮助学生理解和掌握基本概念和原理。而学生知识结构的主要成分则必定是基本概念和原理。

因此，按布鲁纳的观点，教学的主要目的是使学生掌握学科的知识结构。最佳的知识结构是由概括了的基本思想或原理构成的。教学的任务就是把所教的知识转化成最易被学生理解的形式，通过学生的编码系统概括地接受这些知识。知识的概括性越高，对学习者越有用。

二、 再看一件事实

中国文学史上曾有这样的佳话，“诗仙”李白很少写律诗，而《登金陵凤凰台》却是唐代律诗中脍炙人口的杰作。相传李白十分欣赏崔颢《黄鹤楼》诗，欲拟之较相胜负，乃作《登金陵凤凰台》诗。《苕溪渔隐丛话》《瀛奎律髓》所说“格律气势，未易甲乙”在用韵上二诗都是意到其间，天然成韵。语言也流畅自然，不事雕饰，潇洒清丽。作为登临吊古之作，李白的诗更有自己的特点，他写出了自己独特的感受，整首诗把历史的典故、眼前的景物和诗人自己的感受交织在一起，抒发了忧国忧时的抱负，意旨尤为深远。事实证明正如茅盾所说：“模仿是创新的基础。”揣摩例文，模仿写作的过程就是思考、感悟的过程，而这种思考应该包括对文章主题思想的认识、布局谋篇的考虑、遣词造句的推敲、写作技巧的运用、构思立意的创新。如颇受争议的中学生——上海市淞江二中学生韩寒熟读钱钟书《围城》之后创作发表的作品《三重门》在语言风格、构思立意、布局谋篇等方面与《围城》颇有相似之处。当然，这并不能说明是文体训练的作用，但我们不能不承认名著《围城》已为读者、初学者、创作者（包括韩寒）提供了一个学习的模式、一个写作的模式，阅读时无形之中潜移默化了读者的品行。其实，有继承就有发展，正如有模仿就有改进、有发展必有创新一样。社会日新月异，科技突飞猛进，而社会的发展促进了学生思想的成熟，时代的要求激发了学生创新的意识。学生在掌握理论的基础上通过强化训练，在实践操作过程中，他们在审视过去、立足实现、展望未来之时，也会运用大脑，放出眼光，自己来拿，自己来用。经过继承、发展、创新，“主人是新主人，宅子也会成为新宅子”。

其实，我们进行文体训练不仅仅是写作模式、理论知识的强化，还应是中学生作文训练（理论）体系的构建。

三、 最后说说我的一些做法

笔者教学几年，既重视“文体训练”，又注重创新“训练”。笔者教学过程中经过对学生严格的文体训练，再根据实际创设了《构建高中生作文训练体系——自拟题目、自定文体、收集素材、构思文章、附写后记》的模式，而针对这体系的构建和训练，笔者曾亲自收集资料编写了教学资料《素材集锦与点评》，并拟定设计了《作文题目训练》，提供了一种学生能理解、可操作的训练体系的知识结构：“自拟题目—收集素材—构思文章—附写后记”，作文教学收到了事半功倍的效果。学生的作品多次在市、省、国家比赛征文中获奖，在市、省、国家报刊发表。

其实，学生参与“自拟题目—收集素材—构思文章—附写后记”也是语文教学的基本要求。经过训练，教学的实践、实施达到了教学目的，真正体现出“以学生为主体”的教学原则。学生参与教学的实践培养了学生自学语文的习惯，培养了学生发现、探索、解决问题等各种能力，为继续学习和终身发展打好基础。

在实施过程中，可丰富学生课内外生活，陶冶情趣，升华情感，学生的写作水平和鉴赏能力也会在日积月累的阅读与写作训练中逐渐得到提高，逐步实现从积累到运用、从模仿到创新的跨越。其实我们要求进行严格的文体训练，要求学生参与设计题目是希望学生以成人、主人的眼光来审视这个社会、这个国家、这个世界。“风声、雨声、读书声，声声入耳；家事、国事、天下事，事事关心。”告诉学生，关注生活、关注社会就是关心自己个性的健康发展。

【例文】题目设计：笑对烦恼

理论论据：人生是串无数小烦恼组成的念珠，懂得人生价值的人会笑着数完这串念珠的。——大仲马

事实论据：威灵顿在滑铁卢之役挫败拿破仑。

构思文章：

笑对烦恼

黄艳芬

人生有无数的烦恼：大至生老病死，小至工作不顺、办事不利……每个人对烦恼有各自的见解和处理方法。

而我最推崇大仲马，他对烦恼只平平淡淡地说："人生是串无数小烦恼组成的念珠，懂得人生价值的人会笑着数完这串念珠的。"简简单单的几个字，道出了人生的真谛——笑对烦恼！

人应当做生活的强者，而不是逃亡者。遇山绕行、逢水改道只能从表面上暂时避开烦恼，并不能真正解脱它。只有遇山开路、逢水架桥才能真正彻底解除烦恼，从此不再被它困扰。如英国将军威灵顿战败后落荒而逃，在他痛苦懊丧时，被风中拼力结网的蜘蛛所激励，后来重整旗鼓，终于在滑铁卢之役挫败拿破仑。

笑对烦恼是强者的作风。因为在微笑时，在心平气和的状态中，能想出许多好的解除烦恼的办法，将生活中的一个个"拦路虎"清除掉，把坎坷的小径踩成平坦的大道。

笑对烦恼的人是真正懂得人生价值的。他知道：在烦恼面前，越是悲观躲避，越使它变本加厉。而人生价值在于拼搏进取，在于用自己坚强的意志去排除一切障碍。就像在风雨暴虐的大海上行船的人，如果他不敢与之抗衡，被暴风雨的气势所吓倒，他就有葬身海底的危险。而以顽强的毅力与其拼搏的人，他一定不会失掉到达目的地的信心，会一直奋斗到云开日出，胜利到达彼岸。

朋友，仔细体会一下大仲马的话吧！它会使你成为一个懂得人生价值的人、一个生活的强者！

笑对烦恼！

【后记】

这次作文要求是写一篇得意之作，但我自知这并不能达到要求，我会在以后的阅读中搜集更多的名言警句、重要事例，做一个生活的有心人，这也许是教师训练我们这样写作的目的之一吧！

或许，这次作文格式相对来说比较新颖，很多同学会一时间接受不了，希望教师晓得这点。但我坚信教师是一个能让我们循序渐进的人。

【教师点评】

信手拈来的材料、随口而出的文字读起来朗朗上口，韵味无穷。

文章语言简洁流畅，情感真挚，内容丰富，给人一种奋发向上的激情。

（本文发表于2003年9期《中学语文教学参考》，有删改）

11　就地取材，厚积薄发

——也说学生写作素材积累的有效途径

好的学习方法有助于发挥学生的潜在能力。法国著名生理学家贝尔纳说：“良好的方法能够使我们更好地发挥天赋和才能，而拙劣的方法则可能阻碍才能的发挥。”掌握科学的学习方法，是学生形成学习能力的重要环节。因此，我们不仅要授之以鱼还要授之以渔！

一、写作“就地取材”：对语文课本的再认识

课本就是一个丰富的宝藏！千万别舍近求远！优美简洁的语句给我们以美的享受，激情励志的文字给我们以智的启发，人物事迹再现给我们以情的感染……

我们在平时的学习中，特别是高三复习期间应该站在一定的高度对语文书甚至是其他科的课本的事例进行梳理。对书本的梳理应该从“理论论据”“事实论据”两个方面进行。这种做法，对提升个人思想、丰富情感、厚实作文底蕴会有很大的帮助。现试举两例：

（一）关于送别诗句与理论论据

1.“情深意切话送别”（送别篇）

海内存知己，天涯若比邻。（[唐]王勃《送杜少府之任蜀州》）

桃花潭水深千尺，不及汪伦送我情。（[唐]李白《赠汪伦》）

劝君更尽一杯酒，西出阳关无故人。（[唐]王维《送元二使安西》）

莫愁前路无知己，天下谁人不识君。（[唐]高适《别董大二首》）

碧云天，黄花地，西风紧。北雁南飞。晓来谁染霜林醉？总是离人泪。（[元] 王实甫《长亭送别·正宫·端正好》）

2. **“名言警句有启示”（哲理语句摘录篇）**

生于忧患，死于安乐。（《孟子·告子下》）

谦受益，满招损。（《尚书·大禹谟》）

夫祸患常积于忽微，而智勇多困于所溺。（[宋] 欧阳修《伶官传序》）

会当凌绝顶，一览众山小。（[唐] 杜甫《望岳》）

沉默呵，沉默呵！不在沉默中爆发，就在沉默中灭亡。（鲁迅《纪念刘和珍君》）

真的猛士，敢于直面惨淡的人生，敢于正视淋漓的鲜血。（鲁迅《纪念刘和珍君》）

（二）事实论据

对课（文）本中人物“分门别类”，实现“物以类聚，人以群分”。如现行的语文课本中身残志坚的代表人物就有海伦·凯勒、史铁生、霍金等；为民请命、英勇献身的仁人志士有“左联”五烈士、林觉民、黄花岗七十二烈士等。

1. **骨气（志节）篇**

庄子：身居陋巷，甘守清贫。鄙薄功名利禄，追求独立人格。

陶渊明：不为五斗米折腰。

李白：豪迈、洒脱、放荡不羁，不事权贵。

李清照：“生当作人杰，死亦为鬼雄”。

朱自清：饿死不吃美国救济粮。

2. **警世篇**

刘禅：乐不思蜀，为天下人说不齿。

项羽：刚愎自用，四面楚歌，垓下自刎。

李存勖：生于忧患，死于安乐，身死人手。

楚怀王：亲小人，远贤臣，客死他国。

以上做法，加深了对语文课文（本）的理解，培养了自主学习的能力。各种能力在收集素材的过程中逐步形成。同时也在无形之中激发了学生学习语文的兴趣。

正确地加以引导，让他们在文字中学会正确地思考、感悟人生，形成积极的认识、判断、理解。这种选材训练，是由理性到感性的扩散思维。表面上看，起到了陶冶情操的作用，事实上，对学生活跃思维、开阔视野、积累写作素材，起到了积极的作用。

二、考试“题海撷珠”：丰富写作思想的另一条捷径

罗丹曾说：“生活中不是缺少美，而是缺少发现美的眼睛。”

社会日新月异，信息瞬息万变，学习资料的编辑也是与时俱进。翻开有关的学习资料，我们会发现，现在的学习问题（试题）设计具有时代性和前瞻性。因此，在使用资料时，我们应该借助资料拓展视野、丰富思想、内化情感，而不能走马观花、浮光掠影、浅尝辄止。可惜的是，学习只是停留在问题（试题）的数量上。我们很多同学特别是高三的学生往往因急功近利的思想舍近求远，影响了对问题（试题）深层次的认识。我觉得采取以下措施对丰富写作思想、提高学生作文水平有直接作用，学习可以达到事半功倍的效果。

（一）对试卷或复习资料中的优美句子或文段应该进行摘抄或诵读

名言警句和选用仿写变换句式的考查是高考中常见的考题形式。但是因为我们的同学在训练的过程中只是“就事论事”不进行举一反三，结果就无法达到触类旁通的境界。其实，不管是“名句名篇”的默写、诗词鉴赏还是“选用仿写变换句式”的考查，题目的设计意在引导学生对优美文句的积累、经典文章的感悟和中华文化的继承，从而达到提高学生人文素养的目的。但是我们的学生因急功近利的思想影响往往出现“一叶障目”的现象。

无论是模拟试卷还是高考试卷，只要我们带着发现、求知的眼光去审视，我们就会有所收获。如试卷中的第一卷有句子衔接题，第二卷有仿写题及现代文阅读文段等这些都应该是师生关注的重点。因为，这些句子和文段语言精练简洁、事例翔实丰富、情感真挚感人。

在每次考试或专题复习的资料中，我采取“题海撷珠”的方式要求学生针对试卷或资料中出现的优美语句、文段、诗词进行摘抄、背诵，以作学习

思考写作之用。写作时引用优美文句能增添文采，朗读时熟读成诵可净化思想，感悟时深思熟虑可升华情感。现针对所说的话题，分别略举几例：

1. **衔接题选摘**

（1）选出恰当的句子填入空格处（直接填写答案）。

幸运固然好，不幸也未必是坏事，海伦·凯勒、居里夫人、华罗庚都各有自己的不幸，然而不幸并没有使他们消沉，反而变成了促使他们前进的动力，这就是艰难困苦，玉成于汝。

（2）给下面一段文字的结尾选择一个恰当的句子（直接填写答案）。

其实，寂寞给人的不仅是真实，而且也是一种锤炼，一种感情与思想的升华。有时，寂寞具有决定性的作用。在一定意义上，可以说，取得非凡成就的人，固然最有才能，但首先是最能耐得住寂寞的人。

（3）填入下面横线处的几句话，衔接恰当的一项是（直接填写答案）

清人张潮在其《幽梦影》中曾说："对渊博友如读异书，对风雅友如读名人诗文，对谨饬友如读圣贤经传，对滑稽友如阅传奇小说。"这话确有见地，人生一世，除了亲情、爱情外，友情更是不可缺的。因为亲情是一种深度，爱情是一种纯度，而友情则是一种广度。

2. **仿写题选摘**

请按照例句的句式续写一句。

例句：司马迁忍辱负重，发愤著述，留一部经典巨著给后人，这种身陷逆境却有所作为的举动，是一种奋发的人生境界。

仿写示范：

（1）查文红只身离家，义务支教，让一群乡村孩子沐浴春风化雨，这种身处贫寒却施爱于他人的做法，是一种高尚的人生境界。

（2）孔子命途坎坷，周游列国，留一部《春秋》给后人，这种怀才不遇却心系天下的举动，是一种积极的人生境界。

当然，针对以上的仿写题，为了训练学生思维，开阔视野，我们在平常的练习中还可从反面及不同的角度进行思考。

3. **阅读文段选摘**

高考或模拟试卷所选的文段，都是一些经典性的文章：如高考文段《长城》（2000 年全国卷）、《话说知音》（2002 年全国卷）、《乡土情结》（2003

年全国卷)、《一片树叶》(2001 北京高考卷)等，如果能够把这些文字熟读成诵，人的心灵就会少了一种躁动，多了一分宁静。现摘录考试选文 2003 年北京卷《夜雨诗意》和大家共赏。

人类的生活方式可以日新月异，但这种终极性的体验却有永久价值。也许正是这个原因吧，历史上一切真正懂艺术的人总会着迷于这种美学形态，而希腊悲剧乃至种种原始艺术总是成为人类不衰的审美热点。过于整饬、圆熟的审美格局反射了人对自然的战胜状态和凌驾状态，可以让人产生一种方便感和舒坦感，却无法对应出一种生命考验。为此，欧洲启蒙主义的大师们不赞成法国古典主义的大一统，不赞成把人类的社会生活和艺术生活都处理成凡尔赛宫园林一般的规整。他们呼唤危崖、怒海、莽林，呼唤与之相对应的生命状态。这便是他们心中的诗意，狄德罗甚至直接地说，人类生活越是精雅，文明就越缺少诗意。难道是他们在抵拒现代吗？不，他们是启蒙者，分明启蒙出了一个活生生的现代。现代，本不是一种文质彬彬的搭建，而是人类的一种原始创造力的自然发展。

（二）对专用复习资料及试卷中的文言文段应该进行分类梳理

近几年的高考试卷和复习资料中所选的文段都是有案可稽的史实。文字具有警醒和教育世人的深刻意义。人物形象丰满真实，列举的事例翔实生动。文字渗透出弘扬社会正气、鞭笞丑陋现象的精神，可惊天地、泣鬼神。如 1998 年全国卷中受任于败军之际、奉命于危难之间并为国捐躯的李若水；1999 年全国卷文言试题中廉洁奉公、高风亮节、爱民如子体恤民情的苏琼；2002 年的文言高考试题中所选爱民如子、危急时挺身而出视死如归的李广将军；2003 年全国卷所选的历史人物裴矩面对昏帝忠君时表现出截然不同的性格：或阿谀奉承，或刚直不阿的言谈举止值得深思……

对这些文字，我们既可以从人物形象体现出的精神入手，也可以从选文中摘抄警醒世人、发人深思的文句思考。

实践证明，对文字优美、思想深刻、设计新颖的新题型或典型题例收集积累并进行有意识的思考和研究，可以收到事半功倍的效果。如 2003 年全国卷第 25 题和 2004 年广东卷的对联题目考查点是语言表达。此种题具有考查语言表达能力和考查人文素养的双重功能，同时还贴近生活，具有很强的实用性。这种题目给我们留下的思考应该是深刻的，那就是要真正理解“语文生活化，生活语文化”。因为，学生在收集积累的过程中能加深记忆，丰富思想，更重要的是能培养学生动手、分析、思考等各种能力，提高学生的综合素质。但我们的很多同学只是“两耳不闻窗外事，一心只读圣人书”，没有真正理解到“风声、雨声、读书声，声声入耳；家事、国事、天下事，事事关心”正是我们写作思想的“源头活水”。

三、阅读“读写结合”：提高写作水平的最佳方法

重视兴趣，以写促记。我们常说，兴趣是最好的老师，个性是最好的展示。我们的同学性格不同，爱好也不同。如我们很多同学对明星或足球表现出一种狂热，这无可厚非，但是，很多时候，我们只是追随而缺少了思考。其实，我们应该要牢记：重视兴趣，抒发情感，升华思想，净化灵魂，提升品位。

你喜欢明星，但是，你知道明星两字背后的辛酸吗？你崇拜伟人，你关注过他们成长的经历和奋斗的历程吗？我们在追随他们的足迹时也应该关注他们的智慧与思想、情操与人格、精神与本色……

针对学生追星表现出一种盲目的狂热，我通过正面引导，让学生在“追星”中体会到“明星”两字的意义。我坚持用明星的闪光点来照亮学生的心灵。

借助大家熟悉的人物来解说问题。请看下面文字并回答问题：

姚明——年轻人的榜样为国宁愿放弃 NBA

“我为自己是个中国人而自豪，我也为自己是在中国学会打篮球的而感到自豪。我从来都没想过改变自己的国籍，在我的 NBA 生涯结束后，我会回到中国去生活，我经历了许多困难才得以到 NBA 打球，但如果我必须在 NBA 和国家队之间做出选择，我会选择国家队。”在训练中，吃苦耐劳创佳绩的姚明不怕苦不怕累、不怕脏不怕臭，一心埋头苦干，每天都超额完成训练任务。到了星期天，别人都回家休息了，但姚明还在体育馆里坚持训练。

有一次在比赛中，姚明不慎崴了脚，疼痛难忍。他咬牙坚持比赛，硬是以惊人的毅力坚持完成了比赛，最终取得了比赛的胜利。

思考：

看到姚明的事迹，你对体育明星、娱乐明星能够保持这种本色的事知道多少？提示：你可以从以下方面进行思考收集素材：

（1）面对姚明表现出的精神（注意：要明白文字材料体现的是什么精神），你还可以通过联想来收集“正反对比”“新旧对照”的素材。由姚明的事你可以联想到很多人！因此，你可以通过联想来收集素材。

由姚明的这种为大利益牺牲小利益的精神，我想到了肯尼迪总统的语录：不要问国家给了你什么，要先问你自己为国家做了什么。我还想到了同是球员的王治郅，王治郅与姚明恰好相反。还有前段时间闹得沸沸扬扬的田亮。

（2）请你通过“感悟升华点评”来加深对素材的记忆和理解。

感悟：“天才是百分之一的灵感，百分之九十九的汗水”，一个人即使再聪明，若想有所成就都必须付出辛苦的汗水，不可能随随便便就成功。

冰心的《繁星》有这样一首诗：

成功的花儿，人们只惊慕她现时的明艳，然而她当初的芽儿，浸透了奋斗的泪泉，洒遍了牺牲的血雨。

成功的花儿是泪和血滋润的结晶，是奋斗和牺牲孕育的蓓蕾。奋斗是痛苦的，渗透着痛苦的泪；牺牲是壮烈的，洒遍了生命的血。奋斗和牺牲是通向成功的阶梯。

学校封闭式管理体制有利于学校工作的展开，但无形中束缚了学生了解社会、丰富思想的自由！虽说“纸上得来终觉浅”，但是在盛兴封闭管理之时，读书、看报、浏览网络信息，这些途径已成为师生获得信息的最佳方式了。

法国17世纪杰出的数学家、哲学家和科学方法论者笛卡儿说：“最有价值的知识是关于方法的知识。”我觉得教师有必要对学生进行正确的引导。方法之一就是利用手中资源及身边现有的条件正确地引导学生关注身边人、身边事。这样，教学成果会有事半功倍的效果。亲爱的老师，为解决学生写作过程中表现出的“手中无粮，心中发慌”的尴尬局面，请你试一试吧。

（本文发表于2006年3期《中学语文》，有删改）

12　高三语文教学关键词：文化、情感、考试

——高三语文教师应该做的四件事

一踏上高三的征程，我们就坐上了“高铁”，只有奔跑的速度，没有思考的深度和育人的力度。高考的竞争已经达到白热化的程度了，高三，教师提倡功利性的考试，这无可厚非。但是作为教师特别是高三的教师，我们还应该思考一个问题：是把学生当成“读书人”来培养还是把学生当成“考试人”来看待？这个问题牵涉教育的本质问题，值得每一位教育工作者思考。我认为，作为一名教育工作者，基于对学生终身发展的考虑，我们在提倡功利性的考试时也要对学生进行人文性教育。教育教学中，我们应该极力把学生当成“读书人”来培养而不是把学生当成“考试人”来看待。

一、从文化育人的角度思考，语文教师应该坚持给学生读一些美文

教育专家于漪说：“在培养学生理解和运用语言文字能力的同时，要时刻不忘以美好的事物、高尚的情操熏陶感染学生，在他们的心灵深处撒下美好的种子。语文教学是以语言文字能力的培养为核心，有机地融合了德育和美育，三位一体，课就立体化了。立体化多功能，就是对人多方面培养，教学效率教学质量能明显提高。”①

遗憾的是，我们的语文教学，特别是高三的教学，除了对《十年高考试题选编》《高考模拟试题大全》的讲解，除了公布答案、分析解法、总结归纳题型……与人性有关的东西如美感、和谐、激情、品质、人格等关键字眼

---

① 张定远．于漪同志从教50周年有感［J］．中学语文教学参考，2001（12）：5－6．

都在题海沉浮中消失殆尽。

有人说，人最可怕的是在忙碌的生活中让灵魂变得空虚和精神萎缩。正如周国平先生所说："由于生存的压力和物质利益的诱惑，大家都把眼光和精力投向外部世界，不再关注自己的内心世界。其结果是灵魂日益萎缩和空虚，只剩下了一个在世界上忙碌不止的躯体。对于一个人来说，没有比这更可悲的事情了。"①

学生如果整天只是处于忙碌的考试中，他们是无法审视自己的。为避免陷入这种"更可悲"状况的最可行的办法，就是教师必须引导学生"关注自己的内心世界"，谋求自我的灵魂充实和精神生长。作为一项为孩子"打底"的工程，教育天然需要教师具有一种博大而高远的精神、一种充实而圣洁的灵魂、一种虔诚而温馨的情怀和一种追求完美人生的信念。

为了引导学生积极关注生活、关注社会，多年来，我坚持在课前开展"好文荐读"的活动。我从《知音》中的"知音精品屋"、《深圳青年》中的"滴水藏海"、《青年文摘》中的"人生点滴"等杂志栏目里选取一些激情励志且颇具理性的文字或故事读给学生听。

高三一年来，我分别开设了"激情励志""真情抒发""针砭时弊"等栏目，从报刊中选取适合学生阅读的文字，利用课前或课后时间给学生看，无形中拓宽了学生的视野，丰富了学生情感，净化了学生心灵。

作为语文教师，我们要"自觉地用先进的理论武装人，用正确的舆论引导人，用高尚的精神塑造人，用优秀的作品鼓舞人。"②

二、从情感育人的角度思考，语文教师应该给学生写一段鼓励的话语

华南师范大学博士生导师、生本教育的创始人郭思乐教授说："激扬生命是教育工作的任务，是教育的本体。教育对于生命的激扬，服膺于一定的社会的框架，要满足于人类社会的需求，这样，我们就会在最敏感的教育教学之中思考，我们要在什么时候、用什么方式进行唤醒和激活，唤醒和激活

① 周国平．人与永恒［M］．沈阳：万卷出版公司，2009.
② 江泽民．江泽民文选：第二卷［M］．北京：人民出版社，2006.

到什么程度，重点是什么，等等。”①

众所皆知，高三的教学不仅仅是知识能力的训练更是学生情感的培育和心灵的引导。在某种程度上来说，高三备考进入纵横发展的时候，一次深入人心的心理辅导和情感暗示，往往会胜过一次学科知识辅导。进入高三，根据学生的性格、思想动态、学业等特点，我们选取适当的时机给学生写下富有激情、鼓励性的文字，学生感受的是温情，迸发的是激情。现略举两例：

例子一：有少年的轻狂，文人的傲气。高考目标是南京大学。南京大学是直属国家教育部的重点综合性大学，坐落在钟灵毓秀、虎踞龙盘的六朝古都南京。六朝古都丰富了她的底蕴，志士仁人铸就了她的辉煌，文人墨客增添了她的光彩，别人的出现也许带来的是喧哗，而你的到来可能会改写她的历史！但你应该明白，理想是动力，个性是魅力，成绩是实力。作为一个有思想、有激情的学生，我们既需要动力，但更应该注重实力，因为只有动力和实力才能为我们的魅力增添光彩！（区思晋）

例子二：还没有下笔，耳边早已响起你粗犷豪放的笑声，眼前立刻浮现出你或抿嘴而笑的样子，或仰天哈哈笑的滑稽。也许很多人无法接受，也许他们认为你缺少女孩的羞涩、学生的斯文。但是，我可以理解并能够接受。毕竟，我知道，正是因为我们现行的教育体制和世俗的眼光隐藏着一种虚伪，才多了一种束缚。我也知道，很多时候，我们的教育者成了一个扼杀学生灵性的凶手或帮凶，甚至是维护“权威”的卫道士！但是，话又说回来，我们生活在这样一种环境，我们首先应该是“随波逐流”再是“标新立异”。否则，我们就会被扼杀在成长的摇篮中！因为，很多时候，我们成为旗子的时候也会成为靶子！

在某种程度上来说，你的个性也许是成就你辉煌的动力，但也有可能成为你航海途中的暗礁，这就需要你“把持”好自己的个性。现在，作为一个有思想、有个性的中学生，我们应该用理智来克制感情，用理想来激发斗志。我相信，凭着你的聪明才智和顽强拼搏的精神一定能够创造你的辉煌，希望在以后的权威报道中看到你的大名！（路菲）

---

① 郭思乐．教育：从控制生命到激扬生命——论教育内部惯习评价导致的可视性教育亚文化向教育文化的回归［J］．教育研究，2004（12）：3－10.

沈从文说："文字犹如武器，必须好好用它，方能见它的力量。诚如康拉德所说，'给我相当的字，正确的音，我可以移动世界'。""凡希望重造一种新的经典，煽起人类对于进步的憧憬，增加求进步的勇气和热情，一定得承认这种经典的理想，是要用确当文字方能奏效的。"①

事实证明，"爱心教育"和"励志教育"不只是挂在嘴边的一句响亮口号，也不只是"巧设问题"的简单提法，它是融汇爱心与汗水的艰险跋涉。教育教学中以文字的方式来处理事情会使事件和处理过程本身充满了文化的气息和人文的力量。

三、从学习感知的角度思考，语文教师应该引导学生整合（组合）一套高考模拟试题

2002 年第 06 期《教师之友》曾经刊登署名为陈虹的作者撰文《让学生走上讲台——我对创新语文课的尝试》写道：语文教学长期处于"少、慢、差、费"状态的原因是什么？北师大教授刘锡庆的分析是：学生本是学习的主体，却始终处于一种沉默寡言的"退场"状态，而教师本应是"教练"，却一如既往喋喋不休地"登台"，这"主体的颠倒"是造成语文教学上述种种弊端的根源。

心理学家鲁宾斯坦也指出：任何思维，不论它是多么抽象多么理论，都是从分析经验材料开始，而不可能是从其他东西开始的。学生的学习过程可分为这样几个阶段，即感知—理解—巩固—应用。

在高三的第一轮复习结束后，我们应该引导学生根据自己的思考和对高考考纲的理解分别在两个时段——高三第一学期末和"地区一模"（一般地区 3 月左右会举行一次综合性的模拟考试）后整合或编写（组合）两套高考试题（或尝试命两套试题）。目的是让学生在组题的过程中了解考点的设置、分数的分布以及试卷的结构，从而掌握知识。

很多人可能觉得学生还没有这种能力或是时间不允许，其实，只要我们能够给学生提供一个模拟试题或往年高考试题蓝本，再给学生一种鼓励，我

---

① 胡正强. 沈从文：有助于现代知识的流注广布［EB/OL］.（2004 - 04 - 23）［2018 - 08 - 13］. http://www.people.com.cn/GB/14677/22114/33136/2464471.html.

们就会发现，学生的潜能是无穷的。

纸上得来终觉浅，绝知此事要躬行。学生经过一个学期的学习，当地区一模结束后，学生在知识上已经具备了审视的能力，在思想上也具有了思考的深度和广度……知识的储备已经达到了一定量的时候，命题或组题这种形式对学生来说就是一种快乐的提升，而我们的教学也会收到事半功倍的效果。

四、从知识构建的角度思考，语文教师应该给学生“描绘”出一个完整的知识体系

教师教学效果的好与坏，很多时候，是以考试成绩的高与低来衡量的，这不必讳言。著名特级教师李镇西在《关于“名师”》一文中说：“优秀老师的标准很多，但在我看来，至少必须具备这样三个条件：第一，课要上得特别棒，棒得让学生每天都盼着上他的课。第二，所教学生的成绩也非常好，特别是中考或高考成绩。作为对学生负责的老师，不必也不应该讳言考试成绩。”①

作为毕业班的教师，我们除了情感的滋润、思想的引领，还应该给学生学业以有效的指导。

学生学了12年，满脑子的知识因为考试带来的压力，杂乱无序的情况不时出现，加上语文知识琐碎，高考关键时刻，我们应该给学生构建语文知识体系，把书（知识）“由厚变薄”。高三教学，应试的训练是必要的，但决不能让学生陷入题海之中。教育教学中，我们应该注重以下三个研究：

（1）研究学生个体。目的是了解学生个体性格差异、学业认知水平，进行学情分析，从而把握学生的思想动态。

（2）研究近5年高考考纲、高考试题和地区模拟试题。目的是了解考点、掌握考试的方向和明确应试的技巧。

（3）研究教学、复习的内容。目的是按部就班、有条不紊地进行教学或复习，让学生学有所得。

作为优秀的教师，除了注重以上三个研究外，我们还要根据学生特点和学科性质，重视编写《高考语文科解题指导》和“我（学生）的佳作集锦”

① 李镇西. 关于“名师”[J]. 班主任之友（中学版），2012（11）：7-9.

这两个“专题复习本”。

以2009年和2012年为例，在临近高考的时候，我自己精心编写了《高考语文科解题指导》和“我（学生）的佳作集锦”以供“学生放羊吃草”即高考停课期间学生自学揣摩之用。

《高考语文科解题指导》的内容包括“解题总原则”“应试时间建议”“考点解析”“典型题例（每个考点6题）”“解题技巧和方法总结”。

“我的佳作集锦”包括学生3年来的优秀文章（学生原文和修改文）、老师点评、佳作推荐三方面内容。

编写《高考语文科解题指导》和“我（学生）的佳作集锦”的目的是让学生在心理上有所寄托，知识上有所启发和把握。临近考试，学生学了很多，觉得零散，这个时候，学生需要教师引导、安慰和鼓励，更需要教师在教学上进行提纲挈领式的知识总结和归纳。

事实证明，这种提纲挈领式的知识提炼能够给学生一种帮助和积极暗示。

2009年高考，我所任教的高三（16）班语文平均分为118.6分，120分以上的有12人。其中学生梁嘉韵（134分）、陈梅琪（130分）、何楚琳（129分）3位同学包揽佛山市语文前三甲，同时，3位同学分别进入广东省语文前10名，排省第6名、第8名（并列）、第11名（并列）。

2012年高考，我所任教的高三（3）班语文平均分为122.6分，130分以上的有5人，120分以上的有38人。其中学生陈冠琪同学进入广东省语文前10名，排省第4名。

基于对学生可持续发展的考虑，无论是常规教学还是应试教育，我们都应该紧紧把握住教育教学中有关“文化”“情感”“考试”的关键词来进行知识的传递和情感的指引，教学效果会更好。

有人说，教育的至高境界，不是纯然去传授一种知识，而是通过知识，给学生熏染一种人生情怀、一种面对世界的人生气度。

教育的实践证明：在“育人中研究考试”比在“研究考试中育人”效果会更好。

（本文发表于2014年9期《广东教育》综合版，有删改）

13　以“顶层设计”的方式构建“窗外的语文课堂”

——语文综合实践活动课程创新育人模式的探究

美国心理学者沃尔特（Walter）指出“语文学习的外延与生活的外延相等”。如何让语文的“外延”得到最大限度的体现，还真的需要教师的智慧和能力。为了让语文的外延与生活“相等”，我觉得，可借鉴“顶层设计”这一工程学概念——以“顶层设计”的方式来构建“窗外的语文课堂”。

“顶层设计”原是系统工程学概念，后广泛应用于政治、经济、军事等各领域。它的意思是从顶层开始，对工程项目的各个层次、各个要素、各个方面统筹规划，以便高效快捷地实现目标。其核心是整体性、全面性、长远性、重大性以及全局性目标的设定。

作为语文教师，面临新时期的教育改革和教学需要以及学生思想的需求，我觉得语文教学活动也需要进行“顶层设计”。只有这样，学生才能够在学习或个人自主时间内有章可循、有事可做。下面就我们这几年的实践操作谈谈我的思考和实践。

一、基于核心素养的培养来构建“窗外的语文课堂”的思考

（一）基于净化学生情感的思考

“窗外的语文课堂”是指采用“顶层设计、主题引领、活动促进、文化搭桥”的方式在区域范围内开展语文综合实践活动课程。它属于区域范围内语文综合实践活动课程之一，目的是促进学生把学过的语文知识消化、吸收

并转化为能力。

构建“窗外的语文课堂”是校本课程开发、社会实践活动补充的最佳方式之一，而社会实践活动、校本课程的开发和实施是进行爱家乡、爱国主义教育的重要途径之一。

陶行知先生曾说：“马路、弄堂、乡村、工厂、店铺、监牢、战场，凡是生活的场所，都是我们教育自己的场所。”遗憾的是，我们的语文教学活动只限于课本和室内，限于“纸上谈兵”和“闭门造车”，于是，出现“孤芳自赏”“夜郎自大”和“坐井观天”的现象就在所难免了。

为改变当前语文教育教学现状，促进语文“教与学”方式的改变，我们应该积极构建“窗外的语文课堂”，身体力行地借助语文活动来拓展语文的教学空间，丰富语文课程内容。

王开岭在《精神明亮的人》中说道：“无论教育如何‘现代’，都别漏掉一点：培养孩子的‘身世感’。即在精神、文化、情怀和风物记忆上，做一个有‘祖’的人。具体地说，即做一个有祖国的人，做一个有故土的人，做一个有家传的人。一个人，只有打通了时间，找到自己与历史、个体与族群的联系，他的生命方可定位，方有‘来龙去脉’和坐标系，他对自己的生命角色才有完整感受，才能‘立身’，并持有生命的身份证。”

我们知道，国与家的关系是十分紧密的，一个人在认识上是先熟悉家人及至家乡，再逐步扩大到了解国家。因此，爱家乡是爱祖国的起点，爱祖国的情感是从爱家乡的情感中萌发并得以升华的，正如苏霍姆林斯基说：“学生爱祖国的情感，是从爱家乡，爱学校，爱故乡，爱集体农庄，爱工厂，爱祖国语言开始的。”“他从直接表达爱家庭、爱学校、爱故乡的感情，逐渐过渡到认识更加深刻的社会关系，从理性上认识祖国的概念。”运用乡土史料（社会资源）于语文教学或活动中，能使学生在认知的过程中提升爱家、爱国的情感。

（二）基于培养学生能力形成的需要

课程标准指出，语文综合性学习有利于学生在感兴趣的自主活动中全面提升语文素养，是培养学生主动探究、团结合作、勇于创新精神的重要途径，应积极提倡，综合性学习主要体现为语文知识的综合运用、听说读写能力的整体发展、语文课程与其他课程的沟通、书本学习与实践活动的紧密结合。

以顶层设计、主题引领（内容见后）的方式构建“窗外的语文课堂”活动的开展，有利于培养学生的观察、分析、思考、交际和合作等综合实践能力。

语文是最富知识性与人文气息的学科，语文教学的根本任务是增进学生的基础学力和实践能力，发展其健全人格，教育的过程应该注重能力、情感、态度、价值观的培养。

提倡学生“读万卷书，行千里路”，鼓励学生投入五彩缤纷、五光十色的社会生活。稍有经验的人都知道，人生阅历的积累和个人能力的形成不是一蹴而就的，他不但需要知识的沉积，还需要长久经验的总结与升华。社会是一所没有围墙的大学，我们应该告诉学生（孩子）要充分利用校外世界的教育资源，来丰厚自己的文化底蕴和社会经验，提升个人的能力。

沈爱琴曾说，自己最喜欢的就是出国。出国不是为了玩，而是去增长见识，开阔眼界。眼界的作用，不仅表现在创业者的创业之初，它会一直贯穿创业者的整个创业历程。“一个人的心胸有多广，他的世界就会有多大。”我们也可以说，“一个人的眼界有多宽，他的事业也就会有多大。”所以，我们鼓励学生用假期时间积极投身社会，体验生活，提升能力。实践证明，如果教学一旦能够拓展学习的空间，教育的功效就会自然地显现出来，学生的能力也会随之提升。

（三）基于课堂教学与课外活动互补的考虑

据调查可知，新课程的实施，并没有给语文教与学带来多少改变，语文课的应试训练与指导功能在所谓“三年一盘棋”的高考备考政策指引下甚至在一线教师那里走得更前。急功近利教语文、学语文的现实在强大的考试压力面前已经让很少人有闲思、有闲情去反思、去质疑、去活动、去改变。教育顺应现实，是教育的应有需求与责任，但教育一味地屈从于现实，那将是一种罪过。

新课标的初衷就是以“活动”带动“文体”和“阅读”，可是应试教育盛行——以考试指挥教学的方向——“窗外的语文课堂”如社会调查、人物访谈、实地考察等语文综合实践活动课程成为师生想象和向往的阵地抑或是天堂。

从2009年开始，基于课程建设、教育模式创新、学生能力转化和师生人文素养提升的思考和实践，我和志同道合的同行确定了以培养具有“家园情怀和民族精神的理性学生”的行动研究为主题，成立了“佛山一中民间观察社”，通过构建“窗外的语文课堂”，积极开展“行走家乡——用心感受社会的发展”的活动，以“关心家人”“关注民生”“关注文化”“关注历史”“走进企业”“感悟自然”等内容为主题来开展语文活动。

构建“窗外的语文课堂”是落实语文育人教育功能的有效方式之一，是希望以活动促进的方式改变当前语文教育“闭门造车”和“纸上谈兵”的现状，努力促进语文“教与学”方式的改变，提升语文文化传承、文化育人的功能，真正借助开展“窗外的语文课堂”的活动来提升学生的人文素养，增进人文情怀。

（四）基于校本课程和地方课程开发的需要

构建“窗外的语文课堂”能够增进课程内容与社会发展、科技进步和学生成长的联系。引导学生积极参与实践活动，学生通过活动的参与和实践才能够在认识自然、认识社会、认识自我过程中进行人生的规划。

20世纪90年代以来，我校就构建了“教育（学）活动课”等校本课程体系。我校的校本课程开发主要体现在以“活动课程”为主线，以“行动研究”的课程建设为成果，做到与众不同。

一是设置了以阅读岭南诗文为主的“行吟歌诗”的校本课程。

佛山是千年古镇，简称禅，“肇迹于晋，得名于唐”，据考证，佛山的历史距今4500～5500年。佛山的社会发展是中国历史发展的一个缩影。根据佛山地处岭南腹地的得天独厚的条件，学校以了解禅文化和认识刘禹锡、韩愈、苏轼、丘逢甲、梁启超、岭南三家等岭南名人或与岭南大地有千丝万缕的名人为抓手，通过教师的诗文解读、学生的扩展阅读来厚实学生人文底蕴。

二是设置了以观察、调查、走访等活动为主的“行走大地”的校本课程。

佛山市是国家级历史文化名城，祖庙、南风古灶、东华里古建筑群和康有为故居先后被评为全国重点文物保护单位，同时被确定为第三批市级重点文物保护单位，形成佛山地面文物体类齐全、内涵丰富的基本格局。

通过研究佛山的人文历史和景观文化，研究佛山知名企业，从而探索基于岭南文化培养高素质现代人的成因。

三是设置了以认识佛山一中百年历史为主的“行思校园”的校本课程。

我校是百年老校。古建筑不仅历史悠久，而且颇具特色，学校人文底蕴深厚，人才辈出，先后培养了冼星海、彭加木、张五常、潘鹤等一批享誉海内外的老校友。我们利用开展“窗外语文课堂”的综合实践活动课程来挖掘校园历史的文化，激发学生的情感，提升学生的自豪感和归属感。

以上活动课程的开发和开展，点燃了学生思考的火花，引导学生用历史眼光和现代观念审视社会的发展。

二、基于“顶层设计”积极构建“窗外的语文课”的实践操作

（一）顶层设计：要确定活动的主题（主题引领）

作为一个活动的设计，我们必须要有一个明确的目标、翔实的计划和引导性的主题，《第56号教室的奇迹》作者雷夫·艾斯奎斯的做法值得我们思考和借鉴。

《第56号教室的奇迹》说道：

……第56号教室学生的旅行是独一无二的，因为我们有精心规划的各项活动、做好充分准备的学生以及明确的旅行目标。我将旅行视为强化教育教学的无价机会，要通过这些旅行把孩子们终身受用的课程交给他们。……在前往莎士比亚图书馆观赏《暴风雨》的演出前，孩子们一定彻底研究过剧本，并具备评价演出的能力。

请看表2。

表2 《第56号教室的奇迹》主题设计表

我朋友所带的高中班旅游迪士尼乐园	我的第56号教室的孩子们旅游迪士尼乐园
高中生完全不了解迪士尼的历史	孩子们读过伯恩鲍姆的《迪士尼乐园指南》，也收到了这个“奇幻王国”的地图
高中生不喜欢“丛林巡航”	孩子们很喜欢它，他们先看了电影《非洲皇后号》，为巡航做准备。旅游结束时，纷纷讨论电影和自己亲身体验的相同点和差异处
高中生很喜欢“飞溅山”垂直下坠的瀑布	孩子们很爱垂直下坠，还跟着音乐一起唱歌。他们看过迪士尼电影《南方之歌》，不但认识片中所有角色，还写过报告讨论了片中的种族主义
高中生认为“疯狂大冒险”很蠢	孩子们读过儿童名著《柳树间的风》，一路上找着他们喜欢的角色
高中生没去听林肯总统动人的演说	孩子们看过肯·伯恩斯拍的《南北战争》，所以很喜欢这个新设施。他们最喜欢的部分是林肯写给麦克荣伦将军的信，他们已经在学校读过了，也研究过这封信了
高中生的餐费是由全程陪同他们旅行的十多名监护人支付的	孩子们自付餐费，所以用起钱来很小心。没有一个孩子出现透支的情况，他们都预先算好要花多少餐饮费了

雷夫老师的目标是追求知识的深度，“通过这些旅行把孩子终身受用的课程教给他们”，“这些旅行让孩子们有计划接触到更广大的世界，同时挖掘自身最好的部分”。

让学生带着问题去思考、去观察，我们的教育教学会收到事半功倍的效果。

顶层设计，需要确定考查的主题，明确考查的要求和目的（见表3）。

表3 佛山一中构建“窗外的语文课堂”主题活动一览表（“佛山一中民间观察社”暨“家园情怀篇——用心关注社会的发展”社会实践关注问题摘要）

类型	考察活动主题	考察地点	考察关注点	语文活动课程培养目标（目的）
关注亲人	寻根问祖（“微家史”调查）	故乡、村落家族、家庭	1. 打通时间，找到自己与历史、个体与族群的联系 2. 生命定方位，对自己的生命角色有完整感受，通过访谈、调查能“立身”，并持有生命的身份证	培养学生爱家（乡）情怀，培养孩子的“身世感”。即做一个有祖国的人，做一个有故土的人，做一个有家传的人
关注民生	一枝一叶总关情	社区、市政、公园（市容市貌）	1. 佛山全面实施城市化，大力推进佛山名镇的建设，佛山城镇化建设一波三折，由“古镇”到“名镇”到现在的“新镇”，依然是杂乱无序。如何解决佛山现代社会发展与古建筑保护之间的矛盾，需要你的思考和参与 2. 佛山从2010年8月“禁摩”以来。时隔5年，此问题依然在民众和政府之间争论不休，通过调研，请你就“禁摩”一事向市长写封信 3. 2011年10月13日“小悦悦事件”给佛山抹上了“冷漠城市”的色彩，同时也引发全国性舆论大反思。时隔4年，就构建温情城市的道德体系，请你向佛山市民写份倡议书	1. 引导学生在学习之中关注社会、关注民生疾苦、关注环境建设、关注社会的可持续性发展 2. 通过活动的开展培养学生的观察能力、思考和分析能力，并借活动的开展强化学生的责任意识

续上表

类型	考察活动主题	考察地点	考察关注点	语文活动课程培养目标（目的）
关注经济	东方风来满眼春（走进企业看发展）	佛山知名企业：海天调味酱油厂、佛塑集团、志高空调有限公司、美的、格力、科龙、健力宝	1. 网上查阅企业发展的历史、企业文化 2. 参观厂区（车间）设备，感受企业文化 3. 走访（访谈）企业负责人和员工开展“我与职工面对面”“我与厂长（企业负责人）面对面”的访谈活动	1. 了解企业的发展，感受社会发展 2. 提高学生的口头表达能力，促进其思维的发展，实现语文学科作为工具的实用性
关注文化	图书馆内天地宽	佛山图书馆、南海书城、东方书城、凌宇书屋	1. 了解、参与图书馆工作人员的日常工作 2. 在实践活动中了解图书分类知识，学习检索、选择、阅读整理和处理信息的方法 3. 采访图书馆工作人员，了解市民知识所需和阅读动态	1. 要求学生在实践中学会检索选择阅读整理和处理信息的方法 2. 培养学生独立探索自主学习的能力 3. 走进图书馆，感受书香世界
关注自然	万水千山总有情	南海西樵山、顺德顺峰山、高明皂幕山、三水南丹山、三水三江合流处、禅城汾江河和东平河(西江)	1. 了解自然，亲近自然，培养热爱自然的美好情感，提高对于美的感受力、想象力 2. 通过对自然事物的观察和体会，感受自然界的生机，领悟生命的意义，思考人与自然的关系 3. 思考经济发展与环境保护如何协调发展	1. 以写作为目的，以活动为契机，引导学生走入自然，走入阅读，走入思考，激发学生的写作兴趣 2. 思考如何做到人与自然的和谐相处

续上表

类型	考察活动主题	考察地点	考察关注点	语文活动课程培养目标（目的）
关注历史	历史细枝末节处看尽千古人间事	祖庙、南风古灶、东华里古建筑群和康有为故居等具有历史意义的景观	1. 走访家乡，通过考察、访问、调查、上网、查阅、座谈等，积累、辨析相关素材，实现与历史对话，并撰写成文 2. 走访当地名人或老人，进一步了解家乡的历史，使学生深刻认识到先人对家乡、祖国做出的贡献	1. 运用区域范围内的乡土史料、社会资源于语文教学中，让学生进一步体会到家乡的可爱、祖国的伟大 2. 通过研究探索，增强语文素养和人文情愫

（二）顶层设计：制定活动翔实的方案（活动保障）

方案是思想的呈现，是行动的指南，是工作的保证。学生根据方案的实施，活动的过程才会有据可依、有章可循、有事可做，下面举一例说明。

佛山市第一中学《语文综合实践活动课之“窗外的语文课堂”篇》活动总方案设计

活动名称：

语文综合实践活动课之“窗外的语文课堂”篇

活动时间（略）

活动大背景（略）

活动大目标（略）

活动要求（略）

活动流程：

（1）集合地点（略）。

（2）管理团队（略）。

（3）选取代表佛山开放成就的标志性场馆。

第一条路线：（禅桂中心区域）叠北茶几村—南海车城—江头村—千灯湖—文华公园—岭南天地等颇具历史的村庄了解佛山的发展，开展“抚摸历史肌肤，沐浴佛山阳光”的活动。

第二条路线：（东平新城）佛山传媒集团—佛山新城图书馆等佛山文化新地标，体会“智慧佛山，文化引领”口号背后的战略意义。

第三条路线：禅桂中心商业城：东方广场—南海千灯湖（保利水城）—平洲玉器街等颇具商业气息而又富有现代气息的景观，感受“潮涌南海，舞动佛山”的盛况。

第四条路线：（禅城中心历史文化区域）通济桥—祖庙—梁园—中山公园等颇具历史遗风的文化景点，了解佛山一脉相承的历史传承，体味“千年古镇，传奇佛山”源远流长的文化。

第五条路线：（佛山知名企业采风）……

第六条路线：（人文、自然景观）……

后期工作：

组长筹备本小组的展示资料，3天时间准备（建议：组员感悟稿300字，小组考察报告800字，含调查结果的ppt稿件）。

评价（填写表4）：

表4　佛山一中综合实践活动评价表

活动主题＿＿＿＿＿＿＿＿＿＿班级＿＿＿＿姓名＿＿＿＿时间＿＿＿＿

评价标准		自我评价	家长评价	同伴评价	老师评价	备注
态度	认识开展活动的意义，积极与他人团结协作					
	明确自我角色，能与他人协作					
	角色定位清晰，能与他人协作					
过程	体验、参观、调查、访问，善于思考，能发现并解决活动中问题					
	收集、分析、挖掘、研究有关资料，及时整理、归类、存放					
成果	按时完成成果展示，且质量较高：目标明确、思想健康、中心突出、内容充实、材料丰富					

注：评价可以分为A、B、C、D四个等级，A代表非常好；B代表很好；C代表较好；D代表一般。

（三）顶层设计：要有活动的“范例”和写作的“模本”（方法指引）

为了给学生一个活动采访的“范本”（包括活动目的、活动内容、活动程序和活动后的要求），我做了三个学习的“范本”：一是就某个话题给名人写一封信，这个活动于2003年新课标刚开始的时候，我选择了著名作家史铁生，这次活动开展很成功，引起了《中学语文教学》《课外阅读》和《作文成功之路》等杂志的关注；二是走进企业，我采访了外资企业强生和国内品牌、本地知名企业“海天”等企业负责人，形成访谈例文；三是家园情怀篇，我选择了“佛山祖庙”一景并写了一篇抒情散文（下水文），以便学生借鉴。

美国当代心理学家和教育家布鲁纳认为，一个教学的理论应包括五个主要的方面：①事先为学习者安排最佳的学习经验；②为学生的最佳理解提供一种知识结构；③提示所学材料的最佳顺序的详细说明；④成功与失败的作用及奖励与惩罚的性质；⑤在学校环境中激发思想的程序。

布鲁纳认为，所谓学习的最佳经验就是把教师要教的知识转变成学生主动探求的东西，并且按照学生自己选择的方法去学习他们想要得到的东西。使学生既获得知识，又掌握获得知识的方法。

为使学生主动地学习，教师必须和学生共同参与“窗外的语文课堂”综合实践活动课程，并在活动开展前，教师就活动开展提供一个“范例”和“模板”。为了让活动开展得实效，教师首先要给学生提供一个学习的“范本”，学生通过学习和揣摩“范本”在“循规蹈矩”的基础上去创新。

据媒体报道，浙江大学的许雪斌、陈伟、杨子飞和张栋梁4位学生虽然求学于不同专业，但都是浙江大学“三农”协会的重要成员或重大活动的组织者与参与者。成立于2003年的浙大“三农”协会是浙江省首个以“深入农村、关注农业、关心农民”为主题的综合性高校学生社团。2007年暑假，许雪斌等人和其他同学一起来到杭州建德农村开展社会实践和新农村建设调研。回到学校后，同学们根据所见所闻、所思所想，写了一份近6000字的调研报告，寄给时任总理的温家宝。

2008年4月23日温家宝总理给4位普通学子的亲笔回信中说：“无论将来从事什么工作，了解农村都是不可或缺的一课……我觉得，当代大学生应该投身广阔的农村，触摸脚下每一寸土地的温度，在农村大舞台上奏响青春之歌。”

许雪斌等学生的活动无疑给我们的教学和教育的培养方式提供了一个生动的案例和思考的契机：在培养学生的教育殿堂里，我们到底该以什么样的方式来培养学生能力？作为教育工作者，我们到底该以什么样的方式培养未来的社会公民？

如果我们的教学真正能够做到知行合一，或许我们能够更好地回答钱学森之问。

（本文部分内容发表于2014年3月《语文教学与研究》，有删改）

【学生语文活动成果】

示范一：培养具有“家园情怀和民族精神的理性学生”的行动研究之走进（企业）“海天”采访提纲

（佛山市第一中学语文综合实践活动）

指导老师：尹军成　吴秋莹

2013年4月10日

【活动目的】

走进生活，走向社会，领悟生活、社会的丰富内涵。通过活动的开展，培养学生具有“强烈的家国情怀、顽强的生存能力、睿智的经济头脑、健康的生活情趣、高尚的思想情操。

【活动内容】

1. 看“海天”宣传片，感受海天企业文化。

2. 参观“海天”企业生产线，感受“海天”精神和品牌背后的真实生活。

3. 采访“海天人”，感受“海天”精神和品牌背后“人”的文化和素养。

4. 与“海天人”共进午餐，感受“海天人”的生活。

【活动时间及参加人员】

时间：周六8:00—12:00。

人员：指导老师2人，学生10人左右。

【活动过程与步骤——认识企业】

海天名字的由来

海天得名于“海天酱园”。

海天，中国最大的专业调味品生产企业，溯源于清乾隆年间的佛山酱园，至今已有300年的历史，其工艺讲究、口感醇厚的酿造方法领先同侪。1955年，佛山25家实力卓著、美味悠远、享誉港澳的古酱园谋略合并重组。“海天酱园”是25家酱园中历史最悠久、规模最宏大、产品品类最多、影响最广的一家老字号酱园，因此一致同意将新组建的厂命名为“海天酱油厂”。天时、地利、人和，佛山制酱业的“原始积累”提供高起点的发展平台，海天破茧而出，1988年，跻身国有大型企业行列。1994年，海天成功转制，驶上发展的快车道，并快速成长为中国最大的酱油产销、出口企业。至2005年10月28日，海天（高明）调味食品有限公司盛大落成，海天已卓然而成全球最大的专业调味品生产和营销企业。

海天一直致力于现代科研技术对传统酿造工艺的传承和创新，建成了全球面积最大的玻璃晒池群和多条领先世界的全自动包装生产线，从国外引进成套科研检测设备，打造从“中国味”到“世界品牌”美味健康的系列产品。

轻松、时尚、高品质，海天产品不但畅销于国内市场，还销往全球一百多个国家与地区。传扬美食文化，调出千滋百味。海天致力于向全球传扬中国美食文化，提供优质产品，让更多人享受美味的欢乐，让更多家庭感受生活的美满。

调味业是深具中国美食传统的产业，在中国已有几千年的历史文化演变过程……海天味业立足中国调味业的文化沃土，立足美味事业，在做深做细国内市场的基础上，更有责任把“中国味”推广成为世界语言，把海天做成国际品牌，以集团化、产业化、国际化、品牌化的战略经营提供优质产品，传扬美食文化，让更多人享受美味的欢乐，让更多家庭感受生活的美满，为社会整体的协调和改善贡献自己的力量！

海天，生活多美味！

【活动过程与步骤——海天企业文化一瞥】

海天企业文化

1. 传扬美味事业，酿造美满生活

调味业是深具中国美食传统的产业，在中国已有几千年的历史文化演变过程。海天立足中国调味业的文化沃土，立足美味事业，在做深做细国内市场的基础上，更有责任把“中国味”推广成为世界语言，把海天做成国际品牌，以集团化、产业化、国际化、品牌化的战略经营提供优质产品，传扬美食文化，让更多人享受美味的欢乐，让更多家庭感受生活的美满，为社会整体的协调和改善贡献自己的力量！

2. 海天九大精神主张

成就事业的精神：理想、豪情还有决心。唯有控制了市场的人，才真正控制了自己。

追求卓越的精神：优秀是一个高度，也是一个瓶颈，突破优秀才能卓越。

诚信务实的精神：以诚信律己，对消费者、对企业、对自己负责任。诚信不是一天，服务不止一年，品质保持永远。

光明正大的精神：心正，才能身正，故能“味”正。做实事，务真情；存公理，去私心。

团队协作的精神：强化团队竞争力，强调人与人、部门与部门之间的有机协调，打造高素质的团队。

创新思变的精神：求新求变求改进，海天欢迎每一个“善变”的人。

忠诚服务的精神：对社会忠诚，对客户忠诚，对公司忠诚，对同事忠诚。

礼节谦让的精神：永远不要忘却，您所遇到的每个人都是您的顾客。

感恩图强的精神：学会感激，记得称赞，欢喜领受每一天，由衷感谢和知足。

3. 企业内刊：《我们海天人》（见海天网站）。

【活动访谈】

海天的愿景是：传扬美味事业，酿造美满生活。其中，我对“让更多家庭感受生活的美满，为社会整体的协调和改善贡献自己的力量！”这句话特别感兴趣。我们想问的内容有：

尹：海天的经济效益已经是有目共睹了，我想问海天的社会效益如何？回报社会的活动开展得怎么样？

梁书记：海天人身为现代开放社会的企业公民，承担了应有的社会责任。一直以来，海天不弃点滴，不骛高远，以多种方式、在多个领域，践行社会责任，以“海天总在你身边”的实际行动，为企业的责任文化不断注入鲜活内涵。

一、支持社会公益慈善事业　海天义不容辞

海天从300多年前的“海天酱园”，一步一脚印发展壮大成为目前年产百万吨、产销量全国第一的调味品企业。作为地道的民族企业，海天清楚地认识到只有社会发展才有企业的发展，并主动承担扶贫济困和发展慈善事业的责任。

一直以来，海天以多种方式践行企业社会责任。1998年长江流域发生特大洪水灾害，海天第一时间捐出300万元的救灾物资送往灾区，并在广州街头开展义卖活动捐助灾区人民；2008年，“汶川”发生特大地震，海天一听到消息，马上通过中国红十字会捐款300万元支援汶川，同时发动公司全体员工发扬“一方有难，八方支援”的精神，通过地方慈善会再次募捐50多万元的善款，为“汶川”地震灾区向高明慈善会捐款；2010年，青海玉树再次传来地震的噩耗，天灾无情人有情，海天毫不犹豫地向灾区再次伸出援手……

近几年来，海天通过爱心捐助、慈善募捐、捐资助学、扶贫济困等多种形式，先后向社会捐资捐物累计数千万元。海天还积极参与、支持政府公益及社会慈善事业活动，用行动倡导慈善。国家强化酱油推普活动、一年一度的万人跑暨慈善募捐活动、慈善日活动、无偿献血活动、爱心超市扶贫助困慰问活动……点滴之间，绵薄之力，传承行善恒乐理念，助推慈善事业发展。

二、设置专门慈善机构　成立海天“阳光基金”

2010年2月，海天启动了首个慈善基金——海天“阳光基金”，为海天构建系统慈善事业、员工互帮互助提供了一个稳定可靠、公开公正的平台。海天“阳光基金”除了由企业每年固定拨款，还面向企业全体员工，发动所有员工与企业一起参与各类慈善公益活动，在全社会范围内有计划地开展各类慈善活动，帮扶的对象包括企业内部有困难的员工以及社会上需要帮扶的各类群体，营造全员慈善的氛围，发扬员工主人翁精神和社会责任感。

截至2011年底，海天已连续9年获得“佛山市无偿献血促进奖先进企业”；连续10年纳税超亿元，位列佛山市、区纳税大户行列；连续18年获颁“广东省重合同、守信用单位”殊荣。先后获颁“最具社会责任感企业”“抗震救灾模范集体”“广东扶贫济困红棉杯铜杯”“佛山市扶贫济困玫瑰慈善银杯单位”“市属分散按比例安排残疾人就业工作先进集体”“佛山市帮扶困难职工募捐活动优秀组织奖”“爱心集体”“高明区扶贫济困荷花慈善金奖”等奖项，一次次印证了海天特色的和谐、责任文化。

尹：近日部分媒体炒作“海天酱油旗下多种产品曝生产许可证过期”和媒体关于“佛山大型调味品公司，购买工业盐水，制上万箱酱油”的报道，引起了很多消费者的不安和猜测，贵公司是如何应对并消除消费者的恐慌心态？

梁书记：（1）近日部分媒体炒作“海天酱油旗下多种产品曝生产许可证过期”一文，此报道严重失实，海天公司生产的所有产品都拥有合法合规的生产许可证，媒体展示的广东省质量技术监督局的截图是未更新的页面。

（2）媒体关于“佛山大型调味品公司，购买工业盐水，制上万箱酱油”的报道和海天公司没有任何关系，事件发生后，我司第一时间在官网声明，涉案公司和海天没有任何关联，海天从未委托涉案公司生产任何产品。

以上两起事件均为媒体恶意炒作，海天作为中国调味品领导品牌、中华老字号企业，所有产品均可安全放心食用。发生事件后，海天第一时间做出澄清，并及时组织媒体深入企业内部检查，均未发现任何问题。同时，对于别有用心的单位和个人不负责任地在网络上散布不实言论、持续不断诋毁海天公司、蓄意损害海天公司产品声誉的行为，海天公司也依法通过法律手段维护了海天合法权益。

尹：海天得名于“海天酱园”。我想问问：有没有人或是公司内部对“海天”名字进行多元解读？以下的解读是否恰当？

我们觉得“海天”的名字蕴含了以下的文化和情感，不知理解是否恰当？

（1）如从消费者情感距离来理解，我们可以用唐代王勃《送杜少府之任蜀川》中“海内存知己，天涯若比邻”一句来表达。

（2）从情感氛围来理解的话，我们可以用唐代张九龄《望月怀远》中“海上生明月，天涯共此时”一句来表达。

（3）从企业提供的平台来审视，我们可以用宋代阮阅《诗话总龟前集》中的“海阔凭鱼跃，天高任鸟飞”来阐述。

梁书记：以上的诗词都很好，它们也可以作为解读“海天”的文化依据，海天的员工在书法比赛、文艺晚会、文学会等活动中常引用，从多角度扩大海天的人文内涵。

“海阔凭鱼跃，天高任鸟飞”，在高明公司的展厅里，都造有一樽工艺品。

其他如“海纳百川，天合万云”用来比喻海天公司用人之道。

……

尹：除了以上的解读和展望，请问梁书记“海天”还有其他的、能够让我们振奋的诗歌或对联吗？谢谢！

梁书记：有，我们海天的座右铭更能够体现我们海天人的豪气和志向，海天座右铭对联是：海错山珍凭我味，天厨美馔赖吾调。

海天的目标是：有人烟处必有海天。

尹：作为企业负责人的您对正在上高中的学生有什么建议呢？谢谢！

梁书记：海天的九大精神也适合正在茁壮成长的高中生。希望学生学有所成，德智体全面发展。谢谢！

【学生感悟】

海天与我们

广东佛山市第一中学高一（5）班　李颖君

在没有进入海天参观之前，我觉得海天酱油只不过是一瓶普通的酱油。

它没有什么特别，但是它陪伴了我们很久很久……

今天，我有幸进入海天参观，这次的参观让我见到了一个与众不同的“海天”。

多样化的“海天”

进入海天的第一印象是那里的地方很大，但大而不乱，里面布局合理，整齐划一。我们一行人随着梁书记的带路，进入海天公司的展厅。在展厅里摆放着海天出品样板。在每个玻璃柜里都整齐地摆放着不同品种的调味酱。其产品涵盖了酱油、蚝油、醋、调味酱、鸡精、味精、油类、小调味品 8 大系列 200 多个规格和品种，细分为“经典味”“天天乐厨”“点趣”“烹肉大师”“YES！黄豆”“果真好醋”“百焗易”等十余个产品子系列，而且还有出口装的海天产品。其中有我们熟悉的产品，也有我们不熟悉的，这让我深深地感受到——海天，真是一个产品多样化的公司。

在那里，我们还看了海天公司的简介与其在高明的工厂模型。现在，作为一个佛山人，我真正地品尝到了“海天”公司产品所散发出的味道！

高科技的“海天”

接下来，我们来到了海天的研究中心参观。这是业内唯一的国家级、省级“酿造工程技术研究开发中心”和“产品检验中心”两个实验室。海天还与著名的英国中心实验室等国际科研机构、院校保持长期合作关系，承担国家、省、市的一批重点科研项目，仪器装备、人才队伍、科研实力均具有国际领先水平。在实验室里，我第一次听到了“海天菌”，这是海天公司研发出的优良菌种，用它制出的酱油色香味俱全，还有营养价值。如今，海天已建立起了一个博士后的研究室，他们致力于用科技制出更高质量、更美味的酱油！

在每个工作室外，我们可以看到科研人员在认真工作。他们有的在检验酱油的合格率；有的在研制新口味的调味品；有的在研究“海天菌”。当我看到海天以科技的手段对黄豆品种的筛选时，我更是惊叹不已——海天，它是处于世界领先地位高科技的公司。

人情味的“海天”

最后，我们与海天的工作人员进行了一个访谈。

“有人烟处必有海天!”梁主任自豪地说道。看到海天的员工对自己公司的信心与热情，我知道，海天必是一家充满人情味的公司。“我们公司成立了一个基金，帮助有需要的员工；同时，我们每年也有对贫困家庭进行资助，”梁主任笑了，“每年我们还举办许多活动，员工们都乐在其中。我们知道，公司里的人员来自不同的地方，海天就是他们的另一个家，所以，我们员工之间都会彼此帮助，我们亲密如家人!”梁主任越说越激动，她几乎对所有的员工都有一份特别的情谊。对啊，从她的话语中，我已经感受到了那份情是一段绵绵的深情！海天，它真是一家充满人情味的公司。

如今，面对一瓶普普通通的海天酱油，我只觉得它不再普通。它不仅记载了每一代佛山人的生活，还蕴藏着那令人惊叹的技术与一份浓浓的人情味。

示范二：培养具有“家园情怀和民族精神的理性学生”的行动研究系列之走进（企业）“强生”采访

注：无意中与强生华南片区负责人林先生接触，趁机对企业特别是外资企业的管理和发展等问题做了交流，于是把交流的内容整理，以访谈的形式呈现出来，给学生做采访的示范。

【活动过程与步骤——认识企业】

强生发展历史

19 世纪末，美国内战期间，一位著名的英国医生——约瑟夫·李斯特，发现了手术室内通过空气传播的细菌，率先创立了“看不见的细菌”这一学说。在当时，担任过战地医疗工作的罗伯特·伍德·强生将军，成为最早具有慧眼认同李斯特这一理论学说的人。

1886 年，强生和他的两个兄弟在美国新泽西州的新布鲁斯威克，共同开创了一个全新的事业——生产无菌外科敷料，并正式创建了强生公司。他们雇用了 14 名员工，并在同行业中始终保持领先地位。

随着业务的扩大与发展需要，强生自20世纪20年代开始陆续于美洲、欧洲、非洲、亚洲与澳大利亚等地区相继成立新国际性公司，生产高品质的健康产品，推动着全球的健康发展。

经过100多年不曾松懈地努力与创新，至今，强生已在全球57个国家建立了250多家分公司，产品畅销于175个国家和地区，拥有约11万5千余名员工，成为目前世界上最具综合性、分布范围最广的健康护理产品制造商和相关服务提供商，生产及销售产品涉及消费品及个人护理产品、医药产品和医疗器材及诊断产品市场等多个领域。

2008年，强生公司的全球销售额为637亿美元。

【访谈】

尹：外资企业招聘人才最注重的是什么？

林：学习能力、团队精神、适应能力、与人沟通的能力。

尹：外资企业对人才招聘和培养的模式是什么？

林：招聘模式分为社会招聘和校园招聘。

培养模式：校园招聘的培训生有为期一年的实习期，包括公司的策略、信条教育、专业技能培训，理论与实践相结合，一般都在一线部门进行培训，从基础做起。一年后转正进入公司的职业发展的模式，逐步培养成有领导力的管理人员。

尹：我想问问，在营销策略和人才培养理念方面，外资企业和国内企业的最大区别是什么？

林：一般来说外企与国企都没有太大的区别，甚至说国企会比外企更灵活。唯一一点是强生以信条为本，来指引我们的策略制定和人才培训。

尹：您是外资企业的负责人，我对您如何进入强生这样的大型外资企业很感兴趣，您能否谈谈您的成长经历？

林：我只是华南片区的负责人，我是通过强生的社会招聘渠道进入的。刚加入强生时，作为一名销售人员，我都是要从基础工作做起，包括到商场约见客户、在货架上陈列我们的产品、完成每个月的销售指标，再通过公司的理论培训不断提升自己的专业技能以及领导力，通过每年的绩效评估，一步一脚印，从基层管理人员逐步提升为团队和部门管理人员。我的感觉是公司对每个人都有良好的职业规划，能否达到理想的目标，还需要靠认真工作和不断提升个人的能力，目前我还在努力中。

尹：强生作为一个知名企业，陷入“有毒门”事件，我想听听您对此事的看法。

林：面对社会上各种各样的信息，我还是想重申强生的一切行为都是以信条为本的，我们的产品是得到了国家相关部门的认证的，符合国家的安全标准，而且这个安全标准也是全球统一的。

尹：媒体监督很重要，但是媒体的炒作也很可怕，是吧？

林：（笑）不做评论。

尹：您能否解释一下“因爱而生”的含义，抑或讲讲文字背后的故事？

林：我们提供的产品和服务是希望给广大消费者一种无微不至的关爱，我们的研发和生产都是以传递这种爱为目标的，因为强生相信在我们的身边存在着一些巨人，他们以巨大的爱和细小的事，让大家的心灵获得慰藉，让创伤得到安抚，让人们得到关爱。我们以医疗卫生和个人护理的经验和智慧，与这些巨人并肩，用爱推动人与人的关爱。

强生热衷于公益事业，包括女性与儿童健康现状、社区公益项目、健康护理、健康关爱知识的发展、全球健康公益，如赞助北京 2008 奥运会和残奥会、抗击非典、保护兵马俑古文物遗址、希望工程等。

尹：作为家长和企业负责人的您对正在上高中的学生有什么建议呢？

林：高中阶段是从少年到成年的一个成长期，所以我们除了要学好基础文化知识，还需要注重培养自己的品质和意志，逐步地接触社会，认知这个社会，并适度地参与社会公益活动，为将来树立自己的人生目标打好基础，做好准备。

关注语文

1　不是只有你感觉到语文难教

先听三位名家对语文的看法，你会有一种释怀：原来并不只是我觉得语文难教。

1929 年梁启超为王森然所著《中学国文教学概要》作序，序言中说：“在今日学校各项课程之中，最为重要者，固属国文；而同时教授最感困难，教师最感缺乏，学生除有生性特别嗜好外，最感觉干燥而无生趣者，亦惟国文。”

国文教学难在何处？他归纳了六个方面的原因：①没有明确的标准；②进步、退步难分，新的、旧的难辨；③党派分别最杂，偏狭见解至今未尽；④范围太隘，而分类太广，难以把握：⑤对国文的概念解说不明，国文和国学的界限不清；⑥材料太富，难选适合教学的教科书。这就是现代语文教育史上著名的国文教学“六难”说。“六难”说非常深刻地揭示了语文课程和教学方面的种种矛盾。[①]

钱梦龙说：“语文难教，这是各科教师公认的事实。难教之一：它最容易受到批评，无论是谁，只要有点文化的，都可以对语文教学说三道四，评长论短，使语文教学从头到脚处在众目睽睽的监视之下。难教之二：语文考试特烦琐，刁钻古怪的题目，无所不包又不成体系的知识‘体系’，使教师和学生都有防不胜防的恐惧感。难教之三：教学目标最难把握，既要教知识，字、词、句、篇、修、逻、文；又要练能力，听、说、读、写、思；还要考虑思想教育、情感熏陶、智力发展、个性培养、素质提高，等等，以致

① 顾黄初．探求先辈语文课程教材编制的心路［M］//顾黄初．顾黄初语文教育文集外集．南京：江苏教育出版社，2013：378.

语文学科的性质、任务究竟应该如何界定，至今都还在争论之中。”①

黄厚江说：“语文教学是一门艺术，但同时也是一门科学；语文课堂教学应该追求诗意，但又不能不遵循教学逻辑。我们知道，过分强调了教学逻辑，会扼杀教学的灵性；但只讲诗意不讲逻辑，就会丧失了课程的基本价值。提出这样的命题，不是为了别出心裁、哗众取宠，而是想提醒自己在教学设计和教学操作中常常想一想：这样的安排，这样的方法，这样的要求，有道理吗？符合语文学科的规律吗？”②

随着新课标的实施，十几年来，语文教学并未到“风清气正”“潮平两岸阔，风正一帆悬”的理想状态，专家、学者的争论、争鸣，学科专家引领和名师示范并没有让一线教师有一种拨开云雾见天日的感觉，反而产生了一种“你不说我还明白，你越说我越糊涂”的困惑。

“公说公有理，婆说婆有理”，看到语文的争论，我们首先想到的就是这一句有点俗气的话，为什么不是用“百家争鸣”来形容，而是用“公说公有理，婆说婆有理”来解说？因为专家、学者、名师都是站在各自的立场阐述个人的观点，以至于让教师有一种“乱花渐欲迷人眼”的错觉。为了不至于被“乱花”迷住了双眼，作为语文教师，我们很有必要从学科发展史、学科性质及发展方向等方面进行思考、梳理。

---

① 钱梦龙．语文教学：戴着镣铐跳舞的艺术［N］．文汇报，1998-05-22．

② 黄厚江．语文的原点：本色语文的主张和实践［M］．南京：江苏教育出版社，2011：77．

2 “语文”学科名称的来历：复杂

语文学科作为基础教育的重要学科，纵贯中小学各年级，时间跨度长达12年，要探求语文教学的规律，很有必要对语文本身的性质和规律进行了解、认识和探索，而要探求这些问题，有必要对“语文”这个学科名称进行认识。笔者参考前辈如顾黄初老先生的研究，对“语文”学科名称的来历以表格的方式进行了一番梳理（见表1）。

表1 “语文”学科名称的来历

时间	语文学科发展历史
先秦时期	语文相当于六艺（书、数、礼、乐、射、御）中的“书”
清末新学	清朝末年废科举、兴新学，语文被称为“词章”“中国文学”（中等学堂）、“中国文字”（小学堂）
清末到民国初期	（梁启超、蔡元培）语文由“中国文学”改为“国文”（他们认为“中国文学”一科所学内容包含“文学”和“非文学”，“国文”包含的内容更广泛，更实际）
民国时期到1949年前夕	（文白之争）众多新派人物主张说普通话，教白话文，语文被称为“国语”（小学初中）“国文”（高中）
1949年至今	统称“语文”。源于叶圣陶老先生的思考和建议：“‘语文’一名，始用于1949年华北人民政府教科书编审委员会选用中小学课本之时。前此中学称‘国文’，小学称‘国语’，至是乃统而一之。彼时同人之意，以为口头为‘语’，书面为‘文’，文本于语，不可偏指，故合言之。亦见此学科，‘听’‘说’‘读’‘写’宜并重，通习课本，练文，固为读写之事，而苟忽于听说，不注意训练，则读写之成效亦将减损。”叶圣陶这里所说的“文本于语，不可偏指”，就是针对“国语”偏于“语”“文”偏于“文”的偏颇说的。合起来称为“语文”，则书面语和口头语两者兼原、名实便相符了

注：参见王松泉，王相文，韩雪屏．语文教学概论［M］．北京：高等教育出版社，1999.

根据以上“语文”学科名称的发展、演变可以看出语文学科的复杂性，无论是争议、争鸣还是统一、和谐，我们知道语文教学的理论研究和教学实践一直处于探索、追求和发展的进程中。概念的演变是对“语文”学科的性质、内容、范围及时代发展之需的补充和统一。思想认识上的提升、时代发展的需要、学科内涵的丰富是时代发展的需要。

在认识“语文”学科这个名字的过程中，我们会发现学者、专家对“语文”学科的认识和发展也是在长期的实践过程中日渐明晰的。虽然“语文”这个学科的内涵随着时代的变化还会不断地发展和丰富，但是，只要了解语文学科的性质和规律，我们就不至于迷失在喧嚣之中，也不至于成为喧嚣者和迷茫者。

3 语文学科性质的争鸣：困惑

语文学科的改革永远是一个热点和焦点话题，这是由语文学科性质决定的。

认真审视50多年来的语文学科教学理论研究和实践的改革，语文学科的发展就是一个探索中不断发现矛盾、困惑中不断有新发现的过程。当前存在的现实困惑确实很多，现在择其要者述之（见表2）。

表2 “语文”争鸣话题

时间	“语文”争鸣话题
晚清时期	语体之争：白话语体和文言语体（使用）
20世纪50年代末到20世纪70年代末	①文道之争：反对把语文课上成政治课和文学课；②语文姓“语”还是姓“政”
20世纪70年代末到20世纪80年代初	①现代的与传统的争论（语文学科教学的改革对“文言文”进入教材的去留、多与少进行争论），后来折中：立足现实、传承优秀、汲取（中外）精华；②水平测试与选拔考试的统一问题
20世纪90年代末期	①工具性与文学性的统一问题；②淡化语法与强化语法之争
2018年7月	①《敬问温儒敏：你是否还记得鲁迅先生“救救孩子”的呐喊?》主要集中：古文入选的多与少；海量阅读的是与非（2018年7月陕西师范大学教授程世和和北大教授温儒敏的就“古文入选多少”“海量阅读”发送争论）；②“诗意追求与逻辑培养”取舍（文学性与思辨性）

在这些争论中，给人印象最深的是人文性与工具性之争。1997 年《北京文学》第 1 期发表的一组文章，引起了社会各界的关注，引发了一场声势浩大的关于中小学语文教育的大讨论，一大批从事文学教育的专家学者、从事文学创作的作家参与了讨论。他们的讨论形成了一本“语文探讨专著”——《审视中学语文教育》。①

“……语文教学之所以存在种种问题，包括教材教学之所以存在种种问题，包括教材编排陈旧落后、教学方法机械呆板、考试评价古怪荒唐、题海战术甚嚣尘上、学生不堪重负等，根本原因就在于强调了语文工具论。一时间工具论成了语文教育的罪魁祸首，万恶之源。”②

“语文工具论”成了大众讨伐的对象。笔者曾经也对“语文工具论”做了思考：小学语文的教学应该是“工具性大于人文性”，因为小学教育需要教会学生基本的语文知识，小学生在掌握了“工具”才能够发挥“工具”的作用；初中语文的教学应该是“工具性与人文性”并重，随着学生的智力提升、情感丰富，学生不仅需要认识世界的“工具”，还需要人文情感的滋润；高中语文的教学应该是“人文性大于工具性”，学生思想成熟、情感丰富，他需要的不再是基本的工具而是武器，此时，语文教学过分强调“工具性”不仅会束缚学生的思维，还会让学生陷入呆板、迷茫的境地，老师需要用情感、文化、情怀来引导学生的成长，因此，高中的教学注重的是思维提升和能力形成，高中的教学就在于方法指引、情感浸润、思维启发、精神引领。

20 世纪初的那场讨论，语文教育既然否定了工具论，那么“人文论”就应运而生。“人文论”适应了当时思想解放、渴望教育，尤其是语文教育方式改变的时代潮流，于是“人文论”大行其道，这主要体现在《全日制义务教育语文课程标准（实验稿）》和《普通高中语文课程标准（实验）》。

为了迎合“人文性”这一变化，课程标准把过去语文教学大纲中“培养学生的语文能力”改为“全面提高学生的语文素养”。然而，何为语文素

① 孔庆东，摩罗，余杰．审视中学语文教育［M］．汕头：汕头大学出版社，1994.

② 顾之川．关于语文工具论的思考［M］//顾之川．语文教育论．福州：福建教育出版社，2013：5.

养？何为语文“工具性”？语文“人文性”的具体含义是什么？“工具性”与“人文性”到底是一种什么关系？在语文教学中，二者又该如何统一？课程标准语焉不详，语文教育理论工作者也是众说纷纭，广大教师更是无所适从。[①] 学生学了三年的语文，表达能力、思维能力没有得到提升，学生浮躁的心态体现在“自主探究”的肤浅、“合作探究”上的应付。

如今，新课程已经走过十多年的路程，广大语文教育工作者对新课程的认识和理解已由当初的学习、领会与接受阶段，逐渐过渡到冷静思考与深入反思阶段。新课程的一些先进理念早已深入人心，而且正在发挥着对中国基础教育的积极推动作用。但是新课标的“语焉不详”“语文教育理论工作者也是众说纷纭”，最终让新课标的实施偏离了当初设计的轨道，语文的教学再次陷入了一个尴尬的境地——教师们即使“不得不”适应“突变式改革”的大潮，也只是在少数“表演课”上展示“三维目标”和“自主、合作、探究”的学习方式，满足行政上级的检查评比。《普通高中语文课程标准(2017 年版)》的颁布，专家、学者和一线教师没有就“人文性与工具性”的话题再次掀起争论的高潮，而是针对时代发展，基于以人为本的思想，在课程设计上进行调整的过程中关注学生的发展素养和能力——普通高中的培养目标是进一步提升学生综合素质，着力发展核心素养，使学生具有理想信念和社会责任感，具有科学文化素养和终身学习能力，具有自主发展能力和沟通合作能力。

《普通高中语文课程标准（2017 年版)》的教育理念和课程设计结构看似高大上，只是笔者担心在实施过程中依然是矮矬穷！毕竟，理想很丰满，现实很骨感。

由于应试教育的盛行，语文教学发展和改革还会不会只局限于“闭门造车”或是“纸上谈兵”？

普通高中语文课程由必修、选择性必修、选修三类课程构成。三类课程分别安排 7—9 个学习任务群。中华优秀传统文化、革命文化和社会主义先进文化方面的内容始终贯穿必修、选择性必修、选修。

---

① 顾之川．关于语文工具论的思考［M］//顾之川．语文教育论．福州：福建教育出版社，2013：8.

必修课程 7 个：“整本书阅读与研讨”“当代文化参与”“跨媒介阅读与交流”“语言积累、梳理与探究”“文学阅读与写作”“思辨性阅读与表达”“实用性阅读与交流”。

选择性必修课程 9 个：“整本书阅读与研讨”“当代文化参与”“跨媒介阅读与交流”“语言积累、梳理与探究”“中华传统文化经典研习”“中国革命传统作品研习”“中国现当代作家作品研习”“外国作家作品研习”“科学与文化论著研习”。

选修课程 9 个：“整本书阅读与研讨”“当代文化参与”“跨媒介阅读与交流”“汉字汉语专题研讨”“中华传统文化专题研讨”“中国革命传统作品专题研讨”“中国现当代作家作品专题研讨”“跨文化专题研讨”“学术论著专题研讨”。

稍微审视一下，我们会发现《普通高中语文课程标准（2017 年版）》的课程设计结构宏大、数量繁多、概念新颖、内容庞杂。

新课程标准似乎为温儒敏教授所提的“海量阅读”做了很好的铺垫和理论指引，可是，仅细想想，如果我们的教学时间、教学体制没有发生量的变化，所有的一切都是形同虚设、纸上谈兵。

笔者思考两个问题：

一是繁杂的书目、宏大的结构，教师因为应试，根本无暇顾及；二是条件的限制，如资金、教师理念、领导管理的权衡都会影响任务群活动的开展。

当改革还未开始，烽烟就起。

2018 年 7 月 14 日媒体的一篇报道——《改革，语文新改革，让人冒冷汗》让家长和师生“心惊胆战”。“部编本”语文教材总主编温儒敏在一次北大举行的写作大赛启动仪式上甩下了一句“耸人听闻”的话，着实让在场全国各地的语文教师吓了一跳！“语文高考最后要实现让 15% 的人做不完！”温儒敏继续透露，“高考的阅读面也在悄悄变化，哲学、历史、科技什么类型的内容都有。现在阅读的要求远远高出了语文教学平时教的那个水平”。

也就是说，只看《读者》和四大名著，只看所谓的课内教材，别说高考语文，就连中考语文都将应付不来。

就媒体的报道，陕西师范大学程世和教授撰写的《敬问温儒敏：你是否还记得鲁迅先生“救救孩子”的呐喊?》一文立即引起了关注和热论。纵观实践的整个过程，再来审视程世和副院长的文章，虽然说有失偏颇，但是，程院长所提的很多问题，如“课业负担中”“无边界阅读”和“文化传承”等思考和分析，还是有一定道理的。

面对程世和的追问，我担心如顾黄初老先生18年前所言：

对许多人来说，改革实践的理论准备固然不足，精神准备也并不充分。当发现自己设计的种种方案，做起来却并不如理论上所述的那么顺利、那么圆满时，便立即丧失信心，甚至想重新寻找出路。所以到（20世纪）80年代中后期，当理论研究者们还在信心十足地论证“理论研究必须超前”的时候，忽然发现自己的周围不知为什么已逐渐失去了热心的响应者。这恐怕不能责怪第一线执教的教师，因为任何教育教学理论都应该具有实践性的品格。理论研究者们的思路太“活跃”、太“多变”，难免使人不是望而生畏，就是无所适从，于是冷热失衡，无论是理论研究者，还是教学实践者，都在不同的方位上同时陷入了困惑。①

---

① 顾黄初. 现实的困惑和历史的使命：语文学科课程改革的背景研究［J］. 中学语文：教师版，2000（1）：8－11.

4　应试语文，让教师疲于奔命：痛苦

张定远先生说："教育不仅是一种知识的独特培养，而且也是一种相当人化的特殊凝聚。"

教育专家于漪说："在培养学生理解和运用语言文字能力的同时，要时刻不忘以美好的事物、高尚的情操熏陶感染学生，在他们的心灵深处撒下美好的种子。语文教学是以语言文字能力的培养为核心，有机地融合了德育和美育，三位一体，课就立体化了。立体化多功能，就是对人多方面培养，教学效率、教学质量能明显提高。"

现在，课堂教学依然是课文试题化、试题标准化。

虽然新课标实施这种尴尬现状有所改变，但是只要你稍微了解教育现状，你就会发现改变不大：现在的高考成绩比较，如果是学校宣传，那么不再是本科率的比较，而是清华北大、人民大学、浙江大学、复旦大学等前10名大学的比较，是上985名校、211名校的人数的比较。一些重点中学，为了让业绩更为突出，训练从高一就开始。现在的高考竞争、应试教育已经完全到了白热化的状态。

说到应试教育，我们又想起来北京理工大学教育科学研究所教授杨东平先生和福建师范大学孙绍振先生就高考应试教育写的文字。时隔多年，虽然语文教学改革的步伐迈进了新时代，选拔的标准、考查的方式、试卷的结构、试题的设置等形式发生了变化。遗憾的是，这些变化不仅没有起到很好的引导作用，反而让师生教学陷入了模式化、套路化的窘境。高考阅读题的命题突出了对阅读能力的考查，可是，试题的设置却无法体现学生的阅读能力、思维发展，因为试题的设置忽视了学生阅读的能力，试题设置表面上重视了文本的阅读，但是试题设置没有体现逻辑推理和思维发展，以至于应试教学的过程不是思考、分析和探求的过程而，是答案的寻找、组合、套用的过程。

长期的这种考试训练，会使学生的思维在训练中陷入呆板、僵化。

2018 年 6 月 22 日，广东高考语文科阅卷组长、华南师范大学文学院院长陈少华权威解读 2018 年高考语文试卷重点、难点时候提到：

从目前考生答卷情况看，……阅读题大多考生的作答有针对性，但一定程度上作答模式化、滥用套语等老问题仍然没有得到很好的解决……阅读教学需要加强各类文体特征的认识以及文体阅读间的联系，进一步强调对阅读中思想内涵和艺术技巧的理解。

审视我们的教学，我们会有一种无奈甚至是失望：在语文教学中，面对文辞优美的文章，老师不是用情感来演绎文字而是用试题语言来草率肢解文章，于是乎，学生观看事迹感人的图片不是心潮起伏，而是“波澜不兴、宠辱不惊”。

听高中语文教师讲课，我们对教师教学所表现出的急功近利的思想和学生所表现的麻木不仁而深感悲哀。

再具体到高三教学，除了对《十年高考试题选编》《高考模拟试题大全》的讲解，除了公布答案、分析解法、总结归纳题型……与人性有关的东西，如美感、和谐、激情、品质、人格；与思维发展有关的，如思考、分析、推理、论证等关键字眼都在题海沉浮中消失殆尽。

杨东平先生撰写的《应试教育：传统教育的复活与强化》一文中写道：

与严格的考试训练相适应，目前学校教育……比较忽视情感、态度、意志、兴趣等非智力因素；重视知识的传授，而较忽视个性发展；通过严格而激烈的竞争保持较高的考试水准，却不利于创造性的培养。同时，它削弱了教育的人文属性，导致教育的人文内涵的流失。

应试教育的确影响了社会风气和价值观念，只重智育和分数，较为忽视人格培养和道德发展，不仅是一种普遍的学校行为，也成为许多家庭教育的现实。[1]

---

① 孔庆东，摩罗，余杰. 审视中学语文教育［M］. 汕头：汕头大学出版社，1994：37.

孙绍振撰写的《炮轰全国统一高考体制》说道：

许多考题出得莫名其妙，答案武断到荒谬绝伦，弄得语文考试比之八股文还僵化。不但以学生为敌，而且以教师为敌。当高考题目发下来的时候，常常没有一个语文教师有把握说出答案。

……问题的关键在于，为了设置陷阱，连出题者自己也跌入陷阱。一旦出卷者自己陷入谬误，而这种谬误又很轻易地化为标准答案，全国就没有任何人能够挽救。[①]

笔者曾经心血来潮，历经十几年的新课改，语文教学和考试方向是否发生了变化？于是对相隔 10 年的语文考试大纲进行了比较，发现山还是那座山。具体请看 2018 年和 2008 年的全国语文考试大纲，限于篇幅，在此以现代文阅读为例。

2018 年全国高考考试大纲现代文阅读要求

现代文阅读内容及相应的能力层级如下：

（一）论述类文本阅读

阅读中外论述类文本。了解政论文、学术论文、时评、书评等论述类文体的基本特征和主要表达方式。阅读论述类文本，应注重文本的说理性和逻辑性，分析文本的论点、论据和论证方法。

1. 理解　B[②]

（1）理解文中重要概念的含义

---

① 孔庆东，摩罗，余杰. 审视中学语文教育［M］. 汕头：汕头大学出版社，1994：389.

② 高考语文要求考查考生识记、理解、分析综合、鉴赏评价、表达应用和探究六种能力，表现为六个层级，具体要求：A. 识记：指识别和记忆，是最基本的能力层级。要求能识别和记忆语文基础知识、文化常识和名句名篇等。B. 理解：指领会并能作简单的解释，是在识记基础上高一级的能力层级。要求能够领会并解释词语、句子、段落等的意思。C. 分析综合：指分解剖析和归纳整合，是在识记和理解的基础上进一步提高了的能力层级。要求能够筛选材料中的信息，分解剖析相关现象和问题，并予以归纳整合。D. 鉴赏评价：指对阅读材料的鉴别、赏析和评说，是以识记、理解和分析综合为基础，在阅读方面发展了的能力层级。E. 表达应用：指对语文知识和能力的运用，是以识记、理解和分析综合为基础，在表达方面发展了的能力层级。F. 探究：指对某些问题进行探讨，有发现、有创见，是以识记、理解和分析综合为基础，在创新性思维方面发展了的能力层级。对 A、B、C、D、E、F 六个能力层级均可有不同难易程度的考查。

（2）理解文中重要句子的含义

2. 分析综合　C

（1）筛选并整合文中的信息

（2）分析文章结构，归纳内容要点，概括中心意思

（3）分析论点、论据和论证方法

（4）分析并概括作者在文中的观点态度

（二）文学类文本阅读

阅读和鉴赏中外文学作品。了解小说、散文、诗歌、戏剧等文学体裁的基本特征和主要表现手法。阅读和鉴赏文学作品，应注重价值判断和审美体验，感受形象，品味语言，领悟内涵，分析艺术表现力，理解作品反映的社会生活和情感世界，探索作品蕴含的民族心理和人文精神。

1. 理解　B

（1）理解文中重要词语的含义

（2）理解文中重要句子的含义

2. 分析综合　C

（1）分析作品结构，概括作品主题

（2）分析作品的体裁特征和表现手法

3. 鉴赏评价　D

（1）体会重要语句的丰富含义，品味精彩的语言表达艺术

（2）鉴赏作品的文学形象，领悟作品的艺术魅力

（3）评价作品表现出的价值判断和审美取向

4. 探究　F

（1）从不同角度和层面发掘作品的意蕴、民族心理和人文精神

（2）探讨作者的创作背景和创作意图

（3）对作品进行个性化阅读和有创意的解读

（三）实用类文本阅读

阅读和评价中外实用类文本。了解新闻、传记、报告、科普文章的文体基本特征和主要表现手法。阅读实用类文本，应注重真实性和实用性，准确解读文本，筛选、整合信息，分析思想内容、构成要素和语言特色，评价文本的社会功用，探讨文本反映的人生价值和时代精神。

1. 理解　B

(1) 理解文中重要概念的含义

(2) 理解文中重要句子的含义

2. 分析综合　C

(1) 筛选并整合文中信息

(2) 分析语言特色，把握文章结构，概括中心意思

(3) 分析文本的文体特征和主要表现手法

3. 鉴赏评价　D

(1) 评价文本的主要观点和基本倾向

(2) 评价文本产生的社会价值和影响

(3) 对文本的某种特色作深度的思考和判断

4. 探究　F

(1) 从不同角度和层面发掘文本反映的人生价值和时代精神

(2) 探讨作者的写作背景和写作意图

(3) 探究文本中的某些问题，提出自己的见解

2008年全国语文高考考试大纲

甲、必考内容

必考内容及相应的能力层级如下：

一、现代文阅读

阅读一般论述类文本，主要包括社会科学、自然科学等议论和说明类文章。

1. 理解　B

(1) 理解文中重要概念的含义

(2) 理解文中重要句子的含义

2. 分析综合　C

(1) 筛选并整合文中的信息

(2) 分析文章结构，把握文章思路

(3) 归纳内容要点，概括中心意思

(4) 分析并概括作者在文中的观点态度

乙、选考内容

选考内容及相应的能力层级如下：

一、文学类文本阅读

阅读和鉴赏中外文学作品。了解诗歌、散文、小说、戏剧等文学体裁的基本特征及主要表现手法。阅读文学作品注重审美体验，感受形象，品味语言，领悟内涵，分析艺术表现力，理解作品反映的社会生活和情感世界，探索作品蕴含的民族心理和人文精神。

1．分析综合　C

（1）分析作品结构，概括作品主题

（2）分析作品体裁的基本特征和主要表现手法

2．鉴赏评价　D

（1）体会重要语句的丰富含义，品味精彩语句的表现力

（2）欣赏作品的形象，赏析作品的内涵，领悟作品的艺术魅力

（3）对作品表现出来的价值判断和审美取向做出评价

3．探究　F

（1）从不同的角度和层面发掘作品的丰富意蕴

（2）探讨作品中蕴含的民族心理和人文精神

（3）对作品进行个性化阅读和有创意的解读

二、实用类文本阅读

阅读和评价中外实用类文本。了解访谈、调查报告、新闻、传记、社科论文、科学小品等实用类的文体基本特征和主要表现手法。准确解读文本，筛选、整合信息，分析思想内容、构成要素和语言特色，评价文本产生的社会功用，探讨文本反映的人生价值和时代精神。

1．分析综合　C

（1）筛选并整合文中的信息

（2）分析语言特色，把握文章结构，概括中心意思

（3）分析文本的基本特征和主要表现手法

2．鉴赏评价　E

（1）评价文本的主要观点和基本倾向

（2）评价文本产生的社会价值和影响

(3) 对文本的某种特色做深度的思考和判断

3. 探究 F

(1) 从不同的角度和层面发掘文本的深层意蕴

(2) 探讨文本反映的人生价值和时代精神

(3) 探究文本中的重点和难点，提出自己的见解

逐条对照，稍微细心比较和深入分析就会发现，教学改革过程中对现代文的教学和考查还是发生了些许进步。

(1) 10 年时间，考试的范围随着时代发展，确实有所改变，如高考对于现代文“论述类”文章的阅读要求不仅从范围上进行了拓展，而且在“阅读目标”指向上有了明确的要求：“阅读一般论述类文本，主要包括社会科学、自然科学等议论和说明类文章”变成了“阅读中外论述类文本。了解政论文、学术论文、时评、书评等论述类文体的基本特征和主要表达方式。阅读论述类文本，应注重文本的说理性和逻辑性，分析文本的论点、论据和论证方法”。

(2) 尽管经过 10 年的变化，但是现代文阅读的要求几乎没有什么变化，即使有一点变化，也大多是在玩文字游戏，如“应注重价值判断和审美体验”，“应注重真实性和实用性”“价值判断”与“真实性和实用性”在命题上和教学上又如何体现呢？这几年的题目设计似乎没有体现。所有的美好愿望还只是愿望。

认真审视间隔 10 年的考试大纲，我们觉得确实有一种“高大上”的感觉：目标明确、内容翔实、思维严谨、逻辑清晰。可是，细细回想我们的课堂教学是怎样开展教学活动的呢？习惯的做法是引导学生对文章的认识，加深学生对文章的理解，于是，对于文学作品的研读，我们很多时候关注的就是作者、背景、主题、情节、人物形象、艺术手法、语言运用，我们对现代文的理解分析不可谓不细，也不可谓不深。但是，我们对文学作品的探究很多时候是一个口号，不仅仅是因为教学的时间不够，还有就是教师的“探究”意识不强。从意图看，这自然是好事，高考命题和课程标准保持协调同步，是大家都期盼的事情。但遗憾的是，我们看到这种体现仍然是勉强的。有的探究题无事生非，无探究价值；有的探究题空间狭小，无法展开探究；有的探究题指向名不副实，实质上还是常规题；有的探究题题目是探究，但

答案仍是“死路一条”。①

因此，面对“探究”要求的三点，我们是深感遗憾的。扪心自问：课堂教学，你探究了吗？文本赏析，你认真品味了吗？

可能有的老师会问：为什么教学目标与考试大纲的要求不尽相同，同时教学要求好像和考试大纲要求也不尽相同，我何必自讨苦吃去探究，去研读？连课都上不完，还搞什么探究?！听到老师的埋怨和牢骚，我们可以理解但是不赞同。于是在不赞同的情况下，我们必须要进行反思，为什么会这样？很多老师肯定说，为了考试，我也没有办法，最主要的是应试的试题也只是停留在“纸上谈兵”，没有就有关的“个性发展”和“个性解读”进行实质性的设计。老师的疑惑和功利恰恰就是凸显了“教学和应试”“水平测试和选拔测试”的矛盾。对这两个矛盾，顾黄初老先生在《语文教学导向》一文有比较清晰的解说：

语文之争——水平测试与选拔测试的统一问题

自70年代末恢复高校招生制度之后，最初的几年，严肃的国家级选拔测试曾对中学语文学科的改革起过积极的促进作用。随着形式的发展，“千军万马过独木桥”的问题越来越尖锐，逼得高考命题组的主持者们要殚精竭虑地设法提高部分命题的难度，以便拉开应试者之间的差距。于是第一线执教的老师慑于学校、家庭、社会的压力，不能不把注意力集中到一年一度的高考试卷上来。他们战战兢兢地把自己班上的学生送进考场，又如热锅上的蚂蚁似的在考场外面，等待着考试结果对自己多年心血的“宣判”。

高考命题组成员自有堂而皇之、难以驳倒的理由：“平时的教学必须面向全体学生，顾及绝大多数；而高校招生考试则必须淘汰大多数。前者要让绝大多数学生都能达到大纲规定的基本要求，而后者在目前情况下则必须要在大多数合格者中选拔出少数尖子来。这是一对无法相容的矛盾。”这是牵涉到水平测试和选拔测试的相互关系问题，牵涉到水平测试的标准度、合格度和选拔测试的难度、效度、信度之间如何配合、协调的问题。但不管怎么说，国家级选拔测试的“导向”作用是在任何情况下都无法取消的。目前，

① 黄厚江. 语文的原点：本色语文的主张和实践［M］. 南京：江苏教育出版社，2011：221.

高考、中考的命题和方式正在产生正面效应，而过分强调“客观性”、过分注重“标准化”的趋势，以及为了提高负面效应，人们在测试面前所产生的困惑和忧虑，决非庸人自扰。①

我们必须承认，高考改革趋于完善，有利于选拔和教学，但是，命题者在命题的时候是很难排除对文本的个性解读，正是他们的个性解读掌握着制定答案和评分标准的权利，作为读者（考生）的个性解读就会受到“挑战”“挑剔”和“打击”，这无形之中就是对学生灵性和个性的一种扼杀。

我还想说的是，其实认真审视历年的高考论述文试题，我们会发现试题的设计过于呆板、僵化，以至于考生可以根据“命题规律”总结出一些套路，如：

（1）偷换概念：通过漏字、添字、改字、换序等方法扩大、缩小或转移概念。尤其要注意代词的指代。

（2）以偏概全：以部分代整体（或相反），以个别代一般（或相反），以特殊代普遍。重点关注：a. 表数量多少的词语（少数、部分、几个、大多数）；b. 表范围大小的词语（凡、全、都、所有、部分等）；c. 表程度轻重的词语（特别、十分、稍微等）；d. 表频率高低的词语（通常、总是、有时、偶尔等）。

（3）混淆时态：（已然与未然）已经、曾经、过去，现在、目前，将要、尚未等。

（4）混淆模态：（可能与必然）一定、必将，可能、估计、如果、未必等。

（5）正话反说：即肯定和否定颠倒。

（6）顺序错乱：时间先后错位、逻辑事理先后错位、空间位置错乱。

（7）颠倒因果：“因”与“果”错位、“条件”与“结果”错位。

（8）强加因果：两件事无因果关系，却强行说成有因果关系。

（9）无中生有：原文无此信息。

（10）答非所问：选项回答的不是题干中的问题，或没有答全题干中问题的几层意思。

---

① 顾黄初. 语文教学导向［M］//顾黄初. 顾黄初语文教育文集外集. 南京：江苏教育出版社，2013：220.

5 名师的引领示范：纠结

说到名师，我们的脑海中会想起魏书生、于漪、钱梦龙、余映潮、王栋生、程红兵、黄玉峰、程翔、余党绪等，他们引领了一个时代，甚至影响了语文教育发展和改革；还会想起被冠以“××语文”的教学主张，如赵谦翔的“绿色语文”、王开东的“深度语文”、黄厚江的“本色语文”、陈继英的“人生语文”等，我们暂且不论他们的“××语文”好与坏，但是起码他们的“××语文”为我们了解和探索语文教育教学开启了一道灵光。

在某种程度上来说，他们的引领示范为语文教育的发展和改革确实起到了“推波助澜”的作用，我们需要他们的引领，他们既是旗帜，也是靶子。

我们要感谢他们，但是不能因为感谢而忘记思考和探索。回到现实，我们发现，“他们”也只是昙花一现。

为什么？

近年来，语文教学中出现了一个奇怪的现象，一部分学术视野较宽的语文名师（含网络上的名师）所上的语文课迷失在了哲学、美学、生命教育等学科丛林中，偏离了语文教学的正道，失却了语文教学的味道。其中以韩军《背影》教学为代表，还包括郭初阳《愚公移山》教学、干国祥《斑羚飞渡》教学、范美中《面朝大海春暖花开》教学等。由于韩军们是语文教学界的名师，影响较大，故不得不予以指出，以免除更多一线教师的困惑。……由于韩军先后在凯里、成都、乌鲁木齐、贵阳、合肥、石家庄、昆明等地反复执教朱自清《背影》，因此，这堂课可看成他这些年语文教育思考的结晶。我们也就可从对这堂课的分析，管窥当前语文教学的一些病态。这堂课中所暴露的问题，在其他一些有一定名气的教师的课堂上也存在，且大有愈演愈烈之势。

这是四川师范大学文学院教授李华平就清华附中特级教师、全国名师韩军"示范课"后撰写的《迷失在学科丛林中的语文课——兼评特级教师韩军〈背影〉教学课例》[①] 一文的开场语。

看到李华平老师的文章，很多教师似乎有同感，细细回想，名师的风采、名师传播的理念，还有名师著书立说"传经布道"，我们在感受名师气场强大氛围后的激动就是回来后的一动不动——因为我们认真品味和细细观察的时候，发现名师的示范课并不是常态课，在某种程度上，他们是在演戏、在作秀、在炫耀……他们偶尔的表演，确实是一次精彩的演绎，可是，他们毕其功于一役的杰作，于我们日常课堂教学是无法复制的。所以，我们必须保持高度警惕，引起高度注意。

2014 年 12 月 15 日，我在广东广雅中学听了广东省某中学龙老师执教的《死水》，我深感困惑——虽然，他还不是名师，但是他在课堂上展示的风采，带有很深的韩军名师的烙印。

我记得当时听完课后就写了《语文教学，千万别游离教学的主题——以粤教版的闻一多的〈死水〉为例》一文，就课堂展示进行思考并写下了一些文字：

参加广雅中学开展"同课异构"活动，分别听了佛山一中、广雅中学、省实验中学三位老师执教的《死水》，颇有收获，不管好与坏，起码可以开启智慧的灵光，触动思想。

话是这样说，可是回归语文教学的思考，我觉得有些课例是值得商榷和反思的，如听到广东省省实验中学龙海平老师的课时，我有一种困惑：到底是语文课还是哲学普适课？是出彩还是出轨？

他的教学引发了我的思考：语文教学的目标是什么？《死水》一文的教学目标是什么？

龙老师执教《死水》一文的时候，把教学的目标建立在"欣赏美与丑"的这个点上，整堂课引导学生去赏析有关"美与丑"的事物，并且罗列了很多有关"美与丑"的事例来佐证个人提出的"美与丑"话题。整堂课进入

---

① 李华平. 迷失在学科丛林中的语文课：兼评特级教师韩军《背影》教学课例[J]. 语文教学通讯，2014（29）：7－12.

了一种不知是哲学还是美学的层面，一堂课下来，不管是学生还是听课的老师，都有一种云里来雾里去的感觉，最终，师生都是在缥缈、虚幻的感觉中就稀里糊涂地下课了。

听了龙老师的课，我想起三句话：①语文教学可以窥一斑而知全豹（一叶知秋），但是不能够挂一漏万；②语文教学可以旁逸斜出，但是不能够节外生枝；③语文教学可以举一反三，但是不能够天马行空。

龙老师只是抓住了“美与丑”的问题，而忽视了作者的写作背景，忽视了作者的情感表达，忽视了对文本的深入思考，忽视了文本分析，忽视了诗歌需要朗读（书读百遍其义自见）的忠告等问题，整堂课从头到尾只是引导学生思考“美与丑”的问题（因为列举的“美与丑”的素材太多、PPT太多，课堂仓促结束），而没有通过对文本的分析来思考作者笔下的“美与丑”的指向性。一味地展示素材，给人一种填塞、眩晕的感觉。

我们常说，窥一斑而知全豹，观滴水可知沧海。可是，龙老师没有抓住《死水》中的思想情感来分析，也没有抓住意象来思考，更没有引导学生品味语言来体悟情感。

我们知道，读闻一多的《死水》，我们读出了厌恶、伤感、痛心疾首、义愤填膺的感觉，我们可以说《死水》是一段内心的独白，也可以说是一篇战斗的檄文。他有一种恨铁不成钢的愤怒，有一种爱之越深恨之愈切的悲愤。

例如读《死水》时，我们可以从三个方面进行关注：

（1）关注语言的美。

（2）关注情感的真。

（3）关注事物的丑。

然而，龙老师的课不是引导学生品读、赏析，而是引导学生从美学、哲学的角度去思考。这种特意的拔高，不仅没有让学生有一种清新的认识，反而会让学生陷入一种迷惘：学习语文的目的是什么？我从课堂学到了什么？

……语文独立设科已逾百年，但追求真正成为一个具有独立价值的学科的道路并没有结束，近年来的“迷路狂潮”就常常让人困惑无比。语文教学不是被当成运送人生观、世界观的汽车，就是被视为哲学、历史文化、生命教育的躯壳，等等。由于语文教学对这些场外使命的屈从，对其他学科（哲学、心理学、精神文化史）方法的屈从，语文作为一门科学（或学科）之独有的使命，它独有的方法，进而连它在一系列其他学科中所独有的一席位置，都一直处于模糊不清之中。

廓清语文的位置，肩负独立之使命，需要一大批语文人（包括韩军们）的自觉追求、披肝沥胆、披荆斩棘、毅然前行。其实，叶圣陶、于漪、钱梦龙、韩雪屏、刘永康、倪文锦等一代代杰出的语文教育家已经做出了艰苦卓绝的努力，阅读他们的书籍、文章，加深对语文教学基本规律的认识，坚守语文教育的正道，就会迎来语文教学的真正春天。

李老师的话，虽然有点偏颇，但是细读文章，我们会发现，有一定的道理。

教师专业的发展确实需要专家引领、名师示范、同伴相助、个人提升。遗憾的是，很多名师或者一旦成为名师就开始自说自话，自我膨胀。

作为一线的教师，我们真的需要对语文学科性质的定位有一个清晰的认识。教育部《高中语文新课程标准（实验）》指出：

语文是最重要的交际工具，是人类文化的重要组成部分。工具性与人文性的统一，是语文课程的基本特点。

高中语文课程应进一步提高学生的语文素养，使学生具有较强的语文应用能力和一定的语文审美能力、探究能力，形成良好的思想道德素质和科学文化素质，为终身学习和有个性的发展奠定基础。

教育部《普通高中语文课程标准（2017 年版）》：

语言文字是人类社会最重要的交际工具，是人类文化的重要组成部分。语言文字的运用，包括生活、工作和学习中的听说读写活动以及文化活动，存在于人类社会的各个领域。

语文课程是一门学习祖国语言文字运用的综合性、实践性课程。工具性与人文性的统一，是语文课程的基本特点。语文课程应引导学生在真实的语言运用情境中，通过自主的语言实践活动，积累言语经验，挖掘祖国语言文字的特点和运用规律，加深对祖国言文字的理解与热爱，培养运用祖国语言文字的能力；同时，发展思辨能力，提高思维品质，培育社会主义核心价值观，培养高尚的审美水平，积累丰硕的文化底蕴，理解文化多样性。普通高中语文课程，应使全体学生在义务教育的基础上，进一步提高语文素养，形成良好的思想道德修养和科学人文修养，为终身学习和全面而有个性的发展奠定基础，为传承和发展中华文化、增强民族凝聚力和创造力发挥应有的作用。

语文教师，处于“百家争鸣、百花齐放”的时代，面对“乱花渐欲迷人眼”的境地，我们还需要明辨和坚守，要有“咬定青山不放松，立根原在破岩中。千磨万击还坚劲，任尔东西南北风”的心态和心智。

孔子曰：“学而不思则罔，思而不学则殆。”

孟子曰：“尽信书不如无书。”

法国哲学家帕斯卡尔说：“人只不过是一根苇草，是自然界最脆弱的东西，但他是一根能思想的苇草。”

三个人的语言恰恰就是对“读书人”的一个提醒。

作为一个教育工作者，我们应该知道学习和思考的重要性。

思考能够激活生命的能量，思考促使人超越学科专业和自身职业的局限性去发现自我、提升自我。

作为教育工作者，应该有个人的思想和行为准则，我们不能够随波逐流，更不能够同流合污，基于这种思考，我们才不至于成为只为应试的教书匠，成为丑陋世界的喧嚣者。

关注自我

1　语文教师，你凭什么赢得学生的尊重

写下这个题目的时候，立即想起名师孙维刚。

北京教育界一个标志性人物——已经去世的名师孙维刚把“数学”上成“人学”，丰富了学生人文内涵，潜移默化学生的品性，教学效率、教学质量明显提高。

听过孙维刚讲课的教师都赞叹：他的课你没法学，他不按课本讲，古今中外，史、地、生、化、音、体、美，甚至文学、天文都融入数学教学中。

有人问孙维刚怎么教数学，他转身在黑板上奋笔疾书：“八方联系，浑然一体，漫江碧透，鱼翔浅底。”

遗憾的是，在语文教学中，面对文辞优美的文章，教师不是用情感来演绎文字而是用语言来草率肢解情感，学生观看事迹感人的图片不是心潮起伏而是“波澜不兴、宠辱不惊”。

听高中语文教师讲课，我们对教师教学所表现出的急功近利的思想和学生所表现的麻木不仁而深感悲哀。

我一直在思考：我们的语文教师怎么啦？我们的语文教学怎么啦？我们的学生怎么啦？难道真的是误尽苍生是语文？

再看看我们的教学，我们的语文教学，特别是高三的教学，除了对《十年高考试题选编》《高考模拟试题大全》的讲解，除了公布答案、分析解法、总结归纳题型……与人性有关的东西如美感、和谐、激情、品质、人格等关键字眼都在题海沉浮中消失殆尽。

张定远先生说：“教育不仅是一种知识的独特培养，而且也是一种相当人化的特殊凝聚。”

教育专家于漪说：“在培养学生理解和运用语言文字能力的同时，要时

刻不忘以美好的事物、高尚的情操熏陶感染学生，在他们的心灵深处撒下美好的种子。语文教学是以语言文字能力的培养为核心，有机地融合了德育和美育，三位一体，课就立体化了。立体化多功能，就是对人多方面培养，教学效率教学质量能明显提高。”

我们常说，文章解读应该要由简单到复杂，课堂教学应该从情感渗透到思想净化再到灵魂升华。

可是，我们的很多教师，经常是“就文解文”或是“画地为牢”或是肢解课文，还美其名曰“注重基础”“重视文本”！在此，我想很不客气地说一句，这是因为教师缺少阅读（积累）表现出的底气不足或是故步自封的表现！

其实，每一堂课都关系到一个教师，一个语文教师的语文素养和文化情感。

文本的拓展是教师情感升华的一种演绎，是灵魂净化的一次洗礼！智慧语言是点燃激情的火花，文本拓展是情感升华的基础。遗憾的是，因为缺少阅读，我们的思想变得浅薄；缺少思考，我们的行动显得笨拙。

生活中，很多时候，一个语文教师，在他人的眼中似乎就是一个“万事通”——上知天文，下知地理。这对语文教师的要求，似乎又太苛刻了点。但是，我想，语文教师即使不能博古通今、博闻强识，也应是博览群书、博采众长、厚积薄发！

我们知道，学习语文不一定要“博古通今”“博闻强识”但是“博采众长”还是要的，只有“博采众长”才能够“博学多才、厚积薄发、旁征博引”。

说到这里，我想起了青岛师范学校的胡修江老师，他说：“教师的阅读是让学生飞翔的第一步，也是使一枝梅花变成‘一枝春天’的魔法石。作为文本的诠释者，教师的阅读量与阅读率就决定了课堂上每一句话的分量，也决定着学生人生每一步脚印的深浅，延伸的阅读化成教师的修养与感悟，也增强了诠释者的诠释能力，诠释最后化成涓涓细流流进学生的心田，温馨而坚韧。”胡修江让自己的文字充满了诗意，也让自己的课堂充满了诗意。在那些最为涓细和敏感的神经中，引入最为本真的情感和生命体验，从而让学生成为真正有所承担的人。胡修江诗意的读书生活也让他的教育得到了诗意的力量。①

痛心的是，我们的教学因为职业习惯的麻木和生活的烦琐而变得“简单”，我们的一些教师有“问”和“说”的思考而无“做”和“阅读”的行动！

我们的教师忽视了博览群书、博采众长；忽视了要言不烦、言简意赅；忽视了言传身教、言行一致；忽视了润物无声、潜移默化……

从北师大到汕头大学的王富仁教授一直都很关注中国教师读书的问题，他说：“教师在读书方面对学生的影响是无形的，学生从教师平时的言谈话语中就可以感受到他的阅读视野和思维空间，博览群书的教师自然会受到学生的喜欢。如果教师的兴趣、精力只集中在升学率上，那无论怎样努力去引导，都无益于提高学生的阅读水平。所以关键不在于教师怎样做，首要的是端正观念。”

有人说，教育的至高境界，不是纯然去传授一种知识，而是通过知识，给学生熏染一种人生情怀、一种面对世界的人生气度。我们自己读书，不也是自己教育自己吗？若不能体悟“读书”的至高境界，就不易懂得“教书”的至高境界。

有形的语文课本，无形的语文课堂。今天，如果我们的思想一直停滞在课堂的教学中，明天，我们就一定会淹死在生活的大海里。

[本文发表于2014年第12期《广东教育（综合版）》，有删改]

① 读书的力量就是我们的力量［N］. 中国教育报，2005-01-06（5）.

2　我离名师有多远

能够有今天，我感谢16年前的自己——有初生牛犊不怕虎的勇气，有胡思乱想、异想天开的向往，还有敢说敢做的担当。

我记得自己刚调入南海一中的时候，担任高一（5）班和（6）班的语文教师，为了激发学生的语文学习兴趣，我设计了一个“自我风采”的表格，内容包括三个方面：一是基本情况（姓名、性别、出生年月日/籍贯及家庭情况）；二是我的成长经历（学习经历和学习生活亮点，即我的荣誉和精彩小故事）；三是我的理想（我的奋斗目标和未来的预测，即我要成为什么样的人）。

我和学生一起填写后，就把“自我风采”的表格装订成册，并拟了一个富有诗意和激情的名字——《让梦想开花》。

直到现在，我还保留着这一本具有珍贵意义的册子。

在这本册子里，我提到我要成为“特级教师”。18年前没有正高级教师和特支教师的评选。但是为了特级，我还是很努力地为目标而奋斗。18年过去了，因为种种原因，我没有成为特级，但是成为正高XE和特支名师。

大致回顾了一下成长的经历，我情不自禁地想起了曾经写的一篇文章《我离名师有多远》。时至今日，我还清楚地记得那些并不成熟的文字。现在翻阅还有一些激动。

我离名师有多远

2002年11月9日

一直以来都在思考这个问题，让我真正动笔反思“我与名师有多远”这一严肃而沉重的话题是再次看了《走进心灵》之后。

一、“师道尊严”的思想让教师的人性无法“原形毕露”

教育，如果缺少人性情感真实流露的生活，工作的激情就因此而逐渐丧失。生活中，很多教师不敢、不愿，也不想象李镇西老师一样让学生当“猫”玩，给学生“活埋”。①

当我看了《太阳岛上的笑声》和《风雪峨眉山》所描写的片段后，我一直在反思：是李老师太野、太傻、太真还是我（们）太斯文、太虚假、太明智？翻开专家的著作，品味大师的言语，感悟名师的情感，我觉得被社会同化的老师（包括我）因“斯文”而显得虚伪，而李老师的“野”正是为师者激情爆发的体现；他的“傻”正是师者对学生的一种爱，对教育的一种执着体现；他的“真”就是人性的裸露，而这种裸露的质朴所发出的闪光正是照亮学生心灵的源泉。而我们，与学生朝夕相处的日子，虽然也能同甘共苦，也能高谈阔论，可唯独缺少了像李老师那样的“野趣”“傻事”“俯首甘为孺子牛”的精神，没有李老师那种“太野的蛮劲”“太傻的任性”“太真的人性”。虽然我也赢得了学生的理解和尊重，也走进了学生的视线。但没有真正走进学生的心灵。看完李老师的著作，我似乎寻找到了良策，我知道我该怎么做、做什么。

品味陶行知的话“我们要注重师生接近，人格要互相感化，习惯要互相锻炼。人……”，再想想李老师的事迹，我汗颜。

二、缺少一种持之以恒的坚持，我的精神日益萎缩

翻开名家、名师的专著，如《走进心灵》《给教师的百条建议》，书中详细的事例体现出的精神震撼我日渐麻木的心，再次唤醒我工作的激情（沉睡的心）。字字珠玑，敲打我的心；句句真情，激发我工作的热情。我知道，就因我缺少这种精神，几年来，两手空空，即使有，也是仅有的一点，我深感悲哀。我知道我正在上演一个新的龟兔赛跑的悲剧，兔子在奔跑，而乌龟在睡觉，而我不正是那只睡觉的乌龟？

事实证明，我就因缺少这种持之以恒的精神，自我成长的过程中激情情感在工作中日渐消磨。而这种消磨的日子正反映出人性的惰性——职业的倦

---

① 李镇西．走进心灵：民主教育手记［M］．成都：四川少年儿童出版社，2000：196－208.

怠，这种惰性、倦怠就是我前进路上的绊脚石啊！看到下面的文字，不知我们有何感想，反正我是除了敬佩就是汗颜——“苏霍姆林斯基每天的工作和生活是这样的：五点钟就起来写教育日记，一直写到八点钟；然后他来到校门以亲切慈祥的笑容迎接每一位上学的孩子。”“我记日记已经32年了，这32年，我在儿童入学的最初两三星期内记录有着他们的知识面和表象的资料。”①

当我看见李老师的“班级史册”——《给同学少年》时，我更是无话可说。如果说苏霍姆林斯基能在那思想纯真的年代有那种精神是可以理解的话，那么在物欲横流的社会，李老师依然能“洁身自爱”“坚守阵地”地发扬持之以恒的精神，并延续这种精神，更是难能可贵。静听李老师的忠告，每班都组织学生编撰“班级史册”，那么，10年、20年、30年之后，班主任便拥有了一座蕴含着自己教育思想、教育实践、教育特色的教育矿藏，他能够凭借一本本“班级史册”为素材，总结自己的教育经验，提炼出一些教育观点，并上升为理论，为丰富、发展中国的教育理论做出自己的贡献。

正如李老师所说，“班级史册”对学生来说，这是学生标志自己健康成长的青春里程碑，是一枚体现自己纯真品格的人生纪念章，是一段珍贵的回忆，是一份炽热的情感，是一串闪光的脚印，是一颗闪耀的星星……

看到李老师现在《做好最好的老师》《做最好的家长》等书籍问世，我终于理解了这句话——有形的“班级史册”，无形的精神航标。“班级史册”可以说，真正意义上成为教育史上的里程碑和指路明灯。

三、对“教育经典”缺少一种理性的认识和思考，思想日渐迷茫

李老师曾在《爱心与教育》的引言中写道：“可以说，苏霍姆林斯基的思想，是在我教育生涯的早晨投下的第一缕金色的霞光。”是的，正是陶行知、苏霍姆林斯基两位巨匠博大精深的思想净化了李老师的思想，李老师如饥似渴地阅读两位巨人的著作，丰富了他的思想，激发了他对教育事业的情感，并且教会他以“审美”的眼光看待教育。积累的过程、巨匠的思想铸造了李镇西老师的灵魂，巨匠的思想成了他教育思想的源泉，而作为一名有思

① 李镇西. 走进心灵：民主教育手记［M］. 成都：四川少年儿童出版社，2000：290.

想、有见解的人，他既注重继承，又善于创新，例如他构建的“未来班”不仅成了最珍爱的教育诗篇，也成为全体教育者借鉴的榜样；他尝试书写“学生评语”的方式充满人情味，真正体现出素质教育的内涵，正如《教育导报》常务副总编扬钢先生所言：“……他眼中的素质教育首先有一个大写的‘人’字，是目中有人的教育，是充满人情、人性和人道的教育。”李老师教育创新的事例数不胜数。

然而，我们很多老师对教育名著或敬而远之，或置之不理，或浅尝辄止。这个不是我编的“故事”而是事实，《教师之友》2000 年第 9 期及中国 k12 中小学基础教育教学网、《中国青年报》都曾就“一线教师要不要亲近名著”展开讨论，此起彼伏的反对声声不绝耳，这不能不令人深思。其实，正是这种反对声反映出当今社会中有些教师那种急功近利的思想和浮躁的个性；其实，我们读教育名著领悟的不仅仅是一种教育思想，阅读行为折射出的是一种求知精神。扪心自问，我们的教师现在缺的是什么？缺精神，缺思想，缺行动，缺想法，缺坚持……

一本有形的教育名著，体现出的正是一种无形的精神；一本有形的教育名著，铸造的正是一座丰碑。而这座丰碑正是波涛汹涌大海中的航标，正是指路明灯。虽然我们这个时代与教育巨匠的年代不能同日而语，但是，作为新世纪的青年教育者在“拿来”的同时也应有所“抛弃”。毕竟时代的发展丰富我们思想的同时，也在同化我们的灵魂。

3 研读“改革先锋”于漪：领悟名师成长内涵

2018 年 12 月 18 日，在庆祝改革开放 40 周年大会上，100 人获得“改革先锋”称号。来自上海的 90 岁老教师于漪作为基础教育改革的优秀教师代表名列其中，她也是获颁“改革先锋”奖章中唯一的基础教育界代表。

于漪作为教书育人的楷模，她用行动诠释了“楷模”的含义。作为语文人，用理智和才华塑造学生的精神魂魄。

于漪老师，获此殊荣，实至名归。

追寻名师成长的足迹，领悟名师成长内涵，探索名师成长的秘密，促进自我的发展和提升。

1. 有情怀

情怀是一种高尚的心境、情趣和胸怀。情怀就是对生活有一种热情，对人性有一种认识，对学生有一种关爱，对事业有一种追求。没有深深的教育情怀，就没有建设美好教育的时代担当。于漪老师用行动诠释了“情怀”二字的含义。

一辈子从事基础教育，做人师，做一名合格的人师。这个“格”，不是打分，不是量化；这个“格”，是国家的期盼，人民的嘱托。我做老师，老百姓把孩子交给我，我就要让党和国家放心，让千家万户老百姓放心。①

我追求的不仅是自己要具有一定程度的汉字文化，具有理解与运用语言文字的能力，而且要激发学生热爱祖国语言文字的感情。在培养学生语文能力的同时，把民族情结、民族文化和民族精神播撒到学生心中，为其打好做

① 于漪．教育的姿态［M］．太原：山西教育出版社，2014：277.

人的基础。①

我作为一名老的语文教师，觉得首要的是须树立信心。尽管语文难教，尽管意见纷繁，但我们是中国人，带领学生学好民族语言是我们的崇高使命。只要自己对祖国的语言文字一往情深，就能有效地培养学生学习语文的兴趣、热爱语文的感情，语文教学质量的提高必将实现。②

说得不客气点，我们现在有意无意地培养残缺人——不是生理上的，而是心理、情操上的残缺，做人上的残缺。如果我们培养的人连方向、追求、信念都是模糊的，甚至是颠倒的，那我的教育不值得反思吗？③

教师这个事业是世界上最崇高的事业，选择教师就选择了高尚。在我脑子里始终有许多救国救民的知识分子的形象，比如民国初年一批衣衫褴褛的知识分子，胸怀天下，站在那里是那样地有“精气神”，因为那时他们心里装着几亿中国人，我想我们的教师就要做心怀百姓安危、心怀天下的人，像德国的大文学家歌德在《浮士德》里所说：“让我狭小的心，有一个广阔的宇宙。”④

翻开《语文的尊严》一书，我们看到很多类似振聋发聩的文字。

虽已进入耄耋之年，但仍怀有一颗青春年少之时易于激动的心。于漪老师在《教育的姿态》前言说：“看到祖国建设事业蓬勃发展，教育、科技等某些方面取得重大成就，我会情不自禁地热血沸腾，作为中华民族一员的自豪感充盈胸际；读到许多平凡的教师坚守教育第一线，创造不平凡育人事迹的报道，我总感动不已。”

遗憾的是，我们的很多教师过着日复一日的生活，日益麻木，日渐倦怠，谈不上感动，更不说激情。殊不知，感动是一种养分，感动别人是一种幸福，感动自己是一次灵魂的洗礼。

2. **爱学生**

教育是一门爱的事业，没有爱就没有教育。教育是“以人为本”的工

---

① 于漪. 语文的尊严［M］. 太原：山西教育出版社，2014：156.
② 于漪. 语文的尊严［M］. 太原：山西教育出版社，2014：142.
③ 于漪. 语文的尊严［M］. 太原：山西教育出版社，2014：52.
④ 于漪. 教育的姿态［M］. 太原：山西教育出版社，2014：212.

作，是要以自己的人格来引导学生塑造完美的人格，以自己的高尚情操熏陶学生的道德情操，以自己的科学文化素养来培养学生扎实的科学文化基础。于漪说："对孩子说一百遍你不行，他也不会行。教师最大的本事就是要想办法教他会，教他行。"在爱的教育中，于漪老师做得尽善尽美。

在"文化大革命"中，我曾经教过一个桀骜不驯的女孩子，她弄得我们全校的老师头疼，班主任跟她讲话，她是背对着班主任的，那么这个孩子是不是对所有的老师不敬呢？恐怕不是这样。我初步了解了一下，这个孩子的阅读量是惊人的，她读了许许多多的书，而且对世界各国的政治，她都有兴趣，都会研究，她不满足于老师的讲课，对她来说这些看法太幼稚了，所以尽捣蛋，桀骜不驯啊。原来老师没有办法教她，学校领导把她调到我的班级来。开始她不理睬我，一下子就跑掉了。我花了很长时间了解她。她喜欢美术，有一次从教室跑的时候从口袋里掉了一本书，我一看是美术书，就从这本书入手接近她。其实这个孩子能够独立思考，有她自己的见解。接触多了，谈到她的家庭，谈到她的父母在外地，谈到她的外公是个教授。她懂的知识很多，她对社会的认识已经超过她的年龄。而我们往往把她放在和她同龄人的水平上去教育她，我们忘记了每个人是有他的独特个性的。我们的教育要因材施教，因材施教才能够把每个人的积极性发挥出来。①

要研究学生的心灵世界，我连周杰伦的歌都研究，为什么现在学生上老师的课不感动，开班会不感动，一个"还珠格格"就把初中女生全部打倒了，周杰伦起码打倒了80%的高中女孩子。于是，我把周杰伦的磁带买回来，听听到底好在什么地方。……周杰伦的歌词有它的文化含量，如《青花瓷》《双节棍》等都有中国文化的元素。还有就是，他的歌是又说又唱，很适合现在的孩子。现在的孩子条件好了，回家一人一个小房间，爸爸妈妈忙得没有时间和他们交流。但是孩子要成长、要诉说，所以又说又唱是很适合他们的。做老师无论如何都不能误解孩子，不能随便对孩子说"不"，"不"是最没有力量的。"不"是否定，否定一百遍也不等于"行"。②

做一名语文教师，不仅要认清学生富有时代气息的共性，而且要审视学

① 于漪. 教育的姿态［M］. 太原：山西教育出版社，2014：56.

② 于漪. 教育的姿态［M］. 太原：山西教育出版社，2014：273.

生之间的差异，把握各自的个性，采用多种多样的教学方法，保护和调动各类学生的积极性。尽管所教学生在同一所学校、同一个班，但由于遗传因素、家庭情况、周围环境、成长经历的种种不同，学生的思想、性格、行为、习惯、志趣、爱好、学习基础、接受能力均有明显的差别。教师胸中既要有班级学生的全局，又要有一个个学生的具体形象。他们是主体的、活泼的，不是一个个抽象的名字，而是变化着的、发展着的。教学中用“一刀切”的办法对待个性迥异的学生，说到底是缺乏爱心的表现。①

一个学生就是一本丰富的书、一个多彩的世界。学生是活泼的生命体，每个人的成长都是独一无二的。尊重他们的人格，尊重他们的个性，对他们有满腔的热爱之情，是我身为人师的根本所在。几十年来，我教过各种类型的学生，面对这些丰富的“书”，我一本一本认真读，一点一点学习、领悟，兢兢业业探索、实践，逐步懂得师爱的真谛、仁爱之心的博大，也品尝到亦师亦友的无穷乐趣。②

胸中有书，目中有人。

目中有人，不仅要走进学生的知识世界，而且要走进学生的生活世界和心灵世界，只有了解学生，知心才能够交心。钱梦龙先生在《致青年教师：先说几句语文教学以外的话》一文中也说道：“我教了40多年语文，每当我走上讲台、打开语文课本的时候，总要告诫自己：千万不要忘了对人的心灵的关怀。”③

教书育人，注重在育人中研究教学而不是在教学中研究育人。基于对学生个性和终身发展的考虑，我们应该把学生当成“读书人”来培养，而不是把学生当成“考试人”来看待。

3. **善学习**

名师就是在不停歇的学习中寻找自我，发现自我，完善自我。于漪老师说：“我当了一辈子的教师，教了一辈子的语文，上了一辈子深感遗憾的课，我深深地体会到‘永不满足’是必须遵循的信条。”一名永不自我满足的教

---

① 于漪. 语文的尊严［M］. 太原：山西教育出版社，2014：163.

② 于漪. 语文的尊严［M］. 太原：山西教育出版社，2014：166.

③ 邹贤敏，钱梦龙. 导读的艺术［M］. 武汉：湖北教育出版社，2001：88.

师，何尝教不出好学生？

我是改行来教语文的，因此我要用五倍、十倍的力气来学。天天学习，明灯陪我过半夜，用了三年的时间，把大学中文系全部课程学完。九点以前搞工作，九点以后自修。①

我们那位老组长很有学问，有一天他来听我的课，我清楚地记得上的是王愿坚的小说《普通劳动者》，讲的是将军和士兵的故事。课上完后，我向他请教，他先表扬了我几句，接着说道：“不过，语文教学的大门在哪里你还不知道呢！”我简直像五雷轰顶一样。他又说：“人物分析有像你这样分析的吗？将军平易近人、热爱劳动，这是贴标签。”他的这句话激励了我一辈子：既然做教师，我不仅要把大门找到，而且要登堂入室。

从此，我下定决心要拜众人为师，两把尺子伴随自己的人生，一把尺子专门量别人的长处，另一把尺子专门量自己的不足。

一把尺子量别人的长处。每次开教研会，我都拿本子记。每个人思考问题都会有很精彩的地方，我用心听，认真记。我体会到教师要学会借脑子，要博采众长，把别人所有的长处、思考问题的结晶都学过来。别人会从各个不同的方面给自己以启发，所以我向教研组所有的老师学习。我不断地“照镜子”，寻找自己的不足。

另一把尺子量自己的不足。每一次课上下来我都有教后心得，每堂课都要反思。教后心得记两点：一是记学生的闪光点。当孩子们全神贯注学习的时候会超水平发挥，往往超过我备课时的所思所想，这是孩子们创造的火花，我要把它记下来。二是记自己的不足。不管备课的时候多么认真，当孩子的主动性发挥出来以后，就会发现自己的准备总有这样那样的漏洞，因此我就记下自己的不足。不用长篇大论，一二三四五写它几点，这样长期下来就掌握了教与学的规律。②

一方面，我着力打基础，从语言、语法、修辞到中外文学史、经典文学作品，广为涉猎，吮吸其中琼浆，丰富自己的语文素养；另一方面，广泛地寻找借鉴，从中探索入门的途径。如到记忆中搜索当年自己在中学求学时，

---

① 于漪. 教育的姿态［M］. 太原：山西教育出版社，2014：266.

② 于漪. 教育的姿态［M］. 太原：山西教育出版社，2014：267.

语文教师是怎么教我们的，哪些课拨动我们的心弦，使我们激动、兴奋，引领我们在优美的语言文字、精辟深邃的思想里遨游，使我们享受语文、享受文化、享受快乐？又如从比较中学习。思考传统教法是什么、流行教法怎样、国外怎么教他的母语（尽管资料凤毛麟角，当时封闭，也可体悟一二），经常阅读有关报纸杂志，比较利弊得失，逐步形成对语文教育的一些看法。再如到语文教育论述中寻觅。张志公的《传统语文教育初探》，朱自清、叶圣陶、吕叔湘对语文教育的众多论述，从识字教学到工具书的使用，从阅读教学到作文训练，我认真阅读，逐一推敲，从中寻觅有效途径。①

“活到老，学到老”，于漪老师这样的教育情怀是值得每个教育工作者敬佩和学习的。

60 年的教育生涯，60 年的艰苦探索，于漪没有一天停止过对教育的探索，不断从经验与感悟走向理性与科学。2018 年 9 月，90 岁的于漪老师走进上海师范大学，对话“青椒”，与未来教师们谈教师成长时说：“教师成长是一辈子的事情，教育不是一个结果，是生命展开的过程，教育要永远面向未来。一辈子学做教师，就是着力于自己的精神成长，和学生一起发展。”

4. **肯钻研**

歌德说：“才能不是天生的，可以任其自便的，而要钻研艺术请教良师，才会成材。”于漪老师不慕浮华、埋头苦干，为了教有所成、教有所得，她深入细致地钻研教育教学。

钻研一篇课文，有时要花 10 小时、20 小时，甚至 30 小时。我深知如果教师对教材若明若暗，一问三不知，别说有损教师的形象，起码会愧对自己的良心。基于这样的认识，备课非认真读书、刻苦钻研不可。3 篇、5 篇、8 篇、10 篇，上百篇独立钻研，我开始尝到了庖丁解牛的滋味。现在看来，真得感谢当时没有可供抄袭的种种教学参考书，非自己学会走路不可，否则，高中课堂站不下来。②

每天到学校，需步行 20 分钟再乘坐公共汽车。这 20 分钟里我就把上课的内容在脑子里“过电影”：怎样导入，怎样展开，怎样发展，怎样掀起高

① 于漪. 教育的姿态［M］. 太原：山西教育出版社，2014：249 .

② 于漪. 教育的姿态［M］. 太原：山西教育出版社，2014：250.

潮，怎样结尾；这个问题下来，学生会怎么回答，回答不出，怎么引导，怎么铺垫……乘上车，有时继续想，坐过站的状况常有发生。这样把心贴在教学上，不仅提高了语言的质量，而且一堂堂课过后心中很踏实，无丝毫漂浮的感觉。①

课要上得一清如水，首先教师要沉到文本之中，认真钻研，正确解读。从语言表达形式到课文的思想内容，从思想内容到表达形式，反反复复推敲。钻研教材要深入字里行间，自己能跨越时空和作者对话，与编者交流，才真正能洞悉文章的来龙去脉，体会语言表达情意的独特个性。②

看到以上的文章，我再次想起钱梦龙先生，他在回忆自己教学经历的时候也说了一句相似的话："为了指导学生自己学课文，我备课首先考虑的不是怎样'讲'文章，而是自己怎样'读'文章。为此，每教一篇课文之前，我总要反反复复地读，或朗通，或默想，或圈点，直到确实'品'出了味儿，才决定怎样去教。"③

于漪老师以精卫填海、夸父逐日的精神追逐教育的真谛，她在不断的解决问题中提高自身的教学水平。用现在时尚的词语来形容，于漪老师的这种钻研精神就是以工匠精神时刻要求自己，精雕细琢自己所掌握的技艺，力求在教育教学上取得更大的进步。

5. **常思考**

作为教师，很多人是读了很多书的，可是，为何很多教师还是对自我的专业缺少一种认识和提升？是缺少思想还是缺少行动？原因何在？

孔子曰："学而不思则罔，思而不学则殆。"

孟子曰："尽信书不如无书。"

法国哲学家帕斯卡尔说："人只不过是一根苇草，是自然界最脆弱的东西，但他是一根能思想的苇草。"

三个人的语言恰恰就是对"读书人"的一个提醒，作为一个教育工作者，我们应该知道学习和思考的重要性。

---

① 于漪．教育的姿态［M］．太原：山西教育出版社，2014：253.

② 于漪．语文的尊严［M］．太原：山西教育出版社，2014：167.

③ 邹贤敏，钱梦龙．导读的艺术［M］．武汉：湖北教育出版社，2001：92.

为了教高中语文，我花了三年的时间天天开夜车到半夜一点钟，把大学中文系的专业教材全部通读，发现不管是吕叔湘的、高名凯的还是黎锦熙的“舶来品”痕迹都是很深的。这让我上课时很困惑，在分析很多复句时不能自圆其说，这说明语法有问题。语言学家张志公先生在晚年时说：“中国没有自己的汉语语法体系。”①

我所写的几百万字的文章，都是在教学过程中学生帮我指出的问题。针对教育教学中出现的问题，要思考、要学习、要探究、要试验。……我一直和年轻教师讲，你一路走来，教育的脚步有深有浅，你要停下来，深入思考哪些是对的、哪些是错的、哪些是不足的，久而久之就能摸到规律了。②

我常常反躬自省：“你入门了没有？‘堂’在哪里？‘室’在何处？你清楚多少？一名对学科不入门不辨堂室的教师怎能称职？”外力在教育历程中化为我的内驱力。从此，夙兴夜寐一灯明，寻寻觅觅。③

有一件事又给了我新的思考。一天下午，学校请来一位同人做报告，会议结束，我与学生走出礼堂，边走边谈。我说：“今天报告的内容比较好，谈青年学生如何求知、如何成才，有自己的一些看法……”一名调皮的男同学冲着我说：“好什么啊，他讲了 150 多个‘这个’，其他我什么也没听到。”说着就把练习本打开给我看，上面画了无数个“正”字。我愕然了，想不到语病有那么大的危害，把讲述的内容也掩盖了。事后我反躬自省，深感自己的教学语言毛病不少。一是啰唆、重复、不简洁；二是词汇贫乏，说来说去就是几句大白话，无色彩、无味道；三是有语病。④

我一辈子做教师，一辈子学做老师，绝不是一句空话，我一辈子都在学，不断完善、健全自己的人格。我不断地反思，我一辈子上的课，有多少是上在黑板上的，有多少是教到学生心中的。⑤

思考能够激活生命的能量，思考促使人超越学科专业和自身职业的局限性去发现自我，提升自我。

---

① 于漪. 教育的姿态［M］. 太原：山西教育出版社，2014：274.
② 于漪. 教育的姿态［M］. 太原：山西教育出版社，2014：248.
③ 于漪. 教育的姿态［M］. 太原：山西教育出版社，2014：252.
④ 于漪. 教育的姿态［M］. 太原：山西教育出版社，2014：276.
⑤ 于漪. 教育的姿态［M］. 太原：山西教育出版社，2014：208.

作为教育工作者，应该有个人的思想和行为准则，我们不能够随波逐流，更不能够同流合污，基于这种思考，我们才不至于成为教书匠，成为丑陋世界的喧嚣者。

6. **勤写作**

很多时候，我们认识大师、名师，很大程度上是从他们的文字开始的。他们用真情书写的文字、以理性思考撰写的著作，是我们认识、了解他们的桥梁。于漪老师认为，作为教师既要严谨治学，也要善于下笔成文。于漪老师发表几百万字的教学研究文章和专著，记录了“学做教师”的反思和探索教育的印迹。

写作既是教学的需要，也是专业自我提升的一条捷径。

于漪老师非常重视“写”，她坚持把“写”当成自我反思的一种习惯，坚持把“写”当成专业提升、思想净化的一种享受。

我所写的几百万字的文章，都是在教学过程中学生帮我指出的问题。针对教学中出现的问题，要思考、要学习、要探讨、要实验。力求“出口成章，下笔成文”。①

教师会写，并要求教师都成为作家，语文教师如能够跻身作家行列，也是好事、美事，会写的人不一定不善教。教师经常动笔，可以锻炼思维，锤炼情感，增强认识生活、感悟人生的能力，增强驾驭语言文字的能力。对语文教师来说，思维清晰度、条理化十分重要。课教得一清如水，学生就愿学、乐学，学有所得；如果含混、朦胧，学生就如坠入云里雾中。动笔写，对训练思维的清晰度、条理化极有效果。写，促使思维严密，促使问题方方面面都考虑周到，促使语言的选择与推敲不大而化之，不浮在表面。经常锻炼，思维品质提高，思维能力加强，必然促进教学质量的提高。实践得不深入，缺乏独特的体会，写不出；认识泛泛，缺乏高明的见解，写不出；就事论事，缺乏足够的文化底蕴，写不出；平铺直叙，缺乏驾驭语言文字的能力，写不出。而文化底蕴、高明见解、独特体验、语言能力，对一名语文教师来说，又是不可缺少的，否则，又怎么谈得上“善教”呢？“会写”是“善教”的组成部分之一，不能机械割裂。

---

① 于漪. 教育的姿态［M］. 太原：山西教育出版社，2014：270.

“会写”不应囿于征文比赛之类，“会写”的范围很广。读书笔记、经验总结、教学实验报告、教学研究论文、学生某某情况调研报告、教学改革纪要……写得很宽泛。工作的、生活的；文学的、科学的；历史的、时尚的，勤于观察、思考，勇于织锦成文，思想情感就会如泉水流入笔后。新时期的语文教师应思维活跃、业务精湛、好学善教、笔下生彩。①

写，也是如此。自觉地坚持写教后心得，梳理思想、提升认识、评说得失；写学生品德评语，力求一人一个样，各有特点；批改作文，批语就是一篇小文章，与学生倾心交流。学校要求的计划、总结、质量分析等，无不一丝不苟。我一直认为写得好，首先是做得好。只有深入实际、深入思考，确有体会、确有见解，下笔才流畅无阻、言之有物。而今，我已是80岁的老人，发言不用稿子，写文章不用稿子，大概就是年轻时锲而不舍下苦功的缘故。②

在阅读中积累，于写作中升华。“写”的过程就是自我净化、自我提升的过程——于专业有用，思想由感性变为理性；于情绪有利，情感也会由波浪起伏变得平静如水。“写”，能将情绪能量从虚无的“下意识”提升到“意识”的层次，也就是说，由原先感觉“我心中波涛汹涌”到“我知道怎么回事了”。

作为一个优秀的语文教师，应该要关注自己的思想、关注自己的专业发展、关注自己成长的痕迹。

江苏特级教师管建刚说，一个老师要从“平凡”走向“卓越”，需要记录与反思。记录与反思当天教育的喜悦、烦恼、小失败、小智慧，记录三年，从“平凡”走向“优秀”，再记录、反思五年，从“优秀”走向“卓越”。

立德树人，教师要自觉提升师德修养和专业水平。

学高为师，身正为范。于漪老师为我们树立了一座丰碑。

师者，传道授业。不仅教师的一言一行体现着为人处世的一种素质和品质，教师还肩负着为人师表的一份责任和担当！

作为新时期的高素质教师，我们要有品质、风骨、情怀和境界；作为一

① 于漪. 教育的姿态［M］. 太原：山西教育出版社，2014：274.

② 于漪. 教育的姿态［M］. 太原：山西教育出版社，2014：230－231.

个社会人，虽然我们也难免世俗，但是作为人民教师，我们不能被世俗同化，更加不能与世俗同流合污。

教师要做一个精神明亮的人，要用自身的品格、思想、情怀和境界提升自我、塑造自我；用自身学识、眼光、视野和理念影响并引领学生和时代的发展；用信念、真情、智慧和毅力促进教育的发展。作为人民教师，铭记“三个牢固树立”，力争做“四有好教师”，像于漪老师一样，把推动社会进步、净化社会风气视为己任！

4　和学生一起感受名师风采

刚走上讲台，我的语文课深受学生欢迎。当时我并没有往深处想，只是觉得，学生喜欢我只是因为我年轻，和学生有共同的语言，学生愿意和我一起分享快乐，我也喜欢和学生待在一起。

因此，很多时候，和学生出去游山玩水，感受大自然风光；待在房间，与学生畅谈人生，分享读书故事……刚毕业那几年，教学经验不够，可是因为激情、热情和爱心，我所教的班级语文成绩竟然遥遥领先。我年年被评为优秀班主任和学生最喜欢的教师。遗憾的是，因为闭塞，因为年轻，竟然没有往深处想，更谈不上经验总结。

来到珠三角，语文教学并没有因为开放的世界而让我感受到教师的活力和课堂的精彩。我再也不能够像当初一样，带学生出去游山玩水了，再也不能够无拘无束地裸露个人的兴趣爱好和学生尽情释怀了……虽然如此，但是我的豪放、我的激情、我的视野、我的做法还是给学生带来了很大的快乐，我的语文课依然受到学生的欢迎。学生的欢迎就是我工作的动力，学生的称赞就是领导肯定的基础，而学生的成绩就是同行不敢小觑的保证……

2002 年，我在南海某高中任教，对《解读——黄玉峰》[①] 一文颇为喜欢。文中提到黄玉峰老师的语文教学活动，有大开脑洞之感。虽然，我没有黄老师的功底，但是很多做法与黄老师有很大的相同之处。

边看边想，边想边看，突然闪现一念头：教师要改变，学生更应该改变。如何改变？就从改变观念开始。于是决定把《解读——黄玉峰》印给

---

① 高万祥，丁学东. 解读：黄玉峰［J］. 语文教学通讯：初中（B），2002（19）：4－7.

学生。

教师的职责是什么？

为学生点亮一盏灯，让学生看清世界的时候也看清自己。

为学生打开一扇窗，让他们看看外面精彩的世界并产生走出去的冲动。

为学生搭建一个展示舞台，让他们体会到展示风采的快乐，迸发表现的欲望和激情。

为学生指明方向，让他们不至于迷失自我，偏离轨道，能够沿着正确的方向到达胜利的彼岸！

印发给学生阅读，目的有二：

一是扭转学生学习语文的观念。学生经受九年义务教育的“课堂学习”和“应试训练”，学生心目中的语文是封闭的、呆板的、固话的、单一的，看惯了独角戏，听够了一言堂，跳惯了独步舞，他们对语文是爱恨交织，他们一旦接触到一个开放的、立体的、丰富的课堂，他们会有一种手足无措的茫然，甚至是一种怀疑、一种害怕。为了让学生能够尽快改变，或是为了占据学生的心灵，我把《解读——黄玉峰》一文印发，让学生看看别人家的语文是怎么样的，别人的老师是怎样上课的，别人的学习状态是怎么样的。学生一旦有了接触，他就会产生一些触动，或改变，或渴望。

二是让学生对我的教学有一个认识，能够尽快理解我的教学思想、适应我的教学风格，同时也是对自我要求的一种警醒：不要随波逐流，不要故步自封，不要闭门造车，不要瞻前顾后；要敢于实践、勇于开创，要还语文以真本色，要给学生以真性情，要引导学生关注社会，跟上时代的步伐。

从下面的讨论，可以看出，我的做法逐渐在唤醒学生的意识。

白秀芬：《解读——黄玉峰》，语文教师应该阅读的文章。这篇文章介绍了特级教师黄玉峰的教学经验，他的教学是向旧的教学模式叫板，虽然黄玉峰被人称为“叛徒”“另搞一套”，但他的教学成果我们却不得不佩服。于黄玉峰而言，语文教学的原生态特性，决定了语文绝无课内、课外之分。于是乎，听讲座、逛书店、泡书馆、看展览、练书法、学篆刻、赏文物、观话剧、任记者编话剧、演小品、作演说、写论文、编刊物、游天下等成了实实在在的、正儿八经的语文课。这些向语文教学推出了一个新的教学方式，作为语文教师应尽量借鉴黄玉峰的教学方式，这样才使学生不高分低能，使学生的精神发出闪光。

蒙银芳：看了这篇文章后，我的心波澜起伏，犹如滂沱大雨散落在平静的湖面，久久不能稳定，对于黄玉峰的教学，我佩服得五体投地，他的创新精神和超前意识、打破旧框式的行为令人目瞪口呆；对于学生们所学，我油然生起羡慕之心，然而对自己不禁也产生了几分怜悯。黄玉峰的教和同学们的学，既是现代化社会需要的资本，更是老师和学生一直追求的教学方式。

我的思绪又一次飞回了现实，这种“放羊式”的教学，对于现状，它永远是一个可望而不可即的泡泡，我感到十分遗憾。

张盛亨：语文，随着时代的发展，到了现在，它要求人们能用一种活跃的态度去对待它，而以往那死板地按教材讲课、按教材学习已经被生活抛弃了，已经不符合当今要求的高考形势了，而许多的老师却仍旧按部就班，死教教材内容，使同学们活泼的思维受到限制，在这样的情况下，玉峰一马当先，采用“放羊式”教学，充分开拓了学生的思维，成为语文教改的先驱者。语文是与历史车轮同步的，要想学好语文，必须要改革。

朱钰娟：语文课一直被学生视为“枯燥无味”，但黄老师却把语文课“绘出了一幅和谐、温馨、生动的师生共进图”。此时我想起了我们的老师，我觉得老师的教学方式与黄老师的相似，就好像是黄老师的影子，黄老师的教学方式正是我们所追求的、社会所趋向的。在教学的改革道路上，尽管黄玉峰花费了大量心血，但这个“叛徒”的计划进行得也比较顺利，然而我们受条件限制，比如设备场所、资金等，要进行适应素质教育的语文改革何等难！我希望我们以后的语文课达到最高境界，不会因条件的限制而返璞归真，真真正正做到“学生学得开心，教师教得开心，家长放心”。

黄婷婷：本文的作者为什么要写这篇文章呢？是为了让我们了解怎样的教师才能融于学生之中。“教书育人，功德无量”，好一句赞扬教师的题词。大多数的教师只是教书，并没有涉及社会上的所见所闻，使学生真正达到“两耳不闻窗外事”的“最高境界”。然而，21 世纪的花朵，即我们这些学生，似乎已经不太习惯这种埋头苦干的读书方法，黄玉峰先生就是捉住学生们的这种心态，适时地奉行“放羊式”教学，他让学生自己去吸收知识，这便让他们增强了概括能力、阅读能力。他抛开拆骨折筋似的分析解释，代之以学生大量的背诵、阅读、互相交流，辅之以适当点拨，从兴趣出发，为学生营造了一个学习语文的良好气氛，这正是我们学生所需要的。

李建嫦：文章中作者写到了玉峰先生的语文教学方法和主导思想，但有人赞成，有人反对，因为他奉行“放羊式”的教学。一是超越教材，二是超越教法。语文的教学向来定死在教材上。通过这篇文章，我认识到语文是立体的、开放的、多元的。玉峰先生的语文课完全无课内、课外之分，什么逛书店、看展览、赏文物、观话剧……我们哪有试过？我们只有多写作文代替。现在，我们的语文老师也开始采取玉峰先生的教学方法。正如这篇文章说的“最简单的方法往往就是最大的方法”。

最后，我希望同学们、教师们都能在这篇文章得到启示，在以后的语文教学上有所改进，适当地采用玉峰先生的方法，让我们在学习语文上更上一层楼。

黄丽红：黄玉峰的这种“放羊式”的教学固然很好，但我觉得并不可以用在我们这里。例如，他把课堂搬到山上、水上、路上，我们这儿根本是可望而不可即的，他要求学生一篇又一篇、一本又一本地熟记，课文名篇全部记下，这一点我觉得要做到实在太难了，我们不可以只学语文，还有许多学科需要我们去学。

最使我羡慕的是他让同学在语文课上听讲座、逛书店、泡书馆、看展览、编话剧、演小品……如果我们的语文课也可以这样的话，我想不会再有人不喜欢语文了。

冼绍莹：九年的义务教育给学生一种压迫感，只为应付考试而背诵，从不懂得去欣赏，使学生的语觉迟钝，对语文产生厌恶感，黄玉峰的教学给人一种新的感觉。

杨谏崧：这篇文章使我们学生对语文有了一个明确的方向和透彻的了解。他指出我们要学习的是“大语文”，而不是那些传统模式。他也指出了学语文的目的和方法，给我们学生打了一支“强心剂”。

5　跨越 14 年的调查：只为做好语文教师

——学生心目中的优秀语文教师“长得”什么样

从 2002 年到 2014 年，历时 14 年，我在历年所任教的班级开展了“我心中的优秀语文教师”和“我向往的语文课”的调查，经过调查、分析和总结，把学生心目中的优秀教师的特点列举如下：

（1）三观正确，传递正能量。

（2）一笔好字，一手好文章。

（3）和蔼、平易近人，平等待人。

（4）幽默，富有个性或个性独特。

（5）有人格魅力，有丰富的人生经历。

（6）出口成章，口吐莲花，妙语连珠。

（7）一丝不苟，认真负责，以身作则。

（8）不照本宣科，有趣、有情、有深度。

（9）课堂气氛活跃，课堂不是独角戏而是群英会。

（10）聆听学生的心声，能够与学生进行心灵的沟通和交流。

（11）语文教师传递给学生的不仅仅是应试的知识，更是做人的格局。

（12）上课开拓思维，充满人文气息，充满人性温度，用文化熏陶学生。

（13）知识渊博，博览群书，鼓励学生阅读并且能够与学生分享读书的快乐。

（14）语文教师是学生了解世界的一个窗口，为学生打开了解世界的一个窗口。

（15）一节语文课必不可少的就是使学生受到文学艺术的熏陶，感悟中华文化瑰宝乃至世界文化的魅力。语文课不仅是一个培养语文素养的平台，更是一个学会为人处世的契机。

以上的文字和文章是在不同时段、不同层次的学校做的调查。根据调查可知，随着社会的进步，学生的思想有了很大的改变，对教师的要求也随着时代的发展有了很大的改变，学生由曾经中规中矩的聆听变成了打破砂锅问到底的质疑，由被动接受变成主动获取，但有一点不变的是对爱的渴望和对知识的渴求。

另外，值得注意的是，现在的学生在个性、才华、态度、情感和价值观等方面对教师的要求似乎提高了一个档次。

在这里要特别感谢佛山市南海区第一中学2004级高一（5）班及佛山市第一中学：2007级高一（11）班、2000级高三（16）班、2012级高三（3）班、2014级高三（12）班、2016级高一（21）班等班级。

1. 2014级佛山市第一中学高一（4）班学生给“我心目中的优秀语文教师”留言

（1）锐利的观点、正直的为人是您的特色。在为数不多的相处日子中，在您的身上我看到了语文教师的本色，颠覆了我受禁锢的思维。在这个特殊的日子里，千言万语汇成一句话：真希望和您共读三年美好时光！（邱思悦）

（2）谈吐、行为以及气质，显示出您是个学富五车的人。今后，在学习生活中，我希望能够拓宽自己的阅读面，达到“腹有诗书气自华”的境界，这当然少不了教师的言传身教。（潘楚风）

（3）学识渊博、品德高尚，说话诙谐而有韵味，构成一个尊敬的您——尹老师。（罗毓熙）

（4）成爷，您不但是我的语文教师，更是我的人生导师，我一定虔诚地做您的“桃李”，我也用最简单的语言表达最真诚的祝福：教师节快乐！（贝为佳）

（5）尹老师，在这教师节之际，祝您工作顺利，家庭幸福，也希望三年后，我回首遥望高一的语文课时，充满不舍，念念不忘，更期待数十年后，想起您，我对语文激情澎湃！（高一4班　李世炜）

（6）上了您一个星期的课，我觉得我有些改变对语文教师的观念了，您是一个懂学生而且会给予学生人文关怀的好教师！我很喜欢您！（王子璇）

（7）敬爱的成爷：我们都很期待与您共游语文世界的一年，因为您真的是个很特别的教师。这一年，在您的带领下，我希望自己可以真正爱上语文，所以我会加油的！最后，也祝您家庭幸福，事业顺利，越来越有文学情调！（张文萱）

（8）成哥，虽然认识您只有一个星期（您也不认识我），不过说实话，就高中现阶段来讲，你是我最喜欢的高中教师（其实也是因为您很有个性啦）。无论如何，我会好好学语文，即使我读书不多，但我希望可以多跟你吹吹牛，听你的故事。祝教师节快乐！（陈秋燕）

2. 2015 级佛山市第一中学高一（5）班学生给“我心目中的优秀语文教师”留言

（1）第一次上您的课，我觉得特别好玩，特别开心。喜欢您所说的“高一、高二进行人文性阅读，高三进行功利的考试”这句话。喜欢您不为应付考试而去学，告诉我们，学习不仅要看窗外世界，还要看得更远，写作文写自己喜欢的文章……这与初中教师所说、所做的可是有大大的不同！

当听到您说要我演讲时，我一开始十分兴奋，而后却又害怕，因为我不知道能不能准备好一个不错的话题（我有点担心不知怎样说才有趣，才有点新意），我觉得，我的演讲起码要让自己满意，而不是下了台后发觉自己与他人一样说得索然无味——如果真是这样，也许我会对演讲失去兴趣……所以我还是努力做好演讲为好。

偶尔会突发灵感写一点东西，可惜刚下笔就会发现思路中断，无法继续。听您说到发表文章，倒是热血沸腾了三分钟。因此希望老师指点一下。

曾在报纸上看到关于一位语文教师的报道，影响挺深。报道上说了这位语文教师与众不同的教课方式：让同学们阅读几本选出来的课外书，然后大家一起讨论对书的看法，这使得学生们的思维十分活跃、自由。我很开心地发现您的教学方式似乎与他挺像的。不过每个教师都有独特的教学方式。

期待精彩的语文课。（华卓珺）

（2）我们敬爱的、有个性的教师：

开课 2 天了，虽然时间不长，但各位教师幽默风趣的个性已把我深深吸引了。语文教师啊，您的诙谐在您进入教室的那一刻起，已让我们感受到您的可爱与“亲民”。您让我第一次感受到语文的乐趣绝不是死读书，而是走出去，了解世界，在了解、体验中学会享受阅读。

无论是您不懂用一体机时疑惑的表情，还是古板又中规中矩的照相动作，还是您特别、活跃的教书风格都让我们开始深深陶醉于您的课堂。听说您很喜欢写作吧！真希望在您的引导下，我的水平会有一个质的飞跃。

无论怎样，我有信心学好语文，在阅读中享受文字的优美！（关婉桦）

3. 2016级佛山市第一中学高一（21）班学生给“我心目中的优秀语文教师”留言

（1）我心中的优秀语文教师，当是有深厚的文化底蕴，对人生有自己的感悟，为人正直、清白，有正气，有傲骨，敢于承认自己的缺点，风趣而不儿戏，课堂严肃却不沉闷。

一言以蔽之，即是教师用心传道、授业，教导学生真正感受到语文魅力；让学生明白，课堂不仅是学习语文，还要欣赏语文，热爱语文，运用语文；使学生真正感受语文之美，明白语文之美，创造语文之美。并在中国文化的学习中，认识世界，面对世界，学会做人，塑造正确的荣辱观、价值观，为人正直，坚守原则。（李显燕）

（2）作为一名好的语文教师，他的言谈举止必须带有良好的风气，一言一行要符合规范，不将粗俗、低趣味以及不文明的语言带到课堂上，即在学生面前树立一个有良好的语文素养的形象。同时，他的字体要清晰，要大气，要能够让学生看得懂，甚至模仿。“字如其人”，一手好的字体，能让人感到赏心悦目，更能引起学生学语文的兴趣。而为了给学生更好地讲课，教师要有一定的文化底蕴，如一些常见的文化常识、寓言、典故等，在适当的时期引用一些例子，帮助学生更好地理解课文。另外，老师能根据课文所表达的情感，适当地调整语调，用不同的音调表达不同的情感，如悲伤、愁苦时，声调低沉、缓慢等，并且辅之以相应的表情与动作，让学生有身临其境之感，有助于学生投入其中。

不同于其他语文教师上课时习惯用电子文档草草解决课堂问题，您更热衷于用说书般精彩的讲评，用与您“肥胖”“扭曲”的身形截然不同的秀丽板书，把枯燥无味的知识串成一幅栩栩如生的美画。有时您讲课甚至到了忘我的地步，竟手舞足蹈地模仿、比画课文中的一个个人物。而我们也乐于倾听，乐于参与，乐于一同把课堂变成文学纯粹的天地，变成与文人墨客相欢的雅亭。（陈小龙）

（3）细细数来，也与语文相识了十多个春秋。语文教师当然也接触过不少，也曾经遇到过一位改变了我情感的语文教师。题目如此，那就来细说我心中优秀的语文教师形象吧。

首先，我认为一个语文教师最重要的是三观要正。语文教师肩负的担子与其他科老师的有略微不同，他不仅教书，还要“育人”，可能语文教师要讲的道理比他要讲的书多得多。这时，他的“三观”会影响他对一些特殊或敏感事件的看法，甚至是讲道理的主观性。对于三观尚未完全成形的学生来说，语文教师给予的思想影响是无法估量的。一个三观正的语文教师，会将正确的人生道理、人生感悟教给学生，将他们变成一个个完整的“人”。

而另一点，我觉得不仅仅是对于语文教师，而是每一位教师都要做到的，就是注意言行——这里我想强调的是注意对学生做出的一言一行。在初三时，我曾经历过一段瓶颈期，那一段时间我的成绩都大幅度波动，本该建立自信的时候，我却在现实面前撞得头破血流。当我感觉好像被全世界抛弃时，有一天晚修接过刚刚发下来的作文纸，上面是一个比平时高得多的分数，旁边还有老师的一句话：“写得越来越好了，加油，老师看好你！”原来还有人相信我，还有人支持我！那一瞬间，我忍不住红了眼眶，也暗暗下定决心，要改变现状，不再让老师失望。有时候老师无心的一句话或一个动作都可能会在我们心上留下深深的烙印，一句肯定会唤起一颗坠落的心，一句简单无心的否定或许会带来失落甚至是放弃。老师啊，您的一句话既可以成全我们，也可以毁灭我们。

另外呢，我认为语文教师要会“说”、会“听”。“说”指的是与学生分享书籍，介绍一些真正实用的书、一些具有知识价值的书。如果对学生有了一定了解，熟识了的话，可以向不同学生推荐不同的书，根据每个人性格或喜好不同而分类推荐。这是一项十分烦琐的工作，但也会乐在其中吧。“听”是指倾听学生的倾诉，大部分同学都愿意将自己的烦恼或心事讲给语文教师听，让他们出出主意，这也是语文教师的魅力所在吧。

与你相遇，好幸运。遇见的每一位教师，都是一种缘分，都是我的幸运。对“真正优秀的教师”，每个人的心中都会有不同的评判标准，于我，相遇已是最好。（梁止柔）

（4）看标题的话，这是一个可以直接进入的话题，那就由我认为最想让别人看到的点开始，依次往下写吧。

我想他是一个爱国的、能让学生产生民族自豪感的老师。想让学生去爱上自己的国家，难也不难。语文、汉字，是国之根文化的载体，老师自己对国的情若被诚挚注入一个个舌音和一个个方字，是一件很美好也很神圣的事："你知道吗，也许我们的国家不够好，但它其实不是你歪曲成的那样坏，它昂然伫立于世界之林，你被孕育于此，不为它自豪骄傲吗？"

我想他其实是让学生窥见外界美好的一扇干净利落的窗，学生会因他而更看淡时间的永恒，想把自己放进天地之间。

师生相见于授识之室，这窗与人之遇自是离不开课堂。教师吧，我喜欢这样的：不用PPT、不用拿书，仅写必要板书的，口头上将思想讲得流利、顺畅且自由，吸不吸收更看接收者；板书不宜繁杂，应写必需的，字应极易被识别，私心一说，有的字体虽好看，但连笔会模糊它本身的字样，板书是用于被快速识别而不是张扬的；授课于口，声音可以不太大，但应能被最偏远的角落清晰收听到，那声音是清而稳的，它面对学生的质疑时会有些欣喜，但仍如无风的一汪湖，还是清而稳的。而且，为了本班学生不产生不必要的忧虑，可按时完成课标任务。

我想他是一面多几个角度的镜子，可以不圆滑，但学生会在他眼中、口里发现一个更美好的自己。教书育人，我们因缘相见，都不是可一目了然的纸片人，就笑笑，放松地聊聊天嘛。他有自己明确、可说出口的爱好，在那个领域有可以自信传授给学生的经验教训。他也会认真听学生说话，他会认真看着学生的眼睛，他会告诉学生自己以前哪怕是做错或不好的事，他会很坦诚地去分享喜怒哀乐，他会有侧重地去表达，他会有自己的故事。而学生本人可以真实地感受到那是一个有温度的生命，那团热也愿意去把别人一起温暖，学生会想因为他去变成更好的人，相信其他美好的存在。

我想吧，一个优秀的语文教师，你会认真地感谢自己来天地间一遭的短暂旅途中得以与他相遇，且无比珍惜地温习回忆。（邹宛彤）

6　学生向往的语文课堂应该是这样的

——“我向往的语文课堂”调查

语文课是教师和学生用生命共同搭建的一个交流平台、谱写的一曲生命欢歌、碰出的一串串灵感的火花。语文课应该绽放出教师自己的生命个性，应该体现教师的创造精神和能力，应该充溢着教师高超的学养和机智；也应该使每一个学生积极主动投入，也应该展示每一个学生的生命光彩，还应该诱发每一个学生潜在的创造因子。这正如商家了解市场一样，教师应该了解学生所需！

魏书生说：“同样是课堂，有的教师视为畏途，有的教师则视为乐园。同样一篇文章，一位老师讲，学生学得兴趣盎然，忽而眉飞色舞，忽而屏息凝神，觉得上课是一种享受。换一位老师讲，学生学得索然无味。忽而闭目瞌睡，忽而惊觉欠伸，上课简直成了受罪。

“课堂效果不同，原因是多方面的。主要原因在于教师的功底和教育思想，但一些小的技术问题也影响课堂教学效果，倘在这些方面下总功夫，课堂上学生的学习兴趣也能高涨一些，课堂效果能好些。”①

一堂优秀的语文课要聆听专家的告诫，倾听学生的倾诉，我们肯定能做得更好。

1. 2017 年佛山市第一中学高一（21）班学生“我向往的语文课堂”留言

（1）我向往的语文课，不是拘泥于教室，不是对着短短的几行诗句，对着一张张纸，艰涩地写下对于诗句的分析。

---

① 魏书生. 魏书生文选［M］. 桂林：漓江出版社，1995.

应该是在某一天天气晴朗、阳光明媚、清风徐徐之时，坐在自然的天光下，感受人与自然融合的快乐，体味写景咏情文章的深情。在自然之美中体味人间之美。体味“会当凌绝顶，一览众山小”的壮志，体味“夕阳西下，断肠人在天涯”的悲楚，体味“仰观宇宙之大，俯察品类之盛”的愉悦。

诗句之美，全发于自然，感于自然。无感于自然，亦无感于诗句。

应该是在赏析诗句时，不过分点破。讲解清晰诗句背景于生僻字，勾勒出、渲染出诗中画面，其中滋味，呼之欲出。不过分点破的感情，使人细细品味，反倒是更美、更悲、更淡然、更愉悦，让人不由得铭记于心，悲喜在心。

应该是在讲解文章时，专注其中细节、抓住其中巧妙的技法，或是似工笔般细细勾勒，或是浓墨淡彩。传授技法，传授工艺，使学子能用之所学，学之所应学；使学子能运用文章写其心，而非利用文章造其心；使学子能恰当地表达其所思所想，而不是拘泥于题目，编造素材以“作文”。(谢壹添)

(2) 课堂上的互动，更是决定语文课的质量。课堂上，语文教师要学会充分挖掘学生的想象力、创新以及举一反三的能力。在课堂上给出的思考题，要先易后难，通过一些简单的问题来激发学生的求知欲，答得好的适当给予赞赏，答得不好的同学也适当给予鼓励和安慰，要懂得维护学生的自尊心。难一点的问题，可以通过小组交流、讨论共同得出结果后回答，无论对错都给予适当的表示。而学生也要充分发挥自己的想象力，积极回答问题，把握好每一次回答的机会，让老师感到满意。

这便是我所向往的语文课，轻松愉快、无拘无束，师生之间相互鼓励、相互促进、共同快乐的语文课。(马国思)

2. 2004年佛山市南海区第一中学高一（5）班学生“我向往的语文课堂”留言

(1) 我向往的语文课是课堂气氛活跃的。何是气氛活跃呢？我觉得教师是很重要的，那位教师应该是才华横溢的、口才了得的，把枯燥乏味的课文讲得津津有味、手舞足蹈的，讲每一篇文章时就像讲一个个有趣的故事那样，每一分、每一秒学生的眼睛都跟着老师转动，做到不浪费每分每秒，不错过每时每刻。

当然，这里的活跃肯定需要讲话，而这里的讲话并不是指说闲话，而是说的每句话都要围绕该节内容。还有，我所向往的语文课，无论是多么不积极进取的学生都不会出现“摸鱼”的现象，更没有光明正大俯下头睡觉的现象。（邓绮玲）

（2）“这儿又有一篇好的文章值得欣赏，我读给大家听听吧！”这是我最渴望的语文课的开场白，每节课都有好的文章介绍给我们，那多好呀！

“谁到过蒙古河啊？看过那宽阔无边的大草原，那‘风吹草低见牛羊’的美景啊？”我多么向往老师会在课堂上有这样的发问，并且同学们踊跃回答，把自己的所见所闻都拿出来与大家共同分享，让大家再也不会产生“佬”（粤语方言，表“普通、低级、没新意”的意思）的错误思想。让大家都明白广东以外的辽阔无边。每学到一篇课文，都能让我们正确地认识到这篇文章的背景和写作目的。

在课堂上要给同学们有发表的机会。有些同学因为胆小或其他的原因，自己知道答案，也不敢回答，老师如果能在这方面培养他们，那么课堂上的气氛不就更活跃了吗！

还有一些人的写作能力强，但他们的口头表达能力却一般，老师若能多给他们一些机会发表议论，那么效果会更好。

在讲小说或者古文时，最好可以拿些人物的图片出来给我们看一看，让我们更深刻地了解到课文内的内容，就好似《荷塘月色》那荷塘的美景是如何如何的美而静；《胡同文化》里那胡同的模样，还有四合院；《内蒙访古》是怎么个访法，内蒙又是怎样呢……我们是多么希望了解到它们啊！

老师可以在课堂上放些优美的音乐来衬托文中主人公的思想感情，也可以介绍介绍文章后的小文字框里的文字，那也不错。

语文课是一种可以很好地欣赏、学习、品味、回忆的课，它能让人如痴如醉，它能让人看到好的文章来陶冶自己的情趣，也可以让我们从中学习到更多、更广的知识。

我向往的语文课是一堂多姿多彩的课，是一种不受压制的课。（孙淑秀）

附 录

1 同行眼中的尹军成老师

一、尹高人

第一次见尹高人是军训期间，那时我坐在宿舍楼下面等待学生熄灯睡觉。他正好坐在旁边，便很自然地聊了起来。尹高人身材消瘦，用他自己的话来说是丢了社会主义的脸。至于他的光辉形象，他自己有过精确的描述："国字形的脸因面无表情而略显冷酷，浓眉大眼下射出的犀利目光更显精悍，高鼻薄唇颇显阳刚之气，单薄身材不具美男之态。"不过我感觉最深刻的是他那扑面而来的铮铮傲骨，让人肃然起敬。

尹高人特别健谈，为人特别热情。我第一次在一中做班主任，感觉战战兢兢，诚心向他讨教做班主任的经验。他话匣子一打开，就收不住了，说他如何激励学生，能成为太阳，就不做月亮；能成为月亮，就不做星星；能成为大树，就不做灌木；能成为灌木，就不做小草；能成为一条龙，就不做一匹马；能成为一匹马，就不做一条虫！一连串排比句听得我热血沸腾，似乎自己就是学生，在接受一场难得的励志教育，斗志冲天，牛气冲天。他的文才和口才令我佩服不已，从前我只知道看待学生要全面，不想他已将之发展到极致："有德无才是庸才，有才无德是奴才，德才兼备是人才。"这句话我后来用来教育学生，学生听得一愣一愣，讲着讲着都感觉到自己是人才，是道德标兵，是俗世奇人。

尹高人高度的概括能力还有许多表现。一中前校长冯校长提出"规范与个性共存，科学与人文并举"，这句话就刻在华英大堂的石柱上，尹高人给它续了一句“学识与人品齐进”，恰到好处，天衣无缝。我做了文抄公后，便再续添了一句“激情与斗志同在”。追求理想，追求道德，追求人文关爱，追求坚持和斗志，我想这该是人生的最佳状态。有这种信念和追求的人，哪怕平凡得再平凡，普通得再普通，定有许多高人之处。尹高人还有一句经典“要给人一个仰视你的理由”，我觉得甚是不错。不记得是哪一次跟学生即兴演讲，说到个人素质问题，忽然想起了尹高人的这句话，又在后面续了一句“不要给人鄙视你的借口”。当场获得激烈掌声，才明白高人自有高人之处。

毛校来一中后，为了调动教师读书写文的积极性，搞了个读书会。那次读书会成立，我是最后进场的一个，自然被老毛“行注目礼”，弄得我一惊三诧。开会后不久老毛即问尹高人怎么还没来，我便自告奋勇地给他打电话。他的回答简短利落：我不参加，我自己跟领导解释。后来和他一起乘电梯出车库，同他说起读书会的事，他一脸无辜，说是“他们”把他弄上去的，他从来就没有写过什么申请，我刚想发表几句评论，不料老毛走进车库，“截”住了尹高人，不知他最终是怎么应对老毛的。我非常欣赏他的人生态度，那些在我看来是至宝的东西，他却视若敝屣。在他的豁达与镇静面前，我感觉自己黯然失色。

尹高人的预测能力真是太好了。开家长会之前，学校组织了个培训，教我们这批新班主任怎么开好家长会。尹高人给我们介绍经验，他说的第一句话便轰动全场：有的家长来自恶人谷，有的家长来自硅谷，重要的问题是教育家长。我牢牢记住了这句话，回到教室便提醒学生打电话回家，请家长注意停车啦，不迟到啦，开会不要开手机、听电话啦，如此这般。果然家长会那天，比我早到的家长好多个，开手机的也寥寥无几，整个家长会开得赏心悦目，令我对尹高人的景仰也如高山流水，绵延不断。

在一中，尹高人可能是少数几个还记得我是研究生的教师。研究生毕业的时候，导师给了我们几句赠语，其中一句便是永远不要忘记自己是研究生，不管自己活得有多悲惨。其实大多时候我都不记得这个头衔，偶尔记起也只能自我陶醉。一中牛人多得很，研究生不算什么，有位姐姐还真在我面前说研究生不怎么样，听说一中的研究生前辈教综合科多年不能升 X 科的大把，有的甚至连带高三的机会都没有。从那之后我就再也不敢提自己是研究生了，免得被人哽死！可尹高人却偏偏要提起，还在学生面前提，竟然跟学生介绍我是一中的研究生教师，“逼”着学生叫“老师好”。其实我从脸到屁股都在发热，心被轻轻地刺痛。不过我知道尹高人是真诚的，那种“惺惺相惜”的感觉已好久没有了，所以对他的做法，我还是受用得很。

在一中孤单寂寞得久了，疯狂想找个人说说话，也许尹高人是切磋教艺的最佳对象吧。不过以我的不逊，他恐怕也是不屑与我说话的。

（本文作者系广东省佛山市禅城区名班主任莫春香）

二、绝知“语文”要躬行——我眼中的尹军成老师

初识尹军成老师，我便发现他有点特别。比如，他所教班级的语文成绩有时落后，他却面无愠色，不以为意；别的老师忙着赶课时，他却每周拿出一节课让学生自由阅读；他不对学生的作文进行“套路”指导，却认真圈点批注学生随意写的周记……一次偶然的机会，我听他说起之前领着班上学生给著名作家史铁生写信一事，兴趣一下子就提起来了，禁不住追问下去……

那时，尹老师是南海一中的语文教师，正给班上的学生讲《我与地坛》。课堂上，他向学生提出一个小问题：文章标题能否改为《我与母亲》？学生们对这个问题很感兴趣，你一言我一语地说起来。待学生讨论得兴致正浓，尹老师趁势将他们分为正反两方，组织了一场辩论。一节课下来，大家还意犹未尽，觉得对方的观点没有足够的说服力。于是，尹老师提议：向作家本人写信请教。学生们一听，既感到新奇，又担心大作家根本不会理睬自己。尹老师鼓励学生：“大家觉得大作家可能不会理睬一个普通的高中生，但是，有些事情做了才会知道结果，不做永远不知道答案！我们要想想怎样才能把信写好，让大作家愿意给予回复。”

尹老师给学生布置了一个任务，每个人都写一封给作家的信，他从中挑选出最好的一封寄给作家。面对这个颇有挑战性的任务，学生们跃跃欲试。可是，作业上交后，他发现学生连怎么称呼作家都不会——“叔叔”“爷爷”“老师”……真是五花八门，更别说正文要言辞得体了。

为了教会学生写信，尹老师特意安排了一节写作课。他首先把“信的开头如何称呼对方”这个问题带到课堂上，让学生讨论。争论下来，学生们决定恭敬地称呼作家“先生”，一次合写一封信，颇有兴致，讨论得不亦乐乎。

最终，数易其稿后，他们怀着期待的心情把信寄了出去，好像放飞了一个遥远的梦想。

说实话，对于能否收到回信，尹老师自己心里也没有底。要是收不到回信，学生们会不会很失望，以后对这类事情都提不起兴趣了呢？这是他最为担心的。过了一个多月，学生们似乎渐渐淡忘了这件事情，没想到，史铁生先生的回信竟然到了！

当尹老师拿着信，当着全班同学的面朗读的那一刻，他们心潮翻涌，感动万分。史铁生首先在信中肯定了同学们对于称呼的探索：“我想，同学们讨论的结果十分准确：先生。我先于你们出生，此事千真万确、铁案如山，但抢先出生并不意味着优势（何况这事也由不得我），后生可畏才是一定。”而对于《我与地坛》的题目，他不否定同学们的思考，而是鼓励他们大胆修改，还谈了自己对于文章标题的想法：“取题的原则，在我，一是明确，二是简单，三是平和。我不喜欢太刚猛，太豪华。……诗意，要从意境或氛围中渗透出来，不是某些词句的标榜。——这不是结论，只是我自己的看法，仍可探讨。”信末，他还郑重其事地与孩子们分享自己对人生的思考：“说句题外话：命运无常，安静，或者说镇静，可能是人最要学会的东西。你们离高考也就几百天了，要镇静地准备好镇静。……若失去镇静，就怕会酿成千古恨。我完全没有想到，有一天，我对我的病竟有些感恩之情——否则我怕，浮躁、愚蛮如我者大概就会白活。”作家的回信肯定了学生们的付出，也给他们上了一课。

一节课上到这里，似乎已经很圆满了，但尹老师还不满足。正当同学们沉醉于作家质朴平淡而又意蕴丰厚的文字时，尹老师请他们用文字抒写自己的感受，与其他同学分享，并承诺挑出最好的几篇推荐给报刊发表。同学们的热情早已被点燃，纷纷提笔写下自己的所思所想。一位因幼年遭受火灾而留下后遗症的学生受到了很大的触动：“雪莱说：‘最为不幸的人被苦难抚育成了诗人，他们把从苦难中学到的东西用诗歌教给别人。’史铁生先生何尝不是诗人？而我虽然面目丑陋，双手不便，可是和史铁生先生比，这又算得了什么？感谢教师让我走近了先生，感谢先生让我坚定了意志！在以后的人生之路上，我一定要牢记先生给我们的叮嘱：‘要镇静地准备好镇静。’”另一位同学则写道：“虽然，在此次活动中，我只是一个参与者，但正是这种参与后的收获给我增添了自信!”

这样的课堂，不只是让学生读懂课文，体会优美的字词句段，还通过课文引申出有趣的写作实践活动，学生怎么不喜欢？在这样的活动中，学生们不仅增长了知识，锻炼了写作能力，更重要的是，他们明白了学语文不是为了应付考试，语文与生活是息息相关的。尹老师就是这样一位善于通过实践提高学生写作能力的教师。

尹老师对语文课，尤其是写作教学的用心还体现在几件小事上。

记得刚进单位时，尹老师问我有什么兴趣爱好。我说喜欢阅读、写作。没想到他突然兴奋起来，连声称赞：“好！好!”要知道，在那个网络并非触手可及的时代，为学生提供阅读素材全靠教师的个人积累。他曾写有一篇《剪报抒怀》，其中说：“平时，我想方设法、千方百计地搜寻报纸，‘不择手段’地占有，‘顺手牵羊’地掠夺，‘低声下气’地乞讨……搜集、整理、分类，一道道工序，有条不紊；消化、吸收、运用，一次次升华，受益匪浅。”可以想象，尹老师对阅读是多么如饥似渴。凭着这种对阅读的“痴迷”，他硬是手抄了63万字的资料进行汇编。

还有一次，我跟尹老师抱怨给学生周记写班主任评语既无聊又烦琐，没想到他却说：“我最喜欢给学生写评语!”这项让班主任们最烦躁的任务之一，竟让他乐此不疲。好奇之下，我翻看了他写的评语，顿时感到十分惭愧。他是带着一颗滚烫的心写的，字里行间冒着热气，夹杂着激昂的鼓励、委婉的批评、殷切的期待，无形之中鼓励着学生把自己的真实想法写出来；而我是带着一种挑剔的眼光写的，文字冰冷而粗糙，充斥着应付式的套话。领科组报刊时，我常看到已毕业的学生寄给尹老师的明信片，上面写满了文字，话语诚挚、恳切，充满感激。这或许就是他把真心、真情付与学生的回报。

作为一名缺乏经验的教学“新手”，我常常觉得很难把握好“应试”与“享受语文”之间的关系。从尹老师身上，我得到了一点启发。他不把教书当作“例行公事”，而是把它作为一项塑造灵魂的事业，坚持让学生在应试之余领略语文的魅力。在今后的探索中，我也许无法达到“大家”的境界，但若能像尹老师那样，把自己的真心真情付与学生，付与课堂，相信我也能有自己的一份回报。

（本文作者系佛山市第一中学李卓老师）

2　学生眼中的尹军成老师

一、我的语文老师的课堂教学——说说成爷的教学风格

（一）想念成爷的课堂

我应该感到庆幸，在高二遇到成爷（尹军成），而不是高一或高三，高一毕竟多了些稚气，难以体悟，高三则略显功利，无心感受。只有高二，有一些成熟，有一些从容，最宜品味成爷的课堂。

很多人偏爱那种养殖场式的课堂，老师精准投放饲料和水，及时打好预防针，因为这能以最大概率培养出最大规模的高分考生。但对于一个个体，我更喜欢成爷牧场式的课堂。那时候，我们都喜欢调侃成爷的课堂就是每天讲故事，现在回想，或许语文课堂真的需要讲故事，毕竟语文不是冷冰冰的语言工具，它本来就是一个个动听的故事。在成爷的故事中，“一心只读圣贤书”的我们多了一些人情味，多了一些烟火气，也多了一些联想力、想象力。

所谓牧场，就是自力更生，寻找不同的草料，走不同的路，成长为独特的个体。一千个读者有一千个哈姆雷特，这就是成爷课堂的特点。正因为成爷将多样的语文知识融入一个个故事中，从不同的角度分析，就会有不同的收获。即使哪天心情不好不想听课，成爷的课堂也总会把我们拉回来，这是一种内驱力，而非外在的压力，令人愉悦。

在成爷的课堂上，学知识，学做人。还记得有两大例牌，周记和课堂演讲。成爷作业不多，周记算是比较稳定的一项，内容字数不限，畅所欲言，

还可以和成爷进行对话，既是沉淀，也是升华。课堂演讲更能锻炼个人素质，前期准备，临场发挥，都是挑战。我做过一场糟糕的演讲，被成爷当场赶下来，不是滋味，但他之后对我说：“我宁愿你现在被赶下来，而不愿看到你在更高的舞台上被赶下来。”

醍醐灌顶。

到了大学，发现大多教授课堂都是放养式的教育，再一次感觉到成爷课堂之先进，倍感幸运，同时也想到成爷课堂上一句给我深刻印象的话——“大音希声，大象无形”。

（二）想念成爷的笑容

近日听闻成爷被评为正高级教师，无比欣喜，但又有些许不平，这个职称还是来得迟了些，因为他真正心系他的“群众”，一如既往。

至今我仍保存着高二的周记本，不仅是因为里面记录着我的心路，更是因为里面有成爷对我的谆谆教诲。简单几句，鞭辟入里，显然是细读之后得出的感悟，岂是草草一个“阅”字可比。短短一年，班里大半同学都已经喝过他亲自泡的“神仙水”，虽不能令人飘飘欲仙，但沁人心脾足矣。当然，到他办公室不为喝茶，而为接受个别指导。在平时，成爷总在关注每位同学的特点，积累到一定程度，就可以因材施教。个性化培养比流水线生产要好，这个道理老师们都懂，做到的人甚少，关键在心。

这是一个呼唤真实的时代，真性情之人，往往先人一步。成爷是这样一个人，带我们开眼看到真世界。之所以这样说，是因为我们这一代已经厌倦装腔作势、粉饰太平，而宁愿看到丑陋的真实。成爷是一个率直的人，敢于表露自己，敢于批判现实，但尤为可贵的是，在现实面前，他依然活出自我，也指引我们战胜现实，改变自己。在他的一个个故事中，我们可以瞥见自己未来的一瞬，也可以畅想自己前进的路径。

成爷爱说自己带有一点匪气，这点我们感受到了，并且乐在其中。平时课堂和交往，一副老师架子或许真不太重要，我们更喜欢成爷合不拢嘴的笑、天马行空的幽默，当然，还有似坏非坏的表情。人到中年，真笑不容易，凭着一股匪气，成爷活得潇洒！

高三的一次班会，一位学姐提到成爷，她说：“他不是一个语文老师，他是一位人生导师。”现在看来，我多了几分认同。

你不是匪，你是侠，你是令狐冲。

（本文作者系翁曦）

二、 尹老师，让我看到了一种人性的光辉

尹老师，我们习惯称他为级长，或者领导，而在他口中我一直是秘书长或者“姑娘”。

如果你是一个循规蹈矩，兢兢业业，眼中只有考试、分数、排名的好同学，那么抱歉，你会在尹老师的班级里迷失方向的。在他的课上，你需要期待的不会是“下一次期中考的语音语调范围”，不会是“写景类的古诗词赏析步骤一二三”，不会是“怎样的作文三段式模板最容易得高分”。他的语文课更像一种“百家讲坛”的形式。你会获得的，更多的是评析性的言论和启发式的提问。尹老师从来不是一个立志让自己手中产品个个达标的生产工人。

他是一个“夫子”，一个传道授业解惑的夫子。说起尹老师对我的影响，其一是他对于看书的强调。我曾不止一次听他说过学生从高中语文中获得最大的收获应该是看书的习惯。而他本身不仅读书不辍，还非常乐于与他的学生们分享他的读书所得。受他的影响，高中三年绝对是我人生的阅读高峰。当时一方面是处于“初荷未染尘”的状态，看什么都觉得有趣；另一方面也是闲时多，忙时少，杂七杂八的书一本一本看，红楼断断续续过了一遍，婉约词豪放词读了再读。今日杨绛的书翻了一半，明日又开始看《人间词话》去了。同桌在看尼采的《查拉图斯特拉如是说》，忍不住求过来看几眼；而我要是桌面有一本叶芝的书，她也定是不会犹豫要拿过去瞧瞧的。总之，诚如尹老师所言，四年后的今天，哪年哪月哪日的语文课上讲的是古文中“之”字的哪几种用法，已然记不清了。唯有所读之书，所感所会，宛如就在昨日，丝毫不曾褪色。

其二是关于写周记的。尹老师的每周保留节目，必定是一篇周记，题材、体裁、长度、话题不限。他说，如果你能从现在开始每周坚持写一篇周记，养成习惯，你会成为一个不简单的人。后来当我一篇一篇回看自己的周

记的时候，我深深惊异于自己的心境变化是如此之有迹可循。我看到一个时而高昂，时而低沉，时而忧戚，时而宁静的灵魂，如何一点一点吐丝结茧，汇字成篇，将情感凝于一张薄纸之上。可惜这一点我终究没有坚持做到，大学四年以来写下的东西竟不如高中一个学期的多，实在愧对老师的教诲了。

而对我的影响最最重要的一点，是关于尹老师的教书育人的理念。对于这个理念的理解却是在高中毕业之后与老师的互动中逐渐体会到的。记得去年老师到访人大，我们几个学生与尹老师在咖啡厅聊了整整一个下午，话题都在围绕教育的问题。或许是因为到了大学之后明白了更多的东西，又或许是因为老师对我们前所未有的坦白，我从那一次的对话中读懂了这个教育者心里的忧患与理想。他对于“特例”“非正常群体”的理解和包容，他坚持的教育是为传播爱的理念，让我看到了一种人性的光辉。

总而言之，如果你是我的师弟师妹，如果你会看到我写的字，如果你已经到了明白我所言的年纪，那么我鼓励你，其一，去找尹老师谈一谈，无论是你的思想、你的困惑、你的疯狂、你对未来的期待，在他那里都会受到温柔的对待；其二，从今天开始，把明天当作人生最后一天来阅读。

（本文作者系何毓蕾）

三、老尹：这是我高中以来给你写的最后一篇“周记”了

这要算是我高中以来给你写的最后一篇“周记”了。

虽然我坚持不懈地“羞辱”了你两年，但我敢发誓我越到后面越喜欢你，我觉得你给我们打气的每一句话都是豪气冲天，一中人就该有这种精神。

有时觉得你是个挺有争议的人，以至于不是每个学生都可以一开始就欣赏你。其实语文老师也挺难当的，因为你们面临着一批又一批更“实在”的学生，他们渴望提升将课堂知识转化为分数的能力，这跟社会上的人们因无法将学识用在生活中而产生“读书无用论”是如出一辙的，听到有些学生说“哪些有用就给我讲哪些”，我很是震惊。我们的教育居然让学生变得这样可怕，以至于如此心甘情愿地做“有用的知识”的奴隶。你在课堂上讲了很多“无用”的话，以前的我会觉得空虚和茫然，但高三了我才察觉那确是一种

“精神饥渴”，老师真的不应做喂饱学生的保姆，就该让他饿，饿了自己找东西吃，如果学生够聪明就一定可以找到最适合的食粮，可惜啊，我恍然大悟自己高二没用功时，眨眼就真的到了高三应试教育。但我还是感谢你说过的“无用”的话，让我做了许多“无用”的思考，老师“偏激”一点也是好事，太中庸、太规矩反而刺激不了学生内心的“苏格拉底”。也许你以后还会遇见像我一样胡搅难缠的人，一样戴着放大镜看你的人，诚如“你不能改变自己，那就改变世界”，坚持你独特的方式去爱每个学生，他们到最后一定会明白你的苦心。若你以后不教文科重点班，那确是遗憾，你要挑些班风剽悍的来教才好，瞧我们三班女生个个都是“好汉”！

尽管父母不支持，我还是铁了心要做记者。生在一个“不自由”的信息过滤的国家，我定当有追逐自由的勇气，我觉得这是一份可以让我把世界看得更透彻的职业，它可以看更多的人，了解更多的事，更重要的是，我可以做一个真相的挖掘者。

你在不远的将来，一定会看见学生的铅字。

以中国近代“壮游”第一人潘德明先生的话自勉：“以世界为我之大学校，以天然与人事为我之教科书，以耳闻目见直接接触为我之读书方法，以风雪雨霜、炎荒烈日、晨星夜月为我之奖励金。德明坚决地一往无前，表现我中国国民性于世界，使知我中国是向前的，以谋世界上之荣光。”

我定自信向前。

（本文作者系陈泳斯）

3 学生作品（关注民生篇）

一、总理，希望您能够听到我的声音——致李克强总理的一封信

尊敬的李克强总理：

您好！我是广东省佛山市第一中学高一（5）班黄纤媚同学。今日冒昧给您写信，是想就“中国食品安全”一事谈谈个人的看法并希望能够引起您对“食品安全管理”的高度关注。

2013年3月1日，香港出台“奶粉限购令”——每名16岁以上人士每天只可携带不超过1.8公斤（大概两罐）的配方奶粉离境，违例者可被罚款50万港元及两年监禁。李总理，您应该已经知道，香港出台“奶粉限购令”引起了轩然大波，社会各界对香港出台“奶粉限购令”的做法褒贬不一。

今天，就此事，我想谈谈我的看法。

我是一名中学生，住在珠三角地区。我家有一个3岁的小弟，现在香港出台“奶粉限购令”，家人只可托朋友从香港邮寄奶粉。

面对此情此景，我不知道您有何想法和看法？我一直在想，为什么所有家长都不敢碰国产奶粉？我想，这一切，可能是印证了中国一句古话：一朝被蛇咬，十年怕井绳。

虽然三聚氰胺事件已过去5年，但是，我想问一句：中国食品管理体制到底有多少改变？现实的答案至今令人沮丧，中国的食品问题依然陷入一个怪圈：犯事—处理—出台政策。政策制定得不少，可是，执行的情况（力度）却依然是处于“纸上谈兵”这个层面。食品管理问题层出不穷，政府官员面对媒体和公众依然是“信誓旦旦”——坚决查处，毫不手软。结果民众不仅仅

是对“中国食品安全”的失望，更是对政府官员“信誓旦旦”的失望。

试问又有哪个家长愿将怀中最脆弱的生命交托给一罐成分不明的奶粉？作为一个中国人、一个中学生，亲身感受着我们伟大祖国的日新月异，作为中国人，我很自豪——经济腾飞、神九升空、天宫对接等。如此庞大、精细且艰难的工程，我国准确无误地完成了，我们可以将中国“冲出世界”的品牌飞入太空。可是，为什么这一关乎民生问题，谁都没了底？

“食品是否安全”在百姓心中似乎永远只是一个高悬着的大大的问号。在我看来，食品的管理相对于“神九”飞天来说，这是一件多么容易的事情啊！可是为什么这么容易的一件事，对管理监控部门来说却显得如此艰难？

作为一个中学生，就食品安全管理，我提四点不成熟的建议：一是食品安全问题不应该只是停留在口头上严厉打击，而应该是在“制度”和“法律”的层面进行打击。二是接受媒体监督的突击，对媒体的突击不应有任何的掩饰，这样，国民才可以清清楚楚了解到自己将要吃进肚子里的东西是怎样的。三是明确各部门的工作，市民知道去哪儿投诉，不要让这些问题推来推去，最后不了了之。我认为，不管食品安全问题是否属实，都应该被严格对待，不放过任何一个问题。四是要严格规范有关政府人员的行为，不可以让他们有机可乘或乘虚而入，坚决杜绝官商勾结，一旦发现，严厉处罚相关违纪者，处罚不仅仅是罚款、“免职”或“平调”，而是开除公职，移送司法机关处理。

李总理，看到您在媒体见面会上那种和蔼的态度，又听到大家对你亲民作风的高度评价，我觉得，我有必要冒昧地写信给您！请您理解一个学生的情感、一个公民的希望！

尊敬的李总理，因为我们在食品安全问题中陷得太深，没有严酷的措施和落到实处的践行，老百姓是不敢再信任的。希望有一天，不再出现“鼠肉冒充羊肉”“毒姜”等恶性事件，到那时，我们就可以安心吃下国产食品。

李总理，您曾经说喊破嗓子不如甩开膀子，我希望您甩开膀子的改革就从关注“民生”开始吧。

祝：

身体健康！

［本文作者系佛山市第一中学高一（5）班黄纤媚］

二、 佛山未来需要您掌舵——致时任中共佛山市委书记李贻伟同志的一封信

尊敬的李书记：

您好！感谢您在百忙之中仍抽空读这一封信。

我是一名来自佛山市第一中学的高一学生。作为一名佛山市民，我对佛山这些年来的快速发展深感欢喜。随着佛山的发展，我家的生活条件也在改善。就在几年前，我家从旧城南的惠景片区搬到了东平河北边，也就是佛山新城的对岸。

我们这个片区临近佛山新城，也和佛山新城一样仍在建设当中。每天，我都能看到新建商品房增加的高度。同时，我也注意到了，这里的商品房的密度很大。只要沿着港口路从东平河堤开始，开车到魁奇路，我发现，沿路上全都是正在拆的厂房和正在新建的商品房。它们不但一个挨着一个，而且是道路两旁都有。两个楼盘之间相距往往只有一条马路之宽。

可以预见，不久的将来这里将会成为人口大量聚居的地方。

但是，让我困惑的是，在如火如荼的商品房建设中，却很难找到与民生相关的配套设施。

首先，作为一名学生，我最关注的是教育。其实这个片区并不是没有教育资源，附近有华英学校和佛山新三中，但是，它们毕竟是高中学校和民办初中。在这里缺少的是义务教育公办学校资源。在这个片区的楼盘中有一部分是回迁房，我们知道，并不是所有的家庭都能上得起像华英这一类的学校。就算是这个片区以外的附近区域也缺少义务教育的公办学校。不少在这个地方接受义务教育的适龄儿童，如果要想读书，他们都要被划分到很远的学校上学。暂且不说家长接送孩子不方便，单是一个路面的交通压力，就足以影响社会的效率。所以我建议领导和教育部门应该考虑在这个区域建设相应的义务教育学校。

其次，公共的文化娱乐设施。现在，我和父母每晚吃完饭后，如果想要散步，往往只有一个选择，那就是在小区内。在人口聚集的区域，缺乏的是大型的文化广场或者公园之类的、提供给市民文化休闲的场所。记得我们以前住惠景城时，小区附近就建有一个占地五十多亩的惠景公园，我们经常到

惠景公园散步。在那里，我们经常能遇见认识的人或者邻居，也常常结识到住在附近的新朋友。而我也经常约同学在那里骑自行车。因为多在惠景公园走动，我们住在附近的人彼此熟识，关系更显融洽，我们可以隐隐感受到彼此间一种和谐和团结的力量。公共文化娱乐场所设施能增进这个区域人们的感情和联系，使人们更加团结友善，也能使社会更加文明和谐。

尊敬的李书记，佛山未来需要您掌舵。鉴于此，我就冒昧地写信给您了。以上就是我对我家附近区域建设的小小建议。

话说回来，不管社会的发展如何，我都对我们佛山未来充满了信心。我和市民都相信，作为佛山未来建设的掌舵人，您一定会给我们乃至后来者一个满意的答案！

作为一名佛山人，我衷心地祝愿未来的佛山越来越好！

此致

敬礼！

[本文作者系佛山市第一中学高一（5）班张昕]

4 学生作品（社会实践篇）

一、 奇妙的旅程——记一次西樵山之旅

生活在西樵山山脚十五六年里，我们常常会在它身边匆匆而过，来不及停住脚步静静地看看它，听听它过去的故事。而毋庸置疑的是，西樵山是南海的标志之一，亦是我们心中的定心柱。它或许算不上巍峨，或许算不上闻名，但每当我苦闷时，抬头放眼所见的是车水马龙，是城市的崛起和改变，而这么多年来，那些窗外的风景都在不停地改变着，唯独它，岿然不动，陪伴我们一起成长，一起老去。

小时候憧憬着山脚的游乐园、五彩的蹦床、短暂的“丛林探险”、环湖的小火车。那些快乐的时光似乎就发生在昨天，但其实早已发生且颇为久远。游乐园在闹得沸反盈天中被夷为平地，当初的小木马没了，满池的塑胶小球也没了。仿佛整个童年都褪去了色彩，但又似意味着西樵山同我们这代人一起成长着，不舍地跟童年的玩物道别。

如今再登上西樵山，或许说是即将第一次完整地走遍西樵山，心里隐隐有些兴奋。

“嗨，我的伙伴，你还好吗?”

那天我们匆匆忙忙赶到约定的地方，各自略带睡意，担忧、期待着接下来的旅程。马路上还是人影稀疏，城市还在慢慢地从黑夜中苏醒，而我们同行三人却早已踏上了这次奇妙的旅程。

我们脚下的路不再是从前的泥泞小路，而是宽阔的马路和石阶，路旁栽的树林林总总，阳光从间隙中透出，跳跃在我们的脸上、手上、发梢上，呼

吸着新鲜空气，整个人都是容光焕发的，就连身体里的每一个细胞都在雀跃着。我们选择了走小路，尽管走车行道可以顺带感受到放眼望去山下房屋的壮观或者更加安全，但我们更想走走那些带着历史气息的石阶，看看那些天然的毫无雕琢的风光。

顺着石阶，我们看见了一个人工小湖，湖边有些人在晨运，他们有的舞剑，有的唱歌，有的跑步，理应是个热闹的场面，但在这里还是有一种出奇的恬静，这种缓慢而又健康的生活模式让我们都感觉一下子坠入了大自然的怀抱。我们看见一家大小迎面跑来，不知道为什么心情愉悦得跟陌生人打了个招呼。我们一边走一边商议着遇上耐心、不赶时间的游客可以怎样采访，这时候并不了解路程的三个小伙伴们有点茫然，好在一位在打太极的老爷爷给我们指明了前方的路。我们跟随着老人家的脚步开始往山里面走，也便找到了第一个受访者。在和老爷爷交流的过程中，我们得知了原来我们正在走的路政府虽然有做安全措施，但是由于西樵山的地质问题，有些时候会封路，建议人们走车行道。所幸的是，这天阳光明媚，又逢假日，我们要走的路并没有被封。老爷爷还说多亏了政治的整治，才有人工湖旁边那么多的植物和建筑，石阶才有了铁链。路途中有不少小小的瀑布支流，我们伴着连绵不断的水声往山上走，我留意到有人拿着一根管子和一个水桶相向而行。老爷爷把我们带到一个有山泉水的地方，我又碰见了拿管和桶的那个人，原来他在拿管子接山泉水。也是从老爷爷口中我才知道原来山泉水并不是说山上流下来的瀑布水，而是从岩石中缓缓流出的一支小小的水流。我拿随身的杯子满满地装上了一杯，三个小伙伴都品尝了几口，山泉的味道啊，有点清凉的感觉直灌入心。

告别了老爷爷之后，我们又开始向上走，果真是“人往高处走，水往低处流”，我们又看见了许多神奇的岩石和巨大的植被，在一片惊叹中，相册里又留下了几张美景和玩得开怀的我们。

我们往上走的时候，遇上了一位带着女儿下山的叔叔，我们随即也对这位叔叔做了采访。叔叔聊到了西樵山以前的模样，叔叔说，西樵山以前更加自然，但是比起现在确实没那么多植被，也没那么吸引人。

谈话中我们还听到了叔叔给我们讲他小时候和伙伴们一起上山玩耍的故事，他们从用草做的梯子上滑下来，差点掉下被杂草掩盖的悬崖，过去的他们正如今日的我们，无所不怕，无所不为，跟大自然真是紧密地生活在了一起。说起这些童年趣事的时候，我能感受得到叔叔内心还有当初的一份疯狂，还有对过去的怀念。西樵山果真给太多的人留下太多的记忆了，西樵山果真陪伴了好多好多的人成长。我想未来每当想起西樵山的时候，我也会记得这一天，三个人无所畏惧地登山又士气低落地下山，即使是无端想起也会勾起嘴角怀念。只可惜我们后来并没有找到叔叔推荐的地方，有点失望，但失望又往往会是下次的动力啊。之后我们便告别了叔叔继续前行。

我们走着聊着，又遇上了“贵人”——一对来登山的夫妇，我们又请他们做了个采访。那对夫妇是佛山人，在西樵山办了张年卡，每个周末都会坚持来西樵山走走。聊天中阿姨说，他们真的完全把西樵山走遍了，更是开辟了各种新径。阿姨还热心肠地对我们说我们非要去这个景点不可那个景点不可，随后我们跟着阿姨走了一段路。途中经过一个西樵山抗日将士战亡纪念碑，碑上的字被风雨侵蚀得有点看不出是什么，它就立在那里，碑前没有鲜花也没有瞻仰的人，心里有点不好过。阿姨说，政府应该对此多加修葺才是，因为这些战士的英勇为我们换来了安稳的今日。我们一起走了很久，从我们的采访到他们主动跟我们讲各种西樵山的故事，从美景到美食，但是没有人能够一直陪你走到永远，我们在翠岩前告了别。

从翠岩的某一级石阶开始，我们的音乐旅程便开始。三人一起唱着歌，嗅着清新的空气中夹带的草香、花香。虽然我们的前后都有其他游客，但我们并没有因此害羞，我们还是唱着玩着。歌声和水声是这次旅程中陪伴我们最长久的东西，我们上山时不仅有亲耳听到的瀑布带来的水声，还有走在杂石间听见的隐隐的溪流声，我们告别了水声后歌声又涌进来。我们唱着观尽了各式各样的泉眼和岩石；我们唱着走进了神秘的别墅里探险，我们甚至在别墅里开自己的派对和舞会；我们唱着走遍了硕大的桃花园，最终幸好还有歌声陪着我们走完艰难的下山路。每一步我以为自己都会筋疲力尽走不下去的时候，我们的歌声还在，它都未停，我怎能止？从头至尾，步行走遍了西樵山的景观，歌声真的有很大的功劳。

在我们只吃了鱼蛋和豆腐花作为午餐，而且几经波折找了厕所之后，我们已经累了。走完了古村和游客较多的四方竹之后，又到了茶花园观赏了开得正旺的茶花，各种惊叹中茶花的娇姿美态也随即被我们收进相册里。闻名的桃花园离茶花园较远，我们向当地居民问完路，都有种将要奔赴刑场的惘然。幸好在互相扶持下，在走错了两次后我们终于到达了桃花园，粉嫩色的花瓣、粉嫩色的花海好像为我们减少了一些疲倦。最消磨我们意志的时候是寻找南海观音的入口，我们足足走错了三次，经过同一个地方多次才找到了入口。

后来我们在意志已经完全消磨尽的情况下，为了默默地超过前面的两个00后小孩，好不容易忍受着疲劳走完了百步梯。可是百步梯之后不是就到出口了啊！我们还要走一大段车行道，途中有个站台可以看见山下的美景，我们也只是微微掠过几眼，继续追赶着又走到我们前面的00后。最有出息的是，我爸爸在我们下了一半山，还没开始百步梯之旅前给我打了电话问我需不需要他上山载我们下去时，我们一致谢绝了——累但还是要坚持。看见门口验票处时，我们都欢呼着跑出去，吓得路人以为我们怎么了。

［本文作者系佛山市第一中学高一（4）班崔炜莹］

二、关于佛山地区城镇化推进的情况调查

（一）研究背景

如今，中国走向现代化的脚步越渐豪迈，也越趋于加快。在现代化的进程里，其中一个重要部分便是——城镇化。中国的城镇化正如火如荼，之前农民还在热切追求着城市户口，如今，轮到城市人们羡慕拥有农村户口的人了。的确，各地的农村乡镇正在得到巨大的改善，但真实情况真有那么美满？

（二）研究的目的和意义

通过此活动，使我们能够跳出书本，亲身体会中国现代化进程中的一个重要部分——城镇化，并发现与分析其中所暴露的问题，清醒认识社会深层次面貌。

（三）主要内容

实地考察佛山地区（随机抽取）城镇化情况，着重点在城镇化进程中的

核心部分——三农问题的解决。

1. **资料**

三农问题（核心）：农村进步、农业发展、农民小康相对滞后。

2. **农村问题**

（1）市场。产品生产过剩（据资料显示，中国9亿多位农民为3亿多城镇人口生产农产品）。

（2）加入WTO后的情况。农副产品价格偏低，收入堪忧。

3. **农业问题**

（1）生产效率。我国人多地少，农业生产规模小，没有稳定的就业出路，机械化，劳动强度大。农产品过剩，销路只面向国内，小规模生产的流通费用高。

（2）农业科技成果（独家技术、配方）。

4. **农民问题**

农民文化素质不高。乡村教育、学校、祠堂等普遍教育不好导致农民素质低下。农民孩子成长后进城，导致城市犯罪率增加。

（四）实践过程

（1）2015年2月20日，于佛山市高明区明城镇鲤江村的调查（罗彦俊、丘霖）。

（2）2015年2月10日，于佛山市三水区白坭镇西岸村及周围的调查（李乐淘、贝为佳）。

高明鲤江村采访农民

以下为调查人员与一位农民的调查对话摘要。[①]

问：伯伯，您现在生活在这里，以耕地、卖菜为生，生活的各个方面相对以往是否有所改善？

答：现在的生活水平当然比以前要好了，平时种菜实际上赚不了多少钱，都是两个孩子每个月寄钱回来的。

---

① 原对话为广东话，现修改为普通话。

问：俩孩子都是在城里工作吗？

答：是的。儿子在一家企业里打工，女儿在商场当收银员。

问：他们是否想过发展农业致富，或者说，您是否支持他们以农业为生？

答：我认为现在靠耕地已经很难改变生活状况了，村里大部分的地都没人耕了。咱们家没钱让孩子上大学，所以打算让他们跑到城里找份好工作安定下来，毕竟城里的条件好很多。

问：目前村里的各种建设是否完善，如社会保障、社区福利、乡村教育以及文体设施等？政府是否着重在解决？

答：3 年前建成新的小学，现在已经很多人了，但是中学是没有的，村里的孩子都要坐车去城里上学。政府派发了补助金，也会指引我们买保险之类的。

问：那么文体设施方面呢？是否有图书馆和文娱活动等？

答：没有。

问：您认为目前农业不景气是什么原因导致的？

答：最大一个问题是种的菜很难拿到城里卖，在这里的市场卖得不多，人本来就少。

问：针对农业市场小的问题，您觉得通过农业创新会有所改善吗？

答：我这么老了还谈什么创新，年轻一代又有谁来创新呢？就算产得多了，卖不出去还是不行。

问：那么，政府促进农产品对外销售是否有必要呢？

答：那是肯定好的，关键是看政府怎么做了。

高明区政府采访公务员

以下为调查人员与高明区政府一名公务员（本人一亲属）的调查对话摘要。

问：目前区政府对于城镇化建设有什么样的方针呢？

答：区政府现在的主打方向是发展轻工业和生态建设，努力实现生态名城。

问：对于农业发展又有什么新的扶植方案吗？

答：这个不太清楚，加大对农业投资生产无疑是有的。

问：乡村的社会保障、文化建设等是否按计划进行？

答：这要看地方村委会和居委会的执行力了，政府的目标是明确的，关键是地方能否落实到位。

问：政府工作中会存在职能重复或疏漏的现象吗？

答：政府这么多工作人员，职责基本上是固定的，应该说不会有疏漏的现象，职能重复或许就是分工细节做得不到位了。

问：作为一名公务员，您认为目前政府的办事效率是否正常？是否有必要增加或精减人员？

答：是的。政府内各项事务处理速度非常快。增加人员可能导致业务过少，会显得过剩了，但是精减人员也容易导致效率降低，这是两难的问题。

问：谢谢，最后还有一个问题，您对高明区的城镇化建设有何看法？

答：高明近十几年的发展速度迅猛，城镇化道路是可行的，生态问题和农业问题还有待解决，但我们对未来还是充满信心的。

三水西岸村采访农民

背景：在全国轰轰烈烈的“城镇化”建设进程下，三水区也在努力前进。经过加速阶段、拓展阶段到2011年至今的突破阶段，三水为建设“产业新城、南国水都、广佛肇绿芯”做出的改变是有目共睹的……

打仗，要找敌人的弱点；调查，更要抓细节之处，才能查出深层次问题的所在。于是我们来到昔日还是“山旮旯”之地的三水白坭镇，随机抽取了西岸村，看看三水在细节处做得怎样……

搭乘446路公交车，从西南街道经40分钟，来到白坭镇再徒步一路向西约2公里，我们到达西岸村村口附近。一路都是水泥路，很平坦，走得很舒服。

咦，不错——村口东边便是一条河，虽不太清澈，在阳光的映照下，一带灰蒙蒙的暗绿，但河边已是由小草织成的连绵的绿毯，上面镶嵌着石板小道，零星立着健身娱乐道具——那里是一个简洁的小公园。村口平整的水泥路边绿树如荫，给行人以淡淡的清凉。还有极简主义的几何形公交站牌，也是绿色的，既现代，又映衬着周遭环境。

尽管如此，紧贴着村口的整齐排列的小型工厂（类似于小作坊），总令人心生不快。也许年近春节，工厂门口有几个工人在打桌球，时不时迸发出乡村男子的狂放不羁的欢笑声，显得十分悠闲。

走进西岸村村口，极目望去，水泥路一脉延伸。或粉红或棕褐的朴素的乡村小别墅林立于路的两旁，参差遮掩，使还算平直的路无法看到终点。一进村口就看到的一幅宣传报着实醒目——“明晰承包份额，保护农民权益”。

再往里走，周遭小楼密集如林，仅被这条水泥路一刀切开。空气静静流淌，时有微风。虽远优于城市的燥热，但已失乡村田野的自然清凉之感。

终于，走过楼林边缘的最后一栋小楼，视野豁然开朗——水泥路如一条细细的小溪，流淌过宽广的田野，各种层次的绿在上面堆叠如梯，宛若凡·高的油画。还有块块鱼塘，阳光普照，水光潋滟。有个塘已经干涸，但上面绿草如茵，一支灰色的掉漆的木船，静静地躺在灌丛浓荫之中。

然而，随着野景缓缓推移，竟发现，水泥路的尽头，仿佛身处在一个模糊而迷乱的世界，隐隐约约，一根根触角伸向天空……

继续向前，经过一块乱七八糟地堆着烂白菜的田地，走过插着排排土罐子的韭黄韭青地，再路过一个臭气熏天的鸡舍，发现了一个喷涌着黄绿色污水的管道……终于，那模糊的块面越渐清晰。我们二人，来到了它的面前——呵！是一堆挤得让人看着都透不过气的工厂群?!——锈迹斑斑互相堆叠的厂板、像怪物一样从中赫然冒出来的水塔、一根根触角一般的烟囱……一一映入眼帘。还是这条水泥路，将其一刀切开，使我们能够深入其内部。

永辉染整厂、永登染整厂……还是染整厂……周遭除了时不时灌入耳中的机器嘈杂声，以及我们轻轻的脚步声，一片空寂——斜眼一瞄，隔着门卫贴了膜的玻璃窗，猛然从里面钻出一道呆滞而警惕的目光。左边大概是仓库之地，被厚铁板做成的门遮掩守卫着，还未等我们走近便像是谁突然点燃了炸药一般，响起了轰天的狗吠声，惊愕地一望。一阵铁链晃荡声以及人“去、去”的命令声，半晌，门被拉开了，一个两鬓发白的老者出现在门口，眉头紧锁，目光紧紧跟着我们的一举一动。嘿嘿，几个染料桶的身影不经意间钻进了我们的眼皮底下——看来采访工厂，没着落了。

回过头来，给工厂、排污管等拍张特写，我们来到田间，欲采访一位正在小水井旁工作的农民。为了采访顺利，我们决定先体验下田间劳作。

走近——是一位五十多岁的阿姨。瘦削的体态，古铜色的脸庞皲裂纵横，蒙着一层细细的泥灰，眉头紧锁，面容荡漾着憔悴与忧虑。

“阿姨，你好，请问有什么要帮忙?”

“没有了，现在也没什么要做的。”

“我们是高中生，寒假来玩下……哎，这些田，我们可不可以拍下来?”

“拍啦，有什么所谓呢，随便拍啦。”

阿姨可能是积郁过多，还未等我们问，便急欲向我们一吐为快——

“那——拍下那些厂房啦，还有周围的啦，那些污染厂啊，拍那些才有用的嘛——”

“阿姨，为什么会有那么多厂呢?”

“都是佛山啊，广州那边来的喽，唉——还不是那个‘Ou Chuming’!”

“‘Ou Chuming’是谁?”

“之前白坭镇镇长喽，现在调到其他地方去了，还有那些大队的人啊，要我们这些农民卖地，我们农民又穷，哪里有钱啊，就给他卖着咯——我们才拿到多少钱哪——那些人，要我们低价卖了地，然后自己高价再卖出去……那些污染厂啊，早上是不排放气的，到了晚上，就偷偷地排……”阿姨指向东北方，“那些尾气啊，就全部吹到我们西岸村来，那窗都是黑的，晚上我们都不敢开窗，全部关得严严实实的。呐，那边的风车啊，呼呼地转，去拍下啦……”

“是喔，你们的学校在哪儿? 三水白坭中学呢，我们看到你们起了新楼盘喔。”

“是啦——小学中学都迁到金岭那边去了，本来都在附近的，都起工厂啦。我的孙子要好早就起床搭车回学校，冬天都不愿起来，太早了……”

“刚刚我们看到，有个管在排放着那些污水喔——平时你怎样给田浇水啊?”

“是啊——那些水，排到我们的田那里，我们现在只得从地下打井抽水上来用，地下水相对干净的嘛——但是，有些人好精明的啊，认住我们，知道我们这里有污染，就不买我们的菜啊，菜卖不出去，就只得烂在地里……”

“那上面难道就没人来检查?”

“那些领导哪里会理我们这些农民啊——那些人叫工人捂住个嘴，又有谁敢出声……”

“那菜市场呢？平时你们怎么把菜拿出去卖啊？”

“那——之前呢，是有一个市场的，就在附近，但那个‘Ou Chuming’无论如何都要我们去新盖的那个市场卖，在原先那里卖，他们就叫人去丢菜！丢肉！你说那个新市场那么远——拿去卖的都是我们这些老人啦，一把老骨头，就这样踩单车也好，担过去也好，好几个红绿灯啊，出过几次交通事故啦——”

“那你的菜价呢，有没有降过？特别是中国加入WTO之后。”

“没有啊，一直都很低的啦……边到（粤语，‘哪里’的意思）有钱赚啊？”

“那会不会亏本呢——”

“就是亏本啊——”

“那，你的子女呢，有没有回来？读大学了吗？”

“出去打工喽，过年就回来的啦——”

……

“吃不吃甘蔗啊？口渴的话……这里的甘蔗好甜哦，随便摘着就可以吃了。”

“不用了，多谢……”

——虽然，从这位阿姨口中所了解到的种种情况着实令人窝火，但社会的发展总是循序渐进的，黑暗的地方固然必须得曝光，但与此同时，更要着重于建设性意见的提出。——当然，阿姨的淳朴也让我们的心得到了些许的慰藉……

[本文作者系佛山市第一中学2014级高一（4）班贝为佳、罗彦俊、丘霖、李乐洵、吕洪泽]

三、对佛山地区网络文学受众面的调查及其未来发展的预测

网络文学作为这个信息化时代的产物，在近十年来快速崛起并发展壮大，地位不断上升，在一些书店中，一些被归类于“网络文学”的出版物更

是占去了“半壁江山”。网络文学给文学甚至是人们的生活带来的影响不可谓不大，而影响有利有弊，人们对网络文学的评价更是褒贬不一。这不禁让人好奇，在这个时代，人们是如何看待网络文学的，对待网络文学的态度是否会以某个年龄段为明显的分界线，网络文学的未来发展又会是怎样的。

为此，我们小组的成员决定以佛山地区网络文学的受众面为立足点进行调查、研究，并由整合而成的信息对网络文学的未来发展进行预测。

我们在佛山地区通过随机发放调查表的方式，成功收集到了一些有效的答卷，为了可以更加清晰地比较结果，我们在六个年龄段（10～17岁、18～25岁、26～30岁、31～40岁、41～50岁、51岁及以上）的答卷中各抽取10份作为样本进行了整合。

在此之前，我们对此次调查的结果预测有三：一是网络文学的读者将更加多地集中在10～30岁，30岁以上的人群对网络文学的接触较少；二是人们对网络文学的评价将呈好坏大致平分的状态；三是人们对网络文学的前景将大多持看好态度。

整合出的数据验证了我们的预测二，而与预测一及预测三还有些许偏差。

（一）佛山地区网络文学的受众面

在进行随机采访前，我们认为，三十岁以上的人群对网络文学的接触可能少于前三个年龄层人群，且人们对待网络文学的态度可能会有一个比较明显的年龄分界线。调查结果验证了这个猜想的后半句。

让人有些惊讶的是，31～40岁这个年龄层的人群对网络文学的接受程度似乎略高于10～30岁年龄层的人群，在“相较传统文学是否更喜爱网络文学”这个问题上，前者有60%的人勾选了“是”，而后者中选“是”的则有40%。

在我们收回的问卷中，受访人群在对网络文学的态度上以四十岁为明显分界线。四十岁以下的人群有45%的人相较传统文学更喜爱网络文学，而在四十岁及以上的人群中，这个比例是0，且其“从不阅读”网络文学的人占60%，远远高于其他年龄层。

根据此调查结果，我们可以推测，佛山地区目前网络文学的读者多在四十岁以下，且四十岁以下人群绝大多数都偶尔或经常阅读网络文学，四十岁以上的人群对网络文学则多持“不感兴趣”或是“不喜欢”的态度。

可见作为一个尚未完全成熟的派别，网络文学的读者所集中的年龄层并不狭窄。

（二）对网络文学崛起的原因分析及其未来发展预测

网络文学的发展有其偶然性与必然性，作为一个正在蓬勃发展的文学派别，它的一些优点与缺点都展露得十分明显。

根据回收的调查结果显示，人们通常会被一些网络文学作品的活泼易懂、情节跌宕起伏等特点所吸引，而在十八岁至二十五岁的人群中，“减轻、逃离现实生活带来的压力”也成为他们选择阅读网络文学作品的主要原因。

而与传统文学相比，网络文学的特点则是“发表门槛低”“阅读节奏快”等，这让读者有机会接触到许多不同的作者、题材、文风及思维，也很容易从中找到自己喜爱的作品。而且读者们同样有机会在网络上发表自己的作品并一举成名，让网络文学呈现出“百家争鸣”的景象。这也是网络文学能够快速发展的一个重要原因。

然而凡事都有其两面性，网络文学的这些特点也为其后一直被人所诟病的问题做了“铺垫”。接受采访的人们大多认为网络文学的缺点是“内容正确性没有保障”“精品难求”及“缺乏深度”，这与网络文学作品发表的门槛低也有较紧密的联系。对网络文学来说，网络的快捷、方便有时更像是一把双刃剑。

促使网络文学快速发展的因素还有很多，如都市人心理压力大寻求解压等，这里不再做详述，接下来则是对其未来发展的预测。

在我们的调查结果中，“对未来的发展预测”这一题的回答也有着明显的年龄分界线，这个分界线同样是四十岁。

在十岁至四十岁的受访人群中，61.5%的人对网络文学的未来发展持看好态度，认为网络文学将成为主流文学的一支，6.7%的人认为网络文学将被边缘化，而在四十岁以上的受访群众中，仅有20%的人持看好态度，剩余80%则认为难以预料。

通过这个结果进行大胆预测，我们认为现今的网络文学仍未发展到最高点，将在未来经历调整期并继续蓬勃发展。佛山地区四十岁以上的读者相较其余年龄层读者对网络文学的接受度要更低，然而网络文学作为一个新兴派别，这些是无法避免的。随着网络文化的高速发展及时间的流逝，网络文学会度过新生期，经历调整期并发展到一个新的高度。

（三）研究性学习不足之处

（1）未能大量收集样本，得出的数据代表性可能不强。

（2）“网络文学”范围过广，未细分。

（3）最初报告思路不清晰导致问卷设计不够详细。

［本文作者系佛山市第一中学2014级高一（4）班陈麒先、李晓航、卓健、卢璇］

参考文献

一、图书

［1］杜威. 我们如何思维［M］. 伍中友，译. 北京：新华出版社，2010.

［2］高尔基. 文学论文选［M］. 孟昌，曹葆华，译. 北京：人民文学出版社，1958.

［3］顾黄初. 顾黄初语文教育文集外集［M］. 南京：江苏教育出版社，2013.

［4］顾黄初. 探求先辈语文课程教材编制的心路［M］//顾黄初. 顾黄初语文教育文集外集. 南京：江苏教育出版社，2013.

［5］顾黄初. 语文教学导向［M］//顾黄初. 顾黄初语文教育文集外集. 南京：江苏教育出版社，2013.

［6］顾黄初. 语文教学与素质教育［M］//顾黄初. 顾黄初语文教育文集外集. 南京：江苏教育出版社，2013.

［7］顾之川. 关于语文工具论的思考［M］//顾之川. 语文教育论. 福州：福建教育出版社，2013.

［8］广东基础教育课程资源研究开发中心语文教材编写组. 普通高中课程标准试验教科书语文（必修4）教师教学用书［M］. 广州：广东教育出版社，2004.

［9］黄厚江. 语文的原点：本色语文的主张和实践［M］. 南京：江苏教育出版社，2011.

［10］江泽民. 江泽民文选（第二卷）［M］. 北京：人民出版社，2006.

［11］教育部. 普通高中语文课程标准（2017 年版）［M］. 北京：人民教育出版社，2017.

［12］孔庆东，摩罗，余杰. 审视中学语文教育［M］. 汕头：汕头大学出版社，1994.

［13］黎靖德. 朱子语类（全八册）［M］. 王星贤，点校. 北京：中华书局，1981.

［14］李镇西. 走进心灵：民主教育手记［M］. 成都：四川少年儿童出版社，2000.

［15］吕叔湘. 吕叔湘论语文教学［M］. 济南：山东教育出版社，1987.

［16］王松泉，王相文，韩雪屏. 语文教学概论［M］. 北京：高等教育出版社，1999.

［17］魏书生. 魏书生文选［M］. 桂林：漓江出版社，1995.

［18］于漪. 教育的姿态［M］. 太原：山西教育出版社，2014.

［19］于漪. 语文的尊严［M］. 太原：山西教育出版社，2014.

［20］周国平. 灵魂只能独行［M］. 北京：人民文学出版社，2009.

［21］周国平. 人与永恒［M］. 沈阳：万卷出版公司，2009.

［22］邹贤敏. 钱梦龙：导读的艺术［M］. 武汉：湖北教育出版社，2001.

二、期刊

［1］杜亚群. 点燃兴趣，寓实于话：《邹忌讽齐王纳谏》教学心得［J］. 中学语文教学，2000（9）.

［2］高万祥，丁学东. 解读：黄玉峰［J］. 语文教学通讯：初中（B），2002（19）.

［3］顾黄初. 现实的困惑和历史的使命：语文学科课程改革的背景研究［J］. 中学语文：教师版，2000（1）.

［4］郭思乐. 教育：从控制生命到激扬生命：论教育内部惯习评价导致的可视性教育亚文化向教育文化的回归［M］. 教育研究，2004（12）.

［5］金新宇. 从学生体验出发，走进文言作品深处：我教《触龙说赵太后》［J］. 语文教学通讯：高中，2005（9）.

［6］李华平. 迷失在学科丛林中的语文课：兼评特级教师韩宇《背景》教学课例［J］. 语文教学通讯，2014（29）.

［7］李镇西. 关于“名师”［J］. 班主任之友（中学版），2012（11）.

［8］孙绍振.《背影》背后的美学问题［J］. 语文世界（教师之窗），2010（3）.
［9］张定远. 于漪同志从教50周年有感［J］. 中学语文教学参考，2001（12）.

三、报纸

［1］吕叔湘. 语文教学中的两个迫切问题［N］. 人民日报，1978－03－16.
［2］钱梦龙. 语文教学：戴着镣铐跳舞的艺术［N］. 文汇报，1998－05－22.
［3］读书的力量就是我们的力量［N］. 中国教育报，2005－01－06.
［4］谢有顺. 创新作文教育 释放创造活力［N］. 人民日报，2018－12－21.

四、论文

［1］王春晖. 个性化阅读教学探索［D］. 曲阜：曲阜师范大学，2005.

五、电子文献

［1］胡正强. 沈从文：有助于现代知识的流注广布［EB/OL］.（2004－04－23）［2018－08－26］. http://www.people.com.cn/GB/14677/22114/33134/33136/2464471.html.
［2］刘忠伟. 语文学科之诗歌教学现状分析［EB/OL］.（2010－10－08）［2018－08－26］. https://wenku.baidu.com/view/2ebe9e77763231126edb11ea.html.

后 记

时至今日，我对本书还是怀有一种担忧。

一是虽然经过多次的打磨，但因为水平有限，我对“情致语文”的研究还未完全系统地阐述。可以肯定的是，我的提法和表达还会引起专家和同行的批评、质疑甚至是反对。如果是这样，我将以何种姿态和心态来迎接？

二是在提出“情致语文”的时候，参阅并引用了众多专家和名师的书籍、文章中的观点。特别感谢叶圣陶、顾黄初、于漪、钱梦龙、魏书生、顾之川、黄玉峰、李镇西、程红兵、高万祥、丁学东、黄厚江、余映潮、余党绪等大师和名师。

由于悟性不高，我不能很好地理解他们的思想精髓，因此有断章取义、生搬硬套之嫌，说起来有辱斯文。每次想起就深感惭愧和后怕，但愿前辈们能理解和宽容，并恳请提出批评指点。

话说至此，停笔静思，自我安慰。不管是遗憾、害怕、担忧还是庆幸、高兴、欣喜，本书成书后，还是颇为欣慰。一是在提出“情致语文”后，能够认真地阅读前辈和同行的专著和文字，能够感受大家的思想和名师的风采，明白“为师之道”的真谛；二是“情致语文”的提法，虽然算不上“高大上”，而且在某种程度上落入“××语文”的俗套，但是细细想想，“情致语文”起码是学习思考后自我思想的提炼。自我表扬一下，暂且不提理论的好与坏，水平的高与低，只在乎平凡语文老师勇气的大与小，态度的好与坏。我毕竟迈出了第一步，我相信，随着思想的积淀，生活的磨炼，踉踉跄跄的步伐会因为体魄健全而变得步履稳健的。

我一直告诫自己，不要因为暂时的好坏影响前进的步伐！我会一如既往地陪“情致语文”走下去，也恳请各位指导我走好每一步！

“情致语文”会因为您的帮扶、指点和批评走得更好！